한·중 무역인을 위한

기초무역실무

基础贸易实务

김장호 · 제 기 · 김종득 공저

도서출판 두남

머 리 말

최근 세계는 2018년 미·중 무역 전쟁, 2020년 코로나19 전후 글로벌 가치사슬 구조 변화, 2022년 러시아·우크라이나 전쟁 등 다양하고 복잡한 정치, 경제, 외교적인 문제들에 직면하고 있으며, 우리나라는 글로벌 복합위기의 한가운데 서 있다.

우리나라를 둘러싼 대내외 여건들이 급변하고 있어, 이에 대한 대응과 비전의 마련이 시급한 상황이다. 미국, 일본, EU 등 선진 경제권과의 경쟁구도와 중국, 인도, 동남아시아 등 신흥경제 강국과의 경쟁이 지속되고 글로벌 가치사슬 변화에 따른 우리 기업의 해외시장 확대와 경제발전 전략에 애로요인으로 작용하고 있다. 대내적으로는 대기업·제조업 중심의 발전 전략의 유효성이 저하되면서 신시장 개척과 기존시장 확대 전략이 병행되어야 한다.

우리나라와 중국은 1992년 국교 수교 이래 약 30년 동안 경제교류 각 분야에서 발전을 거듭하며 협력 관계를 유지해 왔다. 수교 초기인 1992년에 약 64억 달러에 불과했던 한중 교역액은 2021년 12월 누적 교역 규모 약 3,015억 달러로 약 47배 증가했으며, 우리나라 수출에서 중국이 차지하는 비중도 1992년 3.52%에서 2021년 25.28%로 크게 증가하였다. 또한, 수교 초기에는 단순한 경공업에서 시작한 교역이 중화학을 거쳐서 반도체, 디스플레이 등의 고부가가치 품목으로 빠르게 변화했고, 반도체 중심의 산업내 무역으로 전환되었다.

한국과 중국은 국교 수교 이후 약 30년 동안 서로 윈-윈하는 구조로 발전해 왔으나, 중국의 산업구조 변화, 중국 정부의 통상전략과 통상환경의 변화, 미·중 패권구도의 방향에 따라 한·중 교역환경 변화와 교육구조 변화에 영향을 미칠 것으로 보인다.

본서는 글로벌 복합위기의 한가운데 서 있는 상황에서 한국의 제1의 무역대상국인 중국과의 지속적인 교류 확대와 윈-윈하는 구조로 발전해 갈 수 있도록 한·중무역에 관심이 있는 중국인은 물론 중국 유학생을 위한 무역실무의 기초적인 자료를 체계적으로 정리하였다. 이를 통해 한·중교역에 관심 있는 'Global Businessman'을 위한 교육자료 뿐만 아니라 수출입 담당자의 업무교육 자료로 활용될 수 있도록 집필하였지만 내용 중 미진한 부분이 있을 것으로 사료된다. 이런 부문에 대해서는 앞으로 계속적인 연구를 통하여 수정, 보완할 것을 약속하면서 독자 여러분의 관심과 질책을 바라마지 않는다.

끝으로 본서가 출간되는 데 많은 도움 준 길림사범대학 박달학원 한국어학과 교수님들께 감사를 드리며, 본서를 출판해 준 도서출판 두남 전두표 사장님과 관계자 여러분들께 감사를 드린다.

2023년 12월

공저자

차 례

Lesson 1

무역의 의의와 절차

제1절 무역의 개요

1. 무역의 의의

무역이라는 용어는 영어로 'International Trade'로 표현한다. 이는 '국제간의 거래' 즉, 국가간에 이루어지는 자본, 상품, 용역 등의 상거래 행위를 말한다. 이러한 무역은 자국의 잉여재화(剩余产品)를 처분하고, 필요한 재화를 획득(获得)하는데 목적이 있다.

韩中 문장 익히기

- 무역은 국가간에 이루어지는 자본, 상품, 용역 등의 상거래 행위이다.
  ☞ 贸易是指国家间关于资本、商品、劳务的商务往来活动。
- 무역은 자국의 잉여재화를 처분하고 필요한 재화를 획득하는데 목적이 있다.
  ☞ 贸易的目的在于，利用本国富余财物来获取所需的财物。

무역의 대상은 넓은 의미에서는 상품의 수출입 외에 자본, 기술, 용역(서비스) 등 모든 국제간의 경제거래를 대상으로 하고 있으며, 좁은 의미에서는 단순한 국제간의 상거래 즉, 재화의 수출입만을 대상으로 하고 있다.

연습문제

※ 다음 중 무역의 개념을 잘못 설명한 것은?

① 재화와 용역의 이동이다.
② 무역의 대상은 유형재화만 해당된다.
③ 일국 내에서 외국인에게 상품을 판매하는 것도 무역에 속한다.
④ 무역이란 재화와 용역이 국내외적으로 이동하는 것을 말한다.

☞ ② 무역의 대상은 유형재화와 무형재화 및 용역을 포함한다.

무역의 운송수단(运输工具)은 선박을 이용한 해상운송(海上运输)이 대표적이지만 오늘날에는 두 가지 이상의 운송수단을 이용한 복합운송(多式联运)이 주요한 수단이 되고 있다.

韩中 문장 익히기

- 무역의 운송수단은 선박을 이용한 해상운송이 대표적이지만 오늘날에는 두 가지 이상의 운송수단을 이용한 복합운송이 주요한 수단이 되고 있다.

  ☞ 使用船舶的海运是贸易过程中的代表性运输方式，但如今使用两种以上运输方式的多式联运逐渐成为主要的运输方式。

무역은 거래 대상에 따라 유형무역(有形贸易)과 무형무역(无形贸易)으로 나눌 수 있다. 유형무역이란 국제간에 이루어지는 물품의 거래를 말하며, 무형무역이란 물품 이외의 보험(保险), 운송(运输), 기술(技术), 서비스(服务) 등과 같은 무형재의 국제간의 거래를 말한다.

한편, 대가 여부에 따라 대가를 지불하는 유상무역(有偿贸易)과 구호물자(救援物资) 및 원조(援助)와 같은 무상무역(无偿贸易)으로 나누어진다.

韩中 문장 익히기

- 무역은 대가지불 유무에 따라 유상무역과 무상무역으로 나누어지며, 거래 대상에 따라 유형무역과 무형무역으로 나누어진다. 일반적으로 상품을 대상으로 하면 유형무역, 서비스를 거래 대상으로 하면 무형무역이다.

  ☞ 贸易根据有无代价支出分为有偿贸易和无偿贸易、根据交易对象分为有形贸易和无形贸易。一般以商品为交易对象的贸易即为有形贸易、以服务为交易对象的即为无形贸易。

그리고 이행 방법에 따라 사이버무역(电子贸易) 또는 인터넷무역(网络贸易)이라는 용어도 사용되고 있다. 사이버무역는 사이버공간에서 무역 이행 과정의 전부 또는 일부가 행하여지는 것을 말하며, 이러한 사이버공간으로 대표적인 것이 바로 인터넷이다. 이러한 인터넷상에서 무역 절차의 전부 또는 일부가 이행되어 지면 인터넷무역이라고 한다.

韩中 문장 익히기

- 사이버무역은 인터넷상에서 무역 이행 과정의 전부 또는 일부가 행하여지는 것을 말하며, 인터넷무역 혹은 전자무역이라고도 한다.

  ☞ 在线贸易是指通过网络来进行部分或全部贸易过程的行为，又称网络贸易或电子贸易。

연습문제

※ 다음 중에서 무형무역에 해당되지 않는 것은?

① 해상운임　② 관광비용　③ 해상보험료　④ 원자재수입비용

☞ ④ 무형무역은 넓은 의미로 물품에 포함되는 생산요소(자본, 노동)나 용역 등을 수출입하는 형태의 무역이다.

※ 아프리카 저개발국가에 원조하는 식량, 의약품 등과 같은 구호물자가 해당되는 무역은?

① 유상무역　② 무상무역　③ 서비스무역　④ 인터넷무역

☞ ② 저개발국가 또는 재난을 당한 국가에 제공하는 구호물자는 대가없이 제공하는 것으로 무상무역이다.

2. 무역의 특성

1) 해상의존성

무역은 선박을 이용한 해상운송에 많이 의존하고 있다. 따라서 국제간 교류의 증가는 해운업(海运业)을 급속히 발전시켜 왔으며, 이에 수반되는 해상보험(海上保险)의 발달을 가져왔다.

2) 기업위험성

(1) 신용위험

신용위험(信用风险)은 수출업자인 매도인(卖方, Seller)이 수입업자인 매수인(买方, Buyer)으로부터 수출대금 회수에 따른 위험을 말한다. 즉, 수입상으로부터 대금결제 및 금융에 관한 지급불능(无力支付), 지급거절(拒绝支付), 지급지연(延期支付) 등과 같은 위험을 말한다. 이러한 신용위험을 회피하기 위해 활용하고 있는 것이 신용장(信用证, Letter of Credit; L/C)이다.

잠깐!! 무역거래가 진행되면서 수출업자와 수입업자를 부르는 이름이 달라져요.			
무역관계 贸易关系	수출업자	出口商	Exporter
	수입업자	进口商	Importer
매매관계 买卖关系	매도인	卖方	Seller
	매수인	买方	Buyer
신용장관계 信用证关系	수익자	受益人	Beneficiary
	발행의뢰인	开证申请人	Applicant
어음관계 汇票关系	발행인	(汇票)出票人	Drawer
	지급인	(汇票)受票人	Drawee
화물관계 货物运输关系	송화인	送货人	Consignor
	수화인	受货人	Consignee

연습문제

※ 다음 중에서 수출하는 사람을 가리키는 것이 아닌 것은?

① 수익자 ② 매도인 ③ 송화인 ④ 매수인

☞ ④ 매수인은 수입하는 사람을 가리킨다.

※ 신용장(L/C)거래 방식에서 수입하는 사람을 가리키는 것이 아닌 것은?

① 개설의뢰인 ② 수화인 ③ 매수인 ④ 수익자

☞ ④ 수출업자 = (신용장)수익자, 매도인, 송화인(송하인), 환어음발행인
수입업자 = 개설의뢰인(발행신청인), 매수인, 수화인(수하인)

(2) 상업위험

상업위험(商业风险)은 매수인이 가지는 위험으로 매매계약에서 약속한 물품을 약속한 시기에 약속한 장소에서 인수할 수 있을 것인가 하는 위험이다.

韩中 문장 익히기

- 상업위험(商业风险)은 매수인이 가지는 위험으로 매매계약에서 약속한 물품을 약속한 시기에 약속한 장소에서 인수할 수 있을 것인가 하는 위험이다.
  ☞ 商业风险是指买卖合同中所规定的物品能否在规定时间、规定地点顺利进行收购的风险，此风险由买方承担。

(3) 운송위험

운송위험(运输风险, Transportation Risk)은 물품이 수출지에서 수입지로 이동되는 과정에서 물품이 입을 수 있는 도난(失窃), 손상(损伤), 멸실(损失) 등을 말한다. 즉, 무역은 격지자간의 거래(异地交易)로 시간적·공간적 차이가 존재하기 때문에 교역물품의 운송과 보관 중에 상품 자체의 물리적 손상이 초래될 가능성이 있다. 이러한 운송위험에 대비하기 위해 해상보험(海上保险, Marine Insurance)을 활용하고 있다.

韩中 문장 익히기

- 운송위험은 물품이 수출지에서 수입지로 이동되는 과정에서 물품이 입을 수 있는 도난(失窃), 손상(损伤), 멸실(损失) 등을 말한다. 이러한 운송위험에 대비하기 위해 해상보험을 활용하고 있다.
  ☞ 运输风险是指物品从出口地转移到进口地的过程中，可能会遭受被盗、损坏、损失等风险。通常会使用海上保险来应对这种运输风险。

(4) 환위험

환위험(汇兑风险, Foreign Exchange Risk)은 환율(汇率, Exchange Rate)의 변동으로 발생되는 위험이다. 무역은 계약체결시기와 물품선적시기, 대금결제시기 등이 상당한 시간 차이를 두고 진행되기 때문에 대금결제시기의 환율이 계약을 체결할 때 환율과 다를 수 있다.

즉, 환율변동(汇率变动)에 의해 이익이 발생하였을 때는 환차익(外汇利润; 汇兑收益, Foreign Exchange Profit), 손해가 발생하였을 때는 환차손(外汇损失;汇兑损失, Foreign Exchange Loss)이라고 한다. 이러한 환율변동에 따른 환위험을 극복하기 위해서 선물환(远期外汇, Forward Exchange)을 이용하기도 한다.

韓中 문장 익히기

• 환위험은 환율의 변동으로 발생되는 위험이다. 즉, 환율변동에 의해 이익이 발생하였을 때는 환차익, 손해가 발생하였을 때는 환차손이라고 한다.

☞ 汇兑风险是因汇率波动而产生的风险。因汇率变动而产生利益时称为汇兑收益；发生损失时，称为汇兑损失。

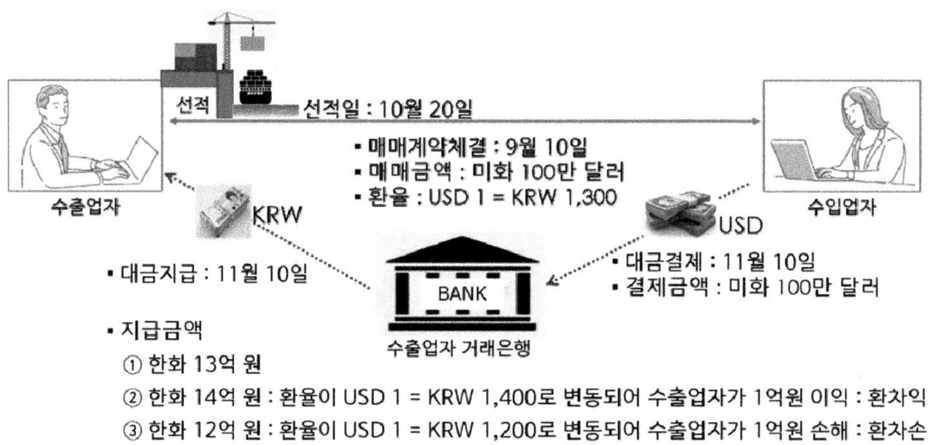

(5) 비상위험

비상위험(偶发事故险)은 천재지변(自然灾害), 전쟁(战争), 내란(内乱), 파업 등을 비롯하여 수입국에서의 수입금지나 수입제한조치 등 계약당사자에게 책임질 수 없는 불가항력적인(不可抗力, Force Majeure) 이유로 수출업자가 손실을 입게 되는 위험을 말한다. 이러한 위험을 대비하기 위해 수출업자는 수출보험(出口保险, Export Insurance)을 이용하고 있다.

중국과 한국에서 수출보험을 담당하고 있는 기관으로는,

• 中国 : 中国出口信用保险公司

China Export & Credit Insurance Corporation

• 한국 : 한국무역보험공사
Korea Trade Insurance Corporation

韩中 문장 익히기

• 수출보험은 수출업자가 수입업자로부터 수출대금을 받지 못했을 경우에 대비한 보험이다. 수출보험은 수입국의 전쟁, 테러, 외환통제 등의 비상위험, 수입업자의 대금결제 회피 등의 신용위험에 대비한다. 한국은 한국무역보험공사, 중국은 중국수출신용보험공사에서 수출보험을 담당하고 있다.

☞ 出口保险是为应对出口商未能从进口商处收到出口货款而使用的保险。出口保险可以应对进口国的战争、恐怖袭击、外汇控制等非常危险，还可以应对进口商不予结算货款等信用风险。韩国由韩国贸易保险公司负责，中国由中国出口信用保险公司负责出口保险。

그밖에 무역은 계약 시기와 상품의 인도 시기와는 어느 정도 시간적 격차가 존재하기 때문에 이 기간 중에 상품가격이 변동하게 되면 어느 한 당사자에게 손해를 발생하게 할 수 있는 위험성이 존재하고 있다.

연습문제

※ 국제무역에 있어서 거래처 또는 거래 국가에 의한 신용위험을 대비하기 위한 보험은?

① 해상보험 ② 적하보험 ③ 수출보험 ④ PL보험

☞ ③ 수출보험은 수출업자가 수입업자로부터 수입대금을 받지 못했을 경우에 대비한 보험이다. 수출보험은 수입국의 전쟁, 테러, 외환통제 등의 비상위험, 수입업자의 대금결제 회피 등의 신용위험에 대비한다. 한국은 한국무역보험공사(韩国贸易保险公司; Korea Trade Insurance Corporation)에서 수출보험을 담당하고 있다.

3) 국제관습성

무역거래는 국내거래와는 달리 상관습(商业惯例), 언어, 상거래 법규(商业法规) 등이 서로 다른 국가간의 거래이기 때문에 무역계약을 체결할 때 상대국에 대한 충분한 지식을 가지고 임하지 않으면 계약은 무시되든지, 혹은 계약 체결 후 계약 내용 이행과정에서 분쟁이 발생되기 쉽다

문장 익히기

• 무역거래는 국내거래와는 달리 상관습, 언어, 상거래법규 등이 서로 다른 국가간의 거래이기 때문에 국내무역보다는 훨씬 복잡하며 계약 체결 후 계약 내용 이행과정에서 분쟁이 발생되기 쉽다.

☞ 国际贸易与国内贸易不同、是相关习惯、语言、商业交易法规等互不相同的不同国家之间的交易，因此比国内贸易复杂得多。故签订合同后在履行合同的过程中容易发生纠纷。

즉, 무역은 국경을 넘어 2개국 이상이 개입되기 때문에 정치(政治), 경제(经济), 법(法律), 제도(制度), 통화(货币), 문화(文化) 등의 차이로 국내 무역보다는 훨씬 복잡하다. 이에 따라 많은 분쟁이 발생할 수도 있기 때문에 〈Incoterms® 2020(인코텀즈, 国际贸易术语解释通则 2020)〉, 〈신용장통일규칙(跟单信用证统一惯例, Uniform Customs and Practice for Documentary Credits 2007 Revision·ICC Publication No. 600; UCP600)〉, 〈추심에 관한 통일규칙(跟单托收统一规则第522号, ICC Uniform Rules for Collections URC 522)〉 등과 같은 국제규칙을 적용하고 있다.

연습문제

※ 국가간에 무역이 일어나는 원인으로서 적합한 것은?

① 부존자원의 차이 때문이다. ② 소비자의 선호도의 차이 때문이다.
③ 기술수준의 차이 때문이다. ④ 이상의 항목 모두가 해당된다.

☞ ④ 무역은 국가간 재화의 상대가격 차이에 의해 이루어지는데, 상대가격의 차이는 국가간 요소 부존량의 차이, 기술 수준의 차이, 소비자 선호도의 차이, 기후 조건의 차이 등에 의해 발생한다.

※ 다음 중 무역의 특징이 아닌 것은?

① 해상의존성 ② 국제상관습성 ③ 언어의 통일성 ④ 기업위험성

☞ ③ 무역은 국가간에 이루어지는 상거래 행위로 나라마다 사용하는 언어가 다르다.

※ 다음 중 국제무역이 국내 상거래와 다른 점이 아닌 것은?

① 언어 ② 법과 제도 ③ 통화(화폐) ④ 클레임

☞ ④ 클레임(claim)은 계약 불이행에 관한 조건으로는 클레임조건이 있다. 클레임은 무역거래에서 매매계약당사자의 일방이 계약이행을 위반함으로써 다른 일방이 이로 인하여 입은 손해의 배상을 청구하는 것으로 **〈객관적인 손해배상청구〉**를 말한다.

❙ 무역 용어 贸易用语 ❙

무역	贸易	International Trade
잉여재화	剩余产品	Surplus goods
수출	出口	Export
수입	进口	Import
해상운송	海上运输	Shipping ; Marine Transport
복합운송	多式联运	Multimodal[Combined] Transport
보험	保险	Insurance
기술	技术	Technique
서비스	服务	Service
유형무역	有形贸易	Visible Trade
무형무역	无形贸易	Invisible Trade
유상무역	有偿贸易	Paid Trade
무상무역	无偿贸易	Free Trade
사이버무역	电子贸易	Cyber Trade ; Electronic Trade
신용위험	信用风险	Credit Risk
비상위험	偶发事故险	Catastrophe Risk
수출보험	出口保险	Export Insurance
환위험	汇兑风险	Exchange Risk
환차익	外汇利润 ; 汇兑利益	Foreign-exchange Profit
환차손	外汇损失 ; 汇兑损失	Foreign-exchange Loss
국제관습	国际习惯	International Customs
인코텀즈	国际贸易术语解释通则	Incoterms
신용장	信用证	Letter of Credit : L/C

대화하기 1-1

> 교환학생 왕리는 새 학기에 배울 <무역실무>에 대해 김민호 교수님께 궁금한 점을 문의하고 교수님은 이해하기 쉽게 설명하고 있다.

왕　리 : 김 교수님 안녕하세요?

김 교수 : 왕리 학생, 안녕하세요?

왕　리 : 교수님, 무역에 대해서 쉽게 설명해 주실 수 있으신지요?

김 교수 : 무역은 서로 다른 나라의 기업간에 이루어지는 상거래 행위입니다. 쉽게 말하면 수출과 수입을 무역이라고 하지요.

왕　리 : 무역에도 여러 종류가 있나요?

김 교수 : 네, 무역의 종류는 많아요. 하지만 다음 두 가지만 기억해도 좋아요. 첫째, 거래 대상에 따라 유형무역과 무형무역으로 구분돼요. 그리고 대가 여부에 따라 유상무역과 무상무역으로 구분됩니다.

왕　리 : 교수님, 유상무역과 무상무역은 알겠는데 유형무역과 무형무역은 어떻게 구분하나요?

김 교수 : 유형무역과 무형무역의 구분은 간단해요. 흔히 우리 눈에 보이는 물품, 즉 핸드폰, 화장품, 자동차 등을 대상으로 하여 수출과 수입하는 것은 유형무역, 그리고 우리 눈에 보이지 않는 자본, 기술, 노동, 서비스 등은 무형무역이에요.

왕　리 : 그렇군요. 우리가 알아야 할 무역의 특성은 무엇이 있을까요?

김 교수 : 무역은 크게 세 가지 특성이 있어요.

첫째, 무역은 선박을 이용한 해상운송에 많이 의존하기에 해상의존성이 강해요. 이에 따라 해운업과 해상보험이 발달되었어요.

둘째, 기업위험성이 있어요. 여기에는 신용위험, 상업위험, 운송위험, 환위험, 비상위험 등이 있어요.

셋째, 국제관습성이에요. 나라마다 법, 제도, 통화 등이 서로 다르죠. 그리고 언어나 생활 풍습 등 문화의 차이가 있기 때문에 국내 상거래보다 매우 복잡해요. 그래서 무역을 하는 사람들은 〈Incoterms®2020(인코텀즈, 国际贸易术语解释通则2020〉, 〈신용장 통일규칙(跟单信用证统一惯例)〉, 〈추심에 관한 통일규칙(跟单托收统一规则)〉 등과 같은 국제규칙을 적용하고 있어요.

왕　리 : 교수님, 정말 감사합니다.

对话 1-1

留学生王丽向金珉浩教授请教了有关新学期将要学习的《贸易实务》中存在的疑问，教授对此进行了解释。

王丽同学： 金教授您好！

金 教 授： 王丽同学，你好！

王丽同学： 教授，您能简单解释一下什么是贸易吗？

金 教 授： 贸易是不同国家的企业间进行的商业交易行为。简单来说，就是出口和进口。

王丽同学： 贸易也有很多种类吗？

金 教 授： 是的，贸易有很多种类。但总结起来就两点。贸易根据交易对象分为有形贸易和无形贸易。根据是否支付代价、分为有偿贸易和无偿贸易。

王丽同学： 教授，我知道有偿贸易和无偿贸易，但是有形贸易和无形贸易如何区分呢？

金 教 授： 有形贸易和无形贸易很容易区分。通常有形贸易是以我们常见的物品，如手机、化妆品、汽车等为对象进行出口和进口的的行为。无形贸易则是指与我们看不到的，如资本、技术、劳动、服务等方面有关的贸易。

王丽同学： 原来如此。我们需要了解的贸易特点有哪些呢？

金 教 授： 贸易主要有三个特点。

第一、贸易多用船舶运输，因此对海运依赖性很强。这样一来，海运业和海上保险也得到了很大的发展。

第二、有企业风险。这里包括信用风险、商业风险、运输风险、汇兑风险、应急风险等。

第三、有国际商业习惯。每个国家的法律、制度、货币等都不一样，而且语言和生活风俗等存在差异，所以比国内商业往来更加复杂。因此、国际贸易需遵守《国际贸易术语解释通则2020》、《跟单信用证统一惯例》、《跟单托收统一规则》等国际规则。

王丽同学： 教授，非常感谢。

제2절 무역계약의 절차

무역마케팅의 절차는 해외시장조사(海外市场调查, Overseas Market Research) → 거래처 선정(选定交易对象, Select of Customer) → 거래권유장(交易促进书, Circular Letter; C/L) 발송 → 조회(询盘, Inquiry; 상품조회(商品询盘, Product Inquiry) 및 신용조회(信用询盘, Credit Inquiry)) → 청약(发盘, Offer) → 반대청약(还盘, Counter Offer) → 승낙(接受, Acceptance) → 계약체결(签订合同, Contract) 순으로 이루어진다.

연습문제

※ 수출입계약체결의 일반적인 절차로서 올바른 것은?

① inquiry → circular letter → firm offer → counter offer → acceptance → sales contract

② inquiry → circular letter → counter offer → firm offer → acceptance → sales contract

③ circular letter → inquiry → firm offer → counter offer → acceptance → sales contract

④ circular letter → inquiry → counter offer → firm offer → acceptance → sales contract

☞ ③ 수출입계약체결의 절차는 해외시장조사 → 거래처 선정 → 거래권유장 발송 → 조회(상품조회/신용조회) → 청약 → 반대청약 → 승낙 → 계약체결

1. 무역마케팅

1) 해외시장조사

해외시장조사(海外市场调查, Overseas Market Research)는 상품을 수출(수입)하고자 하는 회사가 수출 또는 수입하고자 하는 목표 시장(目标市场)을 찾는 것을 말한다. 일반적 시장조사항목에는 해외 목표 시장의 지리적 조건, 정치·경제적 조건, 사회·문화적 조건 등이 포함된다. 또한 해당 물품에 대해 목표시장에서의 품질 및 가격 경쟁력(品质及价格竞争力), 납기 및 결제 적응성, 유통방식의 적응성(是否适应当地的交货期、结算方式以及流通方式) 등을 조사해야 한다.

문장 익히기

- 해외시장조사(Overseas Market Research)는 상품을 수출(수입)하고자 하는 회사가 수출 또는 수입하고자 하는 목표 시장을 찾는 것을 말한다.
  ☞ 海外市场调查是指想要进行出口(进口)商品的公司寻找出口或进口的目标市场的行为。

해외시장조사방법에는 직접 현지 상황을 조사하는 직접조사방법과 기존의 거래 회사와 주요 기관 및 인터넷 등을 통해 조사하는 간접조사방법으로 나누어진다. 전시회(展览会)나 박람회(博览会)에 참가하여 거래선(바이어, 客户)을 찾는 것은 직접 조사방법에 해당된다.

2) 거래처 선정

거래처 선정(选定交易对象, Select of Customer)은 목적시장에서 잠재고객이나 유능한 거래처를 찾아 선정하는 것이다. 이를 위해서 국내외 유관기관을 통한 거래처 발굴 및 선정, 혹은 인터넷 또는 국내 및 해외의 전시회나 박람회에 참가하여 거래처를 찾아 선정한다.

문장 익히기

- 거래처선정은 목적시장에서 잠재고객이나 유능한 거래처를 찾아 선정하는 것으로 국내외 유관기관, 혹은 인터넷 또는 국내 및 해외의 전시회나 박람회에 참가하여 거래처를 찾아 선정한다.
  ☞ 选定交易对象是指在目标市场寻找潜在顾客或有能力的交易商从而进行贸易往来的行为。可以通过相关机构联络介绍，或参加国内外的展示会、博览会，或通过网络来寻找、选定交易商。

3) 거래권유장 발송

거래권유장(通函, 交易促进书, Circular Letter; C/L)은 수출업자가 해외시장조사를 통해 발굴한 거래선(거래를 하고자 하는 회사)에 대해 거래를 제의하는 편지이다. 그리고 거래권유장에는 자사의 소개, 제품 소개, 신용조회처(信用询盘处, Credit Reference) 등을 포함하고 있다. 한편, 거래권유장은 무역을 성사시키려는데 그 목적이 있기 때문에 거래 상대방의 입장에서 쓰는 것이 효과적이다.

문장 익히기

- 거래권유장은 수출업자가 해외시장조사를 통해 발굴한 거래선에 대해 거래를 제의하는 편지이며, 거래권유장에는 자사의 소개, 제품 소개, 신용조회처 등을 포함하고 있다.
  ☞ 通函是指出口商对通过海外市场调查而选定的交易商提议进行交易的信件。通函包括本公司介绍、产品介绍、征信处等。

연습문제

※ 거래권유장의 내용으로 적합하지 않는 것은?

① 상대방의 주소나 상호를 알게 된 경위 및 거래관계 개설의 희망
② 상대방이 과거에 클레임을 제기한 사실이 있는데 우리 회사와 거래시에는 그러한 일이 없도록 정중히 부탁하는 내용
③ 자사의 취급상품과 영업상태, 업계에서의 지위, 당사의 신용조회처
④ 거래조건 및 거래방식과 거래를 희망하는 상품의 수요공급상태

☞ ② 거래권유장에는 자사의 소개, 제품 소개, 신용조회처 등을 포함하고 있다.

4) 조회

조회(询盘, Inquiry)는 상대방에 대한 신용조회(信用询盘, Credit Inquiry)와 제품에 대한 상품조회(商品询盘, Product Inquiry)로 구분할 수 있다.

신용조회(信用询盘, Credit Inquiry)는 상대방의 신용을 조회하는 것으로 「3C+1C」로 4C이다. 3C는 상대방의 도덕성(品格, Character), 영업능력(能力, Capacity), 자본력(资本, Capital)이며, 1C는 상대국의 정치, 경제, 문화, 관습 등을 포함한 조건(Condition)이다.

한편 상품조회(商品询盘, Product Inquiry)는 상품의 품질, 기능, 제품 성분, 제조과정, 가격, 수량 등에 대해 문의하는 것으로 보통 수입업자(매수인)가 수출업자(매도인)에게 문의한다.

문장 익히기

- 조회는 상대방에 대한 신용조회와 제품에 대한 상품조회로 구분된다.
  ☞ 询盘可以分为关于对方的信用询盘和商品询盘。
- 신용조회는 상대방의 신뢰도를 확인하는 것으로 도덕성, 영업능력, 자본력 등 3C가

있다. 상품조회는 제품의 품질, 가격, 성분, 생산과정 등 제품에 관한 조회를 말하며 제품조회라고도 한다.

☞ 信用询盘是为确认对方可信赖度的行为。包括对其品性、能力、资本进行询盘，又称“3C”。商品询盘是指对产品的质量、价格、成分、生产工艺等进行询盘，又称产品询盘。

| 거래제의 & 조회 & 회신 |

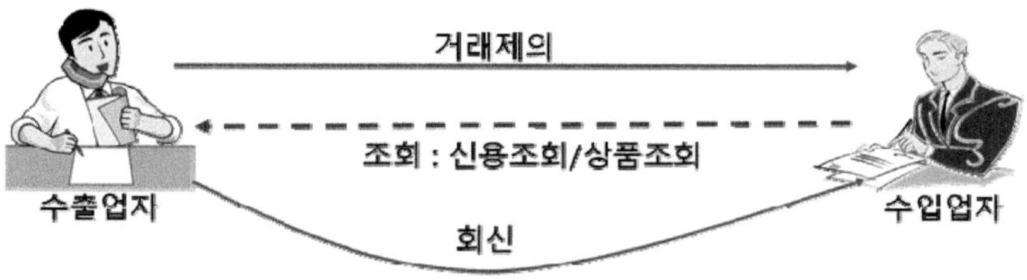

연습문제

※ 신용조사의 필수 항목으로 상대방의 신용도를 측정하는 3C's 항목으로 볼 수 없는 것은?

① Character(상도덕/도덕성)　② Capital(자본/대금지불능력)
③ Capacity(영업능력/거래능력)　④ Collarteral(담보물)

☞ ④ 신용조사의 필수 항목인 3C's에는 도덕성(品性, character), 영업능력(能力, capacity), 자본력(资本, capital) 등이 있다.

※ 한국의 A사는 B국의 C사에게 거래성사를 위해 샘플을 우송하였으나 샘플사취 사기를 당하였다. A사는 C사에 대한 시장조사항목 중 어느 항목에 대한 조사를 소홀히 한 것인가?

① Character(상도덕/도덕성)　② Capital(자본/대금지불능력)
③ Capacity(영업능력/거래능력)　④ Currency(통화)

☞ ①

2. 무역계약의 체결

1) 청약

청약(发盘, Offer)은 청약자(发盘人)가 피청약자(受盘人)에게 매매할 상품을 어떤 조건으로 판매 혹은 구매하겠다는 확정적인 의사표시이다.

韩中 문장 익히기

- 청약은 청약자가 피청약자에게 매매할 상품을 어떤 조건으로 판매 혹은 구매하겠다는 확정적인 의사표시이다.

☞ 发盘是指发盘人对受盘人确切表示出想要以何种条件售出商品或以何种条件购买商品的信函。

또한, 청약에는 판매 혹은 구매하고자 하는 물품에 대한 여러 조건(물품명과 규격(모델) 및 기능 등이 포함된 품질, 가격, 수량)과 대금결제, 포장, 보험, 인도시기 등의 내용을 포함하고 있으며, 청약의 유효기간(有效期)도 명시하고 있다.

- 판매청약(卖方发盘, Selling offer)
- 구매청약(买方发盘, Buying offer)

연습문제

※ 다음 중 무역거래 과정에서 확정적 의사표시를 하는데 사용되는 것은?

① 거래권유장(circular letter) ② 조회(inquiry)
③ 확정청약(firm offer) ④ 신용장(letter of credit)

☞ ③ 일반적으로 청약이라 함은 확정청약을 의미하고 있으며, 매도인 혹은 매수인의 확정적인 의사표시이다.

※ 구매청약(buying offer)에 관한 설명으로서 타당한 것은?

① 매수인의 구매의사를 나타낸 오퍼이다
② 매도인의 판매의사를 나타낸 오퍼이다.
③ 매수인의 커미션에 관한 오퍼이다.
④ 매도인이 제의한 클레임 보상액수이다.

☞ ① 매도인의 판매의사를 나타낸 오퍼는 판매청약(selling offer)이다.

2) 반대청약

반대청약(还盘, Counter Offer)은 청약자의 청약 조건 중에서 일부 조건을 수정하여 피청약자가 제시하는 조건으로 원청약(原发盘)에 대한 거절이면서 새로운 청약(新的发盘)이 된다.

문장 익히기

- 반대청약은 청약자의 청약 조건 중에서 일부 조건을 수정하여 피청약자가 제시하는 조건으로 원청약에 대한 거절이면서 새로운 청약이 된다.

  ☞ 还盘是指受盘人不同意发盘人所提出的条件，并对发盘中的一部分条件进行修改，从而提出的新发盘。

연습문제

※ 피청약자가 청약 내용의 일부를 변경해서 원래의 청약자에게 반대로 청약하는 것을 말하는 것은?

① Offer　② Offeror　③ Acceptance　④ Counter offer

☞ ④ 반대청약(Counter offer)

3) 승낙

승낙(接受, Acceptance)은 청약자가 제시한 상품매매조건에 대해 무조건 동의하겠다는 확정적인 의사표시이다. 이때 피청약자가 청약자의 여러 조건 중 하나라도 반대를 한다면 이는 청약에 대한 거절의 의사표시로 계약은 체결될 수 없다.

문장 익히기

- 승낙은 청약자가 제시한 상품매매조건에 대해 무조건 동의하겠다는 확정적인 의사표시이다.

  ☞ 接受是指对发盘人提出的商品买卖条件，无条件接受的确定表示。

- 이때 피청약자가 청약자의 여러 조건 중 하나라도 반대를 한다면 이는 청약에 대한 거절의 의사표시로 계약은 체결될 수 없다.

  ☞ 此时，若受盘人不接收发盘人所提出的任一条件，即应表示拒绝，不予签订合同。

4) 무역계약체결

무역계약은 청약과 승낙을 통한 당사자간의 합의에 의해서 성립되며, 국제물품매매계약에 따른 권리와 의무가 발생한다.

韩中 문장 익히기

- 무역계약은 청약과 승낙을 통한 당사자간의 합의에 의해서 성립되며, 국제물품매매계약에 따른 권리와 의무가 발생한다.
  - ☞ 贸易合同是通过发盘和接受的当事人之间的协议成立的，根据国际物品买卖合同产生权利和义务。

즉, 매매계약이 성립되면 매도인은 매수인에게 약정한 물품을 약정 일자에 인도할 것을 약속하며, 매수인은 이에 대한 반대급부로 매도인에게 물품대금을 지급할 것을 약정하는 계약을 뜻한다.

韩中 문장 익히기

- 매매계약이 성립되면 매도인은 매수인에게 약정한 물품을 약정 일자에 인도할 것을 약속하며, 매수인은 이에 대한 반대급부로 매도인에게 물품대금을 지급할 것을 약정하는 계약을 뜻한다.
  - ☞ 买卖合同成立后，卖方承诺将约定好的物品在约定日期内交付给买方，买方则承诺以相反代价向卖方支付货款。

한편, 무역계약은 구두로도 계약은 성립된다. 하지만 거래 과정 혹은 거래 이후에 분쟁이 발생할 경우 이를 해결하기 위해서는 서면(문서)으로 작성해 두는 것이 중요하다.

韩中 문장 익히기

- 무역계약은 구두로도 계약은 성립된다. 하지만 거래 과정 혹은 거래 이후에 분쟁이 발생할 경우 이를 해결하기 위해서는 서면으로 작성해 두는 것이 중요하다.
  - ☞ 口头上的贸易合同也是成立的。但为避免交易过程中或交易后发生纠纷，签订书面合同是很重要的。

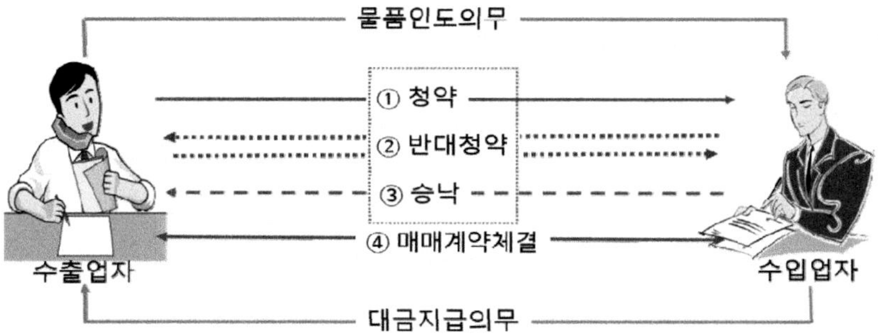

❙ 무역 용어 贸易用语 ❙

해외시장조사	海外市场调查	Overseas Market Research
거래권유장	通函，交易促进书	Circular Letter : C/L
조회	询盘	Inquiry
신용조회	信用询盘	Credit Inquiry
제품소회	商品询盘	Product Inquiry
청약(오퍼)	发盘	Offer
청약자	出价人，发盘人	Offeror
피청약자	被发价人，受盘人	Offeree
반대청약	还盘	Counter Offer
승낙	接受	Acceptance
합의	协议	Agreement
품질	品质，质量	Quality
가격	价格，代价	Price
결제	付款，支付	Settlement, Payment

대화하기 1-2

> 왕리 씨가 무역회사에 입사한 후 업무를 하기 위해 알아야 할 내용이 무엇인지 김현미 대리와 대화를 한다.

왕　 리 : 김 대리님, 뭐하고 계세요? 제가 도와줄 것 있어요?

김 대리 : 네, 새로운 거래처를 만들기 위해 거래권유장을 작성하고 있어요.

왕　 리 : 아!, 거래권유장이요? 거래를 제의하는 편지잖아요.

김 대리 : 네, 맞아요. 거래권유장에 어떤 내용을 쓰는지 아세요?

왕　 리 : 네, 알고 있습니다. 우리 회사가 어떤 회사인지, 또 무엇을 생산하는지 등 우리 회사를 소개하는 내용, 그리고 상대방을 알게 된 경위, 중요한 것은 신용조회처도 써야 돼요.

김 대리 : 신용조회처도 알고... 왕리 씨, 대단하네요. 그리고 격식을 갖춰 예의 있게 써야 되고요.

왕　 리 : 네, 학교에서 신용조회가 3C's란 것을 배웠어요. 자본력, 도덕성, 영업능력이잖아요.

김 대리 : 잘 알고 있으니 걱정하지 않아도 되겠네요. 우리 회사의 신용조회처는 〈신한은행 광주지점〉이에요.

对话 1-2

> 王丽进入贸易公司后,为了工作需要,与金贤美代理进行对话。

王　丽 : 金代理，您在干什么呢？有什么需要我帮忙的吗？

金代理 : 为了建立新的客户，我正在制作交易促进书。

王　丽 : 啊，交易促进书？是提议进行交易的信。

金代理 : 是的，没错。你知道交易促进书上需要写什么内容吗?

王　丽 : 是的，我知道。交易促进书中需要介绍我们公司是什么样的公司、生产方向是什么等，还有是如何了解到对方的。最重要的是还需写清信用询盘处。

金代理 : 连信用询盘处都知道... 王丽，好厉害啊。当然还要注意格式、语气、礼貌等问题。

王　丽 : 是的，我在学校学过信用询盘就是3C's，即，资本实力、道德性、营业能力。

金代理 : 看你对此如此了解，我也就不用担心了。我们公司的信用询盘处是新韩银行光州分行。

대화하기 1-3

왕리 씨와 박춘호 과장은 중국 길림성 장춘에서 열린 <2023년 한국상품 전시회>에 참가하기 위해 출장을 간다.

차 부장 : 김 과장, 〈2023년 장춘 한국상품 전시회〉에 누구랑 출장 가나요?
박 과장 : 네, 왕리 씨랑 같이 갑니다. 왕리 씨 고향이 장춘입니다.
차 부장 : 그래요? 잘 됐네요. 왕리 씨, 얼마만에 고향에 가지요?
왕　리 : 3년 만에 갑니다. 너무 좋아요.
차 부장 : 서울에서 장춘까지 얼마나 걸리죠?
왕　리 : 비행기로 약1시간 반 정도 걸려요.

〈장춘 한국상품 전시회장에서〉
왕　리 : 왕 사장님, 저희 회사 제품들이 어떤가요?
왕 사장 : 네, 제품이 괜찮네요. 저희 나라에서 판로가 괜찮을 것 같은데요. 샘플과 가격표, 그리고 명함을 좀 주시겠습니까? 회사 임원들과 상의해 보고 연락드리겠습니다.
박 과장 : 이게 저희 제품 카탈로그와 가격표입니다. 좋은 소식 기대하겠습니다.

对话 1-3

王丽和朴春镐科长去参加中国吉林省长春举办的 "2023年韩国商品展览会"。

车部长： 金科长，和谁去一起参加2023年长春韩国商品展示会呀？
朴科长： 我和王丽一起去。 王丽的老家就是长春。
车部长： 是吗？ 太好了。王丽，你多久没回老家啦？
王　丽： 三年了。能一起回长春可太好了。
车部长： 从首尔到长春需要多长时间？
王　丽： 坐飞机大约需要一个半小时。

<长春韩国商品展厅>
王　丽： 王总，您觉得我们公司的产品怎么样？
王　总： 产品不错。在我们国家应该能够畅销。您能给我一些样品、价目表以及名片吗？ 我和公司高管商量后再联系您。
朴科长： 这是我们的产品目录和价格表。期待您的回复。

Lesson 2

무역계약

제 1 절 무역계약의 개요

1. 무역계약의 의의

무역계약이란 물품 및 용역(物品及劳务)의 수출입을 위하여 계약당사자들 간에 물품의 소유권 양도(所有权转让)와 대금지급(付款)과 같은 법률적 행위를 수반하는 약정을 말하며 국제물품매매계약(国际货物买卖合同, International Contract for the Sale of Goods)이라고도 한다.

韓中 문장 익히기

- 무역계약은 국제상거래계약으로 물품 및 용역의 수출입을 위하여 계약당사자들 간에 물품의 소유권 양도와 대금지급과 같은 법률적 행위를 수반하는 약정을 말한다.
  ☞ 贸易合同是国际商务合同，是指在进行物品及劳务进出口时，双方当事人之间所签订的有关于物品所有权转让和货款支付等法律行为的合约。

본질적으로 무역계약은 국내매매계약과 동일하지만 국가가 다른 상대방과의 거래이기 때문에 국제상관습(国际商业惯例, International Commercial Practice)이 적용되고, 국가별 무역관리에 수반되는 내용상·절차상의 제약이 가해지는 점에서 국내매매계약과 구별된다.

2. 무역계약의 법적 성격

1) 낙성계약

낙성계약[诺成合同(契約), Consensual Contract]이란 계약이 유효하게 성립하기 위한 계약 당사자의 의사표시의 합치(合同签订双方的意愿一致), 즉 매매당사자의 합의(买卖双方的协议)만 있으면 계약이 성립하는 합의계약(合意合同)을 말한다.

무역계약에 있어서 이러한 합의(合意)는 어느 일방의 청약(发盘, Offer)을 상대방이 승낙(接受; 承諾, Acceptance)함으로써 성립된다.

韓中 문장 익히기

- 낙성계약은 매매당사자의 합의에 의해서 계약이 성립하는 합의계약을 말한다.
  ☞ 诺成合同是指根据买卖当事人的协议而签订的协议合同。

2) 쌍무계약

쌍무계약(双边合同(契約), Bilateral Obligation/ Contract)이란 물품매매계약 당사자들에게 계약 성립과 동시에 양당사자에게 계약 내용에 대해 충실한 이행 의무(履行义务)를 부과하는 것을 말한다.

즉, 매도인은 매매계약서에 약정된 물품을 약정 일자까지 인도해야 할 인도의무(交货义务)를 부과하고 있으며, 매수인은 그의 반대급부로서 대금지급의 의무(付款义务)를 부과하고 있다.

韓中 문장 익히기

- 쌍무계약이란 물품매매계약 당사자들에게 계약 성립과 동시에 양당사자에게 계약 내용에 대해 충실한 이행 의무를 부과하는 것을 말한다.
  ☞ 双边合同是由买卖双方互相赋予义务。即，卖方(出口商)承担交货义务，买方(进口商)承担货款支付义务
- 매도인은 매매계약서에 약정된 물품을 약정 일자까지 인도해야 할 인도의무(交货义务)를 부과하고 있으며, 매수인은 그의 반대급부로서 대금지급의 의무(付款义务)를 부과하고 있다.
  ☞ 卖方应履行在合同规定交货日期前按时交货的义务，买方也应履行按时支付货款的义务。

3) 유상계약

유상계약(有偿合同, Remunerative Contract)이란 계약의 양당사자가 상호 대가적인 관계에서 급부(支付)를 목적으로 하는 계약을 말한다.

즉, 무역계약은 물품인도, 기타 일정한 무역거래 행위에 대한 반대급부로서 경제적 대가의 지급(支付经济代价)을 수반(伴随)하는 유상계약이다.

韩中 문장 익히기

- 유상계약이란 계약의 양당사자가 상호 대가적인 관계에서 급부(支付)를 목적으로 하는 계약을 말한다.

  ☞ 有偿合同是指签订合同双方在交易关系中，以支付为目的的合同。

4) 불요식계약

불요식계약(不要式合同, Informal Contract)이란 매매계약을 체결함에 있어서 요식(要式, Formal)에 의하지 않고 문시에 의힌 명시계약(明示合同, Exprcsscd Contract)뿐만 아니라 구두(口头)에 의한 묵시계약(默示合同; 非明文合同, Implied Contract)으로도 계약이 성립되는 것을 말한다.

이는 매매당사자의 의사표시가 서면이나 그 밖의 일정한 방식에 따를 것을 요구하는 요식계약(正式合同; 要式合同, Formal Contract)과 구별된다.

韩中 문장 익히기

- 불요식계약이란 매매계약을 체결함에 있어서 어떠한 형식에 의하지 않고, 구두에 의해서도 계약이 성립되는 것을 말한다.

  ☞ 不要式合同是指不依靠任何特定形式签订，即使通过口头方式签订也依然成立的合同。

A+ 연습문제

※ 무역계약의 특징으로 옳지 않은 것은?

① 합의계약(낙성계약)　② 쌍무계약　③ 유상계약　④ 요식계약

☞ ④ 무역계약의 4대 특징은 합의계약(낙성계약), 쌍무계약, 유상계약, 불요식계약이다. 이 중 불요식계약과 합의계약을 합쳐 불요식 낙성계약이라고도 부른다.

무역 용어 贸易用语

국제물품매매계약	国际货物买卖合同	International Contract for the Sale of Goods
국제상관습	国际商业惯例	International Commercial Practice
무역계약	贸易合同	Trade Contract
청약	发盘	Offer
승낙	接受, 承諾	Acceptance
유상계약	有偿合同(合约)	Remunerative Contract
쌍무계약	双边合同, 双务契約	Bilateral Obligation/Contract
낙성계약	诺成合同(合约)	Consensual Contract
합의계약	合意合同(合约)	Consensual Contract
불요식계약	不要式合同(合约)	Informal Contract
요식계약	正式合同(合约), 要式契約	Formal Contract
대금지급의무	付款义务	Buyers (payment) Obligation
물품인도의무	交货义务	Obligation to deliver goods
명시계약	明示合同	Expressed Contract
묵시계약	默示合同, 非明文合同	Implied-in-fact Contract

대화하기 2-1

길림천마무역의 손동식 사장이 오청조 부장에게 한국산 가정용 믹서기에 수입에 대한 진행 상황을 확인하고 있다.

손 사장 : 오 부장, 가정용 믹서기 수입 건은 어떻게 진행되고 있지요?
오 부장 : 네, 순조롭게 진행되고 있습니다.
손 사장 : 이번 수입할 물량이 몇 개인가요?
오 부장 : 총 50,000개입니다. 선적일이 다음 주 월요일이니까 아마 목요일에 도착할 겁니다.

손 사장 : 50,000개면 좀 부족하지 않나요? 요즘 소비자들이 건강에 관심이 많아서 가정에서 직접 웰빙과일주스를 만들어 드시는 분이 많아요. 특히, 한국산 믹서기에 대한 소비자들의 평판도 좋구요.

오 부장 : 그렇지 않아도 이번 판매량을 검토하여 저희들이 추가 주문하면 주문일로부터 1개월 이내로 선적을 하겠다는 약속을 받았습니다.

손 사장 : 그래요? 그 부분도 계약서에 명시를 했나요?

오 부장 : 아니요, 이번 계약서에는 명시를 하지 않았습니다. 하지만 한국의 제조업체 관계자와 약속은 했습니다.

손 사장 : 그럼, 이번 수입 건은 잘 마무리하고, 다음 계약부터는 이 부분도 계약서에 명시해야 합니다. 물론 서로 믿고 거래를 하는 것도 좋지만 그래도 계약서에 정확히 명시하는 것이 더 중요해요.

오 부장 : 네, 잘 알겠습니다.

对话 2-1

吉林天马贸易公司总经理孙东植正在向吴清祖部长确认从韩国进口的家用搅拌机的进展情况。

孙社长： 吴部长，进口家用榨汁机的事情进展如何？

吴部长： 进行得很顺利。

孙社长： 这次要进口多少？

吴部长： 一共50000个。下周一装船，大概周四能到。

孙社长： 50000个是不是有点不够啊？ 最近消费者对健康很关注，很多人在家制作健康的果汁喝。而且消费者对韩国生产的搅拌机的评价也很高。

吴部长：我们正好想针对销售量进行商讨，已经和他们定好如果追加订购的话，需从订购日起1个月内装船。

孙社长： 是吗？ 这些内容也在合同上明确了吗？

吴部长： 没有。虽然没有在这次的合同上明确表示，但是已经与韩国的制造企业负责人约好了。

孙社长： 那么这次进口的事情就先这样，请保证其顺利完成。从下次合同开始，这部分也要在合同中明确表示出来，信任在交易中固然很重要。但在合同中明确规定更为重要。

吴部长： 好的，社长。

제2절 무역계약의 기본 조건(8대 조건)

1. 무역계약의 기본 조건 분류

무역계약은 매도인(수출업자)이 대금이라는 금전적 대가를 받고 매수인(수입업자)에게 물품의 소유권을 이전하기로 약정하는 계약을 의미한다.

韓中 문장 익히기

- 무역계약은 매도인(수출업자)이 대금이라는 금전적 대가를 받고 매수인(수입업자)에게 물품의 소유권을 이전하기로 약정하는 계약을 의미한다.
  ☞ 贸易合同是指卖方(出口商)要求以金钱代价向买方(进口商)转移物品所有权的合同。

무역계약의 기본 조건은 다음과 같이 8대 조건이 있다.

- ■ 물품 자체에 관한 조건(关于物品本身的条款)
  - 품질조건(质量条款), 가격조건(价格条款), 수량조건(数量条款), 포장조건(包装条款)
- ■ 계약 이행에 관한 조건(履约条款)
  - 선적조건(装运条件; 船積条款), 결제조건(支付条款), 보험조건(保险条款)
- ■ 계약 불이행에 관한 조건(不履约条款)
  - 클레임조건(索赔条款)

韓中 문장 익히기

- 무역계약서에는 계약서 형식에 관한 사항으로 계약당사자 및 매매계약확약문언 등이 들어가며, 상품자체에 관한 사항으로는 품질, 수량, 가격, 포장조건 등이 있고, 계약이행에 관한 사항으로는 선적, 결제, 보험조건 등이며, 계약불이행에 관한 사항으로는 클레임조항이 포함된다.
  ☞ 贸易合同的格式上，需有明确买卖双方身份、以及确定签订合同的语句。与商品相关的条款需包括明确质量、数量、价格、包装等内容。与履行合同相关的条款需包括明确装船、结算、保险条件等内容与不履行合同相关的内容需包括索赔条款。

연습문제

※ 다음 중 일반적으로 무역계약(서)에 포함되는 내용이 아닌 것은?

① 매매계약의 당사자　② 선적시기　③ 적재선박명　④ 대금결제방법

☞ ③ 무역계약서에는 계약서 형식에 관한 사항으로 계약당사자 및 매매계약확약문언 등이 들어가며, 상품자체에 관한 사항으로는 품질, 수량, 가격, 포장조건 등이 있고, 계약이행에 관한 사항으로는 선적, 결제, 보험조건 등이며, 계약불이행에 관한 사항으로는 클레임조항이 포함된다. ③항의 적재선박명은 선하증권상에 기재된다.

※ 무역계약서의 상품 자체에 대한 요구 조건은 거래하는 상품의 품질 조건, 수량 조건, (　　), 포장 조건 등이 포함되어 있다.

① 가격조건　② 선적조건　③ 결제조건　④ 보험조건

☞ ① 무역계약서에는 계약서 형식에 관한 사항으로 계약당사자 및 매매계약확약문언 등이 들어가며, 상품자체에 관한 사항으로는 품질, 수량, 가격, 포장조건 등이 있고, 계약이행에 관한 사항으로는 선적, 결제, 보험조건 등이며, 계약불이행에 관한 사항으로는 클레임조항이 포함된다.

위의 조건 중에서 매매계약 결정의 주요 조건으로는 품질조건과 가격조건을 들 수 있다. 이와 함께 무역계약 내용을 포괄적으로 보완하기 위해서는 일반거래조건협정서(一般交易条款协议书; 交易协议书, Agreement on General Terms and Conditions of Business)를 맺는 것이 좋다.

일반거래조건협정서 一般交易条款协议书
Agreement on General Terms and Conditions of Business

• 일반거래조건협정서는 매매계약의 당사자들이 거래를 할 때마다 구체적으로 약정해야 하는 계약내용에 대한 제반 사항을 제외하고, 어느 경우에도 공통으로 적용되는 기본적인 일반적 거래조건을 양 당사자 간에 합의하여 결정하고, 이것을 문서화하여 양 당사자가 서명하여 교환, 소지하는 계약의 거래조건에 관한 일반적인 협정서이다.

☞ 一般交易条款协定书是指除买卖合同当事人在进行交易时需要具体约定的合同内容中的各项事项外，双方协商决定在任何情况下共同适用的基本一般交易条款，并将其文件化后由双方当事人签名交换，各自持有的与合同交易条款相关的一般协定书。

2. 물품자체에 관한 조건

1) 품질조건

품질조건(质量条款)은 거래 물품의 규격(规格)이나 모양(模样), 품질수준(质量水平) 등을 어떤 것으로 할 것인지를 약정하는 조건이다.

韩中 문장 익히기

- 품질조건(质量条款)은 거래 물품의 규격(规格)이나 모양(模样), 품질수준(质量水平) 등을 어떤 것으로 할 것인지를 약정하는 조건이다.

  ☞ 质量条款是指规定交易物品的规格、形状、质量水平等内容的条款。

품질 약정의 방법과 결정 시기(质量约定的办法和决定时期)는 다음과 같다.

첫째, 품질 약정의 방법으로는

- 견본에 의한 매매(凭样品买卖, Sales by Sample)
- 상표에 의한 매매(凭商标或品牌买卖, Sales by Trade Mark or Brand)
- 규격에 의한 매매(凭规格买卖, Sales by Type or Grade)
- 명세서에 의한 매매(凭说明书和图样买卖, Sales by Description)
- 표준품에 의한 매매(凭标准买卖, Sales by Standard)
- 점검에 의한 매매(看货买卖, Sales by Inspection) 등이 있다.

둘째, 품질의 결정 시기는

- 선적품질조건(离岸品质条款, Shipped Quality Terms)
- 양륙품질조건(到岸品质条款, Landed Quality Terms)
- 조건부 선적품질조건(水渍险条款, Sea Damaged Terms; SD) 등이 있다.

2) 가격조건

가격(价格)은 매수인은 구매(购买)를, 매도인은 판매(贩卖, 销售)를 결정하는 중요한 요인이다. 물품의 가격은 제조원가에 운임, 보험료, 하역비, 창고료, 통관 비용 등 여러 가지 부대비용을 합산하여 결정된다.

韩中 문장 익히기

- 가격(价格)은 매수인은 구매(购买)를, 매도인은 판매(贩卖, 销售)를 결정하는 중요한 요인이다. 물품의 가격은 제조원가에 운임, 보험료, 하역비, 창고료, 통관 비용 등 여러 가지 부대비용을 합산하여 결정된다.

  ☞ 价格是可以影响买方购买、卖方销售的重要因素。货物价格由制造成本加上运费、保险费、装卸费、仓储费、报关费等各项附加费用决定的。

따라서 이러한 부대 비용의 부담 주체를 수출자와 수입자 중 누구로 할 것인가 그리고 운송 도중에 불의의 사고가 발생할 경우 이에 대한 책임을 누가 질 것인가를 분명히 해둘 필요가 있으며, 이를 명확히 밝히고 있는 것이 '인코텀즈(Incoterms; 国际贸易术语解释通则)'로 현재는 '인코텀즈 2020(INCOTERMS®2020 Rules)'을 2020년 1월 1일부터 적용하여 사용하고 있으며, 11개 조건이 있다.

연습문제

※ 2020년 1월 1일부터 사용하고 있는 인코텀즈2020(INCOTERMS®2020)에 규정된 무역조건은 모두 몇 개인가?

① 11개 ② 12개 ③ 13개 ④ 14개

☞ ① 현행 Incoterms®2020은 EXW, FCA, CPT, CIP, DAP, DPU, DDP, FAS, FOB, CFR, CIF 등 모두 11개 조건이 있으며, 2020년 1월 1일부터 발효되어 사용되고 있다.

현재 중국이나 한국에서 수출 통계(出口统计)는 'FOB(Free on Board; 본선인도조건; 船上交货价、离岸价)'을, 수입 통계는 'CIF(Cost, Insurance and Freight; 운임, 보험료 포함 인도조건; 成本费加保险费加运费)'을 기준으로 하고 있다.

연습문제

※ 다음 괄호( )안에 들어갈 인코텀즈2020(INCOTERMS®2020) 가격조건을 순서대로 나타낸 것은?

[한국과 중국의 수출입 물품의 가격 기준은 수출인 경우에는( ), 수입인 경우에는 ( )로 한다.]

① FOB – CIF ② CIF – FOB ③ FOB – CFR ④ CFR – FOB

☞ ① 현재 중국이나 한국에서 수출 통계는 'FOB'를, 수입 통계는 'CIF'를 기준으로 하고 있다.

3) 수량조건

수량조건(数量条件)은 물품의 수량(数量)이나 중량(重量)에 관한 조건으로 상품의 총가격 산출의 기초가 된다.

문장 익히기

- 수량조건은 물품의 수량이나 중량에 관한 조건으로 상품의 총가격 산출의 기초가 된다.
  ☞ 数量条件是有关于货物数量或重量的条件，是计算货物总价的基础。

수량조건의 불명확으로 클레임(索赔)이 발생하는 경우가 있기 때문에 문제가 발생되지 않도록 계약서에 명시할 필요가 있다.

클레임 索赔. Claim

- 클레임은 무역거래에서 매매계약당사자의 일방이 계약이행을 위반함으로써 다른 일방이 이로 인하여 입은 손해의 배상을 청구하는 것이다.
  ☞ 索赔是指在贸易交易中，因买卖合同当事人中的一方违反合同内容，而另一方要求赔偿由此造成的损失的行为。

연습문제

※ 다음 중 클레임(claim) 발생 가능성이 가장 높은 수량조건은?

① 맥주 20,000상자　　② 원유 100톤
③ 컴퓨터 1,000대　　④ 운동복 10,000벌

☞ ②. ①, ③, ④항은 정확히 셀 수 있는 수량조건표현이다. ②항에서 표시되어 있는 톤(ton)은 자국과 상대국의 도량형이 다를 수 있다.

무역계약의 대상 물품이 곡물류(谷物类)와 유류(油类) 등 액체 화물(液体货物)인 경우에는 물품 고유의 성질상 정확하게 계약된 수량을 인도하기 어려운 경우에 적용하는 규칙은 '과부족용인조항(溢短装条款, More or Less Clause; M/L Clause)'이다.

과부족용인조항 溢短装条款, More or Less Clause; M/L Clause

- 과부족용인조항(溢短装条款)은 일정한 수량의 과부족 한도를 정해두고 그 범위 내에서 상품이 인도되면 계약불이행으로 다루지 않고 수량클레임을 제기하지 않는다는 수량조건에 관한 계약상의 명시조항(明示条款)을 말한다.
  ☞ 溢短装条款是合同中有关于数量条件的明示条款。即规定一定数量的差额范围，允许商品的数量误差不超过该范围，便不算违反合同，也不会提索赔。
- 수량 명기 없이 어음발행 총액이 신용장 금액을 초과하지 않는 경우에는 5% 과부족 허용. 예) 500톤 : 495~505톤
  ☞ 无明确数量规定，且汇票发行总额不超过信用证金额时，允许有上下不超过5%的差额。
- '약(about), 대략(approximately)'에 언급된 금액, 수량 또는 단가의 10% 과부족 허용
  ☞ 在有关金额、数量或单价的表述中有"约"、"大概"等字样时，允许上下有不超过10%的差额。
- 분할선적이 허용되지 않는 경우에는 신용장 금액의 5%를 초과하지 아니하는 부족은 허용
  ☞ 不允许分批装运时：允许有不超过信用证金额5%的不足。

연습문제

※ 과부족용인조항(溢短装条款 More or Less Clause)을 잘못 설명한 것은?

① 과부족 용인 규정이 없을 때는 신용장 발행금액의 5%를 넘지 않는 범위 내에서 인정한다.
② 과부족 용인 규정이 있을 때는 규정대로 한다.
③ 유류(油類)나 광석(鑛石), 곡물(穀物) 등의 산물(产物, bulk cargo) 등 거래시 사용된다.
④ 개별 품목 및 포장단위 품목에도 적용된다.

☞ ④ 개별 품목 및 단위 품목에는 적용하지 않는다.

4) 포장조건

포장(包装)은 제품의 보호나 판매촉진의 의미를 갖는다. 포장은 내용물을 보호하는 견고성(坚固性)과 포장 비용의 절감(降低包装费用) 그리고 운임 절감(降低运费)을 고려한 경제성을 감안하여 포장조건을 결정한다.

통상 무역계약에서 포장조건을 약정할 때에는 간단히 수출표준포장(出口标准包装, Export Standard Packaging)이라고 명시하고 있다.

韩中 문장 익히기

- 포장(包装)은 제품의 보호나 판매촉진의 의미를 갖는다.
  ☞ 包装具有保护产品或促进销售的意义。
- 포장은 내용물을 보호하는 견고성과 포장 비용의 절감 그리고 운임 절감을 고려한 경제성을 감안하여 포장조건을 결정한다.
  ☞ 确定包装条件需要考虑到保护内容物的坚固性，降低包装费用以及降低运费等经济性因素。

A+ 연습문제

※ 수출표준포장(出口标准包装, Export Standard Packaging)을 잘못 설명한 것은?

① 수출포장의 4대 기본원칙은 최대한 많이, 최대한 가볍게, 최대한 튼튼하게, 보기 쉽게이다.

② 수출입 화물을 포장하기 위해서는 먼저 제품의 주요 부분을 깨끗이 닦아낸 다음, 녹이나 부식을 방지할 수 있도록 방청 작업인 전처리(预加工, Pre-treatment)를 실시한다.

③ 개포장(个包装)은 소평 물품을 개별적으로 포장 하는 것을 말하며, 내포장(内包装)은 개포장된 상품들이 물, 습기, 충격 등에 파손되지 않게 포장하는 것을 말한다.

④ 외포장(外包装)은 포장 화물의 외부 포장을 말하는 것으로, 판매 대상의 단위를 의미한다.

☞ ④ 외포장은 수송의 대상 단위를 의미한다.

3. 계약 이행에 관한 조건

1) 선적조건

선적(装运)은 단지 선박, 즉 본선에의 적재(装船, Loading on Board)만을 의미하지 않고, 인도를 위한 항공기나 철도 등을 포함한 모든 운송수단을 포함한다.

따라서 해상 화물을 선박에 적재하는 행위뿐만 아니라 계약 물품의 도로·철도·항공·우편·속달·복합운송 등이 이루어지고 신용장에 운송서류를 요구하는 경우 물품을 운송인에게 인도(적재)하는 행위를 말한다.

첫째, 구체적인 연월일을 명기하여 최종 선적 시기를 정하여야 한다.

둘째, 분할선적(分批装运, Partial Shipment)은 매매 목적물 전량을 여러 번 나누어 선적하거나 화물을 최소한 둘 이상의 단위로 나누어 서로 다른 항로를 이용하거나 또는 서로 다른 운송수단에 선적하는 것을 말하며, 신용장상에 분할선적을 금지하는 문언이 없을 경우에는 분할선적이 허용되는 것으로 간주한다.

셋째, 할부선적(分期装船, Shipment by Installment)이란 분할선적의 일종으로서 계약된 상품의 일정 수량을 일정 기간 동안 나누어 주기적으로 선적하도록 하는 것을 의미한다.

넷째, 선적항(적출항)에서 선적된 화물을 목적지로 가는 도중에 다른 선박(또는 운송기관)에 옮겨 싣는 것으로서 환적(转运, Transshipment)이라고 한다. 신용장상에 환적을 금지하는 문언이 없을 경우에는 환적이 허용되는 것으로 간주한다.

다섯째, 선적일은 선하증권의 발행일(B/L Date)로 간주한다.

韓中 문장 익히기

- 선적(装运)은 단지 선박, 즉 본선에의 적재(装船, Loading on Board)만을 의미하지 않고, 인도를 위한 항공기나 철도 등을 포함한 모든 운송수단을 포함한다.
  ☞ 装运不仅仅指船舶，即船上装载，还包括飞机或铁路等所有运输工具。
- 신용장상에 분할선적을 금지하는 문언이 없을 경우에는 분할선적이 허용되는 것으로 간주한다.
  ☞ 信用证上没有禁止分批装运的字样时，视为允许分批装运。
- 신용장상에 환적을 금지하는 문언이 없을 경우에는 환적이 허용되는 것으로 간주한다.
  ☞ 信用证上没有禁止转运的内容时，视为允许转运。

• 선적일은 선하증권의 발행일(B/L Date)로 간주한다.
☞ 装运日期一般是海运提单的交付日期。

연습문제

※ 선적일의 증명수단이 별도로 없을 경우, 통상적으로 다음의 어느 날을 실제 선적일로 추정하는가?

① B/L의 발행일 ② 환어음(B/E)의 발행일
③ M/R의 발행일 ④ 본선의 출항일

☞ ① 일반적으로 신용장통일규칙(UCP600)에서는 운송서류 발행일을 선적일로 본다. 따라서 계약서상 선적일을 입증하는 법도 통상 이 법에 따른다.

2) 결제조건

결제조건(支付条款)은 대금의 결제수단(支付手段), 시기(支付日期), 통화(支付货币) 등에 관한 조건으로 결제 수단과 결제 시기를 고려하여 당해 거래에 가장 적절하다고 판단되는 것을 선택해야 한다.

韩中 문장 익히기

• 결제조건은 대금의 결제수단, 시기, 통화 등에 관한 조건으로 결제 수단과 결제 시기를 고려하여 당해 거래에 가장 적절하다고 판단되는 것을 선택해야 한다.
☞ 结算条件与货款的结算手段、时期、货币等条件有关，故应选择最合适的结算手段和结算时间。

대금결제수단(방법)은 송금방식(汇款方式)과 추심방식(托收方式)으로 나누어진다. 먼저, 송금방식은 아래와 같이 대금을 송금하는 방식이다.

결제 시기 支付 日期	사전송금방식 事前汇款方式	수입자가 물품을 받기 전에 미리 대금을 송금하는 방식 ☞ 进口商在收到货物前先预支款项的方式。
	사후송금방식 事后汇款方式	물품을 받은 후에 대금을 송금하는 방식 ☞ 货到付款方式。
결제수단 支付手段		전신송금, 우편송금, 송금수표, 은행수표 및 개인수표 등 ☞ 电汇、邮政汇款、汇款支票、银行支票及个人支票等。

한편, 추심방식은 수출자가 먼저 계약물품을 선적한 후 수입자로부터 대금회수(收回货款)를 위해 수출 완료 이후 환어음(汇票, Bill of Exchange)을 작성하여 수출지에 있는 거래 외국환은행(外汇银行)에 대금 청구를 신청하여 수입지에 있는 추심은행(汇票托收银行, Collecting Bank)을 통하여 수출대금을 회수하는 방식을 말한다.

환어음 汇票, Bill of Exchange

- 환어음은 무역거래에서 매도인이 매수인을 지급인으로 발행한 어음으로써 선하증권 등 운송서류에 의하여 지급 및 인수가 담보되는 화환어음을 말한다.
  ☞ 汇票是指在贸易交易中，卖方以买方为付款人发行的、根据提单等运输文件保证支付及承兑的汇票。

연습문제

※ 다음 중 오늘날 무역거래에서 가장 많이 쓰이는 송금방식은?

① 은행이 발행한 자기앞 수표의 송부　② M/T(우편환송금)
③ D/D(보통송금)　④ T/T(전신환송금)

☞ ④ 오늘날과 같이 시간을 중요시 여기는 무역대금의 결제와 대규모의 무역거래에 주로 전신환송금을 많이 이용한다.

※ 화환어음이란 다음 사항 중 어느 것인가?

① 환어음에 선하증권과 보험증권이 첨부된 것
② 환어음에 선적서류가 첨부된 것
③ 약속어음에 선적서류가 첨부된 것
④ 환어음에 선하증권과 신용장이 첨부된 것

☞ ② 화환어음(跟单汇票)이란 환어음과 수출업자가 수출물품을 선적했다고 증명하는 선하증권을 비롯한 상업송장, 보험증권, 포장명세서 등의 선적서류를 포함한 것을 말한다. 또한 화환신용장은 환어음+선적서류+신용장이 첨부된 것을 말한다.

3) 보험조건

무역에서 취급하는 보험은 통상적으로 해상보험 중 적하보험(货物保险, Cargo Insurance)을 말한다. 해상적하보험(海运货物保险)에는 협회적하약관(协会货物条款, Institute Cargo Clause; ICC)으로 ICC(A), (B), (C) 등 세 가지 기본약관이 있으며, 매매당사자들은 부보 범위(投保范围)와 보험료(保险费) 등을 고려하여 계약 화물에 가장 적합한 형태의 보험조건을 선정하여야 한다.

첫째, 인코텀즈 2020(INCOTERMS®2020)의 CIF, CIP조건은 수출자가 수출국에서 출항전에 매수인을 위하여 보험을 부보해야 하는 의무가 있으며, 일반적으로 수출자나 수입자는 자신을 위해 DAP, DPU, DDP조건은 수출자가 보험을 부보하고, EXW, FCA, CFR, CPT, FAS, FOB조건은 수입자가 보험을 부보한다.

둘째, 보험 부보의 조건은 일반적으로 CIF는 ICC(C), CIP는 ICC(A) 조건으로 송장(商业发票, INVOICE) 금액의 110%를 부보한다.

韩中 문장 익히기

- 무역에서 취급하는 보험은 통상적으로 해상보험 중 적하보험을 말한다.
  ☞ 贸易保险通常指海运保险中的货物保险。
- 해상적하보험에는 협회적하약관(ICC)으로 ICC(A), (B), (C) 등 세 가지 기본약관이 있다.
  ☞ 海上货物保险是协会货物条款(ICC)、有ICC(A)、(B)、(C) 等3种基本条款。
- 인코텀즈 CIF와 CIP조건은 수출업자가 수입업자를 위해 보험계약을 체결하고 보험료를 납부해야 한다.
  ☞ 国际贸易术语解释通则中的“运费及保险费付至(CIF)”和“成本加保险费加运费(CIP)”条款都要求出口商必须为进口商签订保险合同并缴纳保费。
- 보험 부보의 조건은 일반적으로 CIF는 ICC(C), CIP는 ICC(A) 조건으로 송장금액의 110%를 부보한다.
  ☞ 保险条款一般以CIF为协会货物条款(C)、CIP为协会货物条款(A)的条件，按发票金额的110%进行投保。

연습문제

※ 아래에 기술된 문장과 가장 관련이 깊은 항목으로만 묶인 것은?

【Incoterms2020에서 매도인이 해상보험에 가입해야 하는 조건은 두 가지뿐이다】

① Seller - CPT - CIP ② Seller - CIF - CIP

③ Buyer - CFR - CIF ④ Buyer - CIF - CIP

☞ ② Seller : 매도인/수출업자, Buyer : 매수인/수입업자

※ CIF조건인 경우에는( )가 해상적하보험에 부보하여야 한다.

① 매수인 ② 수입업자 ③ 주선업자 ④ 수출업자

☞ ④ 인코텀즈11개 조건 중에서 보험과 관련된 조건은 CIF와 CIP의 단 두 개의 조건만이 존재한다. 이 조건하에서는 매도인(수출업자)은 매수인(수입업자)을 위해 보험계약을 체결하고 보험료를 납부해야 할 의무를 지닌다. 물론 나머지 조건이 보험 의무가 없다고 해서 보험계약을 체결하는 것이 아니라 자기 자신을 위해 보험계약을 체결할 수 있다.

4. 계약 불이행에 관한 조건

계약 불이행에 관한 조건으로는 클레임조건(索赔条款)이 있다. 클레임은 무역거래에서 매매계약당사자의 일방이 계약이행을 위반함으로써 다른 일방이 입은 손해의 배상을 청구하는 것으로 '객관적인 손해배상청구(客观损害赔偿请求)'를 말한다.

韩中 문장 익히기

- 클레임은 무역거래에서 매매계약당사자의 일방이 계약이행을 위반함으로써 다른 일방이 입은 손해의 배상을 청구하는 것으로 '객관적인 손해배상청구(客观损害赔偿请求)'를 말한다.

☞ 索赔是指在贸易交易中，买卖合同当事人中的一方未履行合同，另一方要求赔偿损失的"客观损害赔偿请求"。

한편, 무역분쟁이 발생한 경우 이를 해결하기 위한 여러 방법 중 국제적으로 해결하는 방법이 '중재제도(仲裁制度)'이다.

중재(仲裁, Arbitration)란 중재합의(仲裁协议)에 의하여 사법상의 권리(司法权利) 및 기타 법률관계에 관한 분쟁을 법원(法院)의 소송절차(诉讼程序)에 의하지 않고 사인(私人)인 제3자를 중재인(仲裁人, Arbitrator)으로 선정하여 그 분쟁의 해결을 중재인의 결정에 맡기는 동시에 최종적으로 그 결정에 복종함으로써 분쟁을 해결하는 제도를 말한다.

韩中 문장 익히기

- 중재란 분쟁 당사자간의 합의로 법원의 재판이 아닌 당사자들이 선정한 중재인의 판정에 의하여 분쟁을 최종 해결하는 제도이다.

☞ 仲裁是指纠纷当事人之间的协议，按照当事人选定的仲裁人的判定最终解决纠纷，而不是通过法院的审判。

연습문제

※ 중재(仲裁)와 소송(訴訟)을 잘못 설명한 것은?

① 중재는 당사자 간의 분쟁 해결을 위해 중립적인 제3자를 임명하는 비사법 절차를 의미한다.

② 소송은 분쟁 당사자가 합의를 위해 법원에 가는 공식적인 사법 절차를 의미한다.

③ 중재는 비공개원칙이며 소송은 공개원칙이다.

④ 중재와 소송 모두 1심 판결에 대해 항소가 가능하다.

☞ ④ 중재는 단심제(單審制)이며 소송은 3심제이다.

한편, 중재에 의해서 내려진 판정을 '중재판정(仲裁判定)'이라고 하며, 중재판정은 1927년에 국제상업회의소에 의해 외국 중재판정의 집행에 관한 협약(关于执行外国仲裁裁决的公约, Convention on the Execution of Foreign Arbitral awards)'(일반적으로 뉴욕협약(纽约公约)이라고 부른다)이 제정됨에 따라 뉴욕협약의 체약국 간에는 외국 중재판정의 승인과 집행을 보장하고 있다.

韩中 문장 익히기

• 뉴욕협약은 외국중재판정의 집행에 관한 협약으로서 뉴욕협약의 체약국 간에는 각국이 판정한 중재판정의 승인과 집행을 보장하고 있다.

☞ 纽约公约是关于执行外国仲裁裁决的公约，本公约规定在外国所作出的仲裁判定在国内亦有执行的义务，使仲裁判定具有国际效力保障。

▌무역 용어 贸易用语 ▌

일반거래조건협정	一般交易条款协议书	Agreement on General Terms and Conditions of Business
상표매매	凭商标或品牌买卖	Sales by trade mark or brand
견본매매	凭样品买卖	Sales by Sample
명세서매매	明细单买卖	Sales by description
표준품매매	凭标准买卖	Sales by standard
규격매매	凭规格买卖	Sales by type or grade

점검매매	看货买卖	Sales by inspection
선적품질조건	离岸品质条款	Shipped Quality Terms
양륙품질조건	到岸品质条款	Landed Quality Terms
하역비	装卸费	Port Loading and Unloading Costs
인코텀즈	国际贸易术语解释通则	Incoterms
과부족용인조항	溢短装条款	More or Less Clause : M/L Clause
분할선적	分批装运	Partial shipment
할부선적	分期装船	Shipment by installment
환적	转运	Transshipment
환어음	汇票	Bill of exchange
협회적하약관	协会货物条款	Institute Cargo Clause : ICC
클레임	索赔	Claim
중재	仲裁	Arbitration
중재인	仲裁人	Arbitrator
중재판정	仲裁判定	Arbitral Award

대화하기 2-2

길림천마무역의 오 부장과 한국신길산업의 최 이사가 순조로운 거래조건 합의에 서로 만족해하면서 계약서를 작성한다.

오 부장 : 최 이사님, 드디어 가격, 품질, 수량, 대금지급, 운송, 포장, 보험과 분쟁해결 조항 등 중요 사안에 대해 합의를 보게 되었네요. 비록 협상 과정이 생각보다 길었지만 좋은 결과가 있어서 기분이 좋네요.

최 이사 : 저도 거래조건이 원만하게 합의되어서 정말 기쁘네요.

오 부장 : 앞으로 양사간의 협력과 교류가 더욱 기대됩니다.

최 이사 : 오 부장님, 궁금한 것이 있습니다. 이곳에서 저희 회사의 여러 믹서기중 어느 모델이 가장 인기가 있습니까?

오 부장 : 네, 최근 저희 판매대리점의 판매 현황을 보니 이곳 소비자들에게 제일 인기

가 있는 모델이 〈웰빙JD705BK 믹서기〉입니다. 그래서 앞으로 이 모델에 대한 구매가 더 늘어날 것으로 예상됩니다.

최 이사 : 그렇군요... 혹시 저희 회사 제품에 대한 소비자들의 요구사항이 있으면 언제든지 알려주십시오. 적극 반영하도록 하겠습니다.

오 부장 : 네, 알겠습니다. 계약서 준비하셨죠?

최 이사 : 그럼요. 준비했습니다. 오 부장님, 계약서의 내용을 확인해 보시죠. 계약서는 모두 2부를 준비했으니 서로 기명 날인한 후 각각 1부씩 보관하시면 됩니다.

오 부장 : 오늘은 기분이 좋은 날이니 제가 한 턱 내겠습니다.

최 이사 : 감사합니다.

对话 2-2

吉林天马贸易的吴部长和韩国新吉产业的崔理事对交易协议表示满意，并签订了合同。

吴部长：崔理事，我们终于就价格、质量、数量、货款支付、运输、包装、保险和纠纷解决条款等重要事项达成了协议。虽然谈判过程比预想花费的时间要久、但还是很高兴我们最终获得了好的结果。

崔理事：我也很高兴交易协议圆满达成。

吴部长：今后我们的合作和交流更加令人期待。

崔理事：吴部长，我有个疑问。我们公司这几种榨汁机中，哪款最受欢迎？

吴部长：从我们销售代理店最近的销售情况来看，这里最受消费者欢迎的款式是〝健康JD705BK型搅拌机〞。预计今后该款的购买量还会增加。

崔理事：原来如此... 如果消费者对我们公司的产品有什么要求，请随时联系我。我会积极反映的。

吴部长：好的，知道了。合同准备好了吧？

崔理事：当然了，已经准备好了。吴部长，请确认一下合同的内容吧。共准备了2份合同，相互签名盖章后各保留一份即可。

吴部长：今天心情可太好了，我来请客。

崔理事：谢谢。

제3절 청약, 반대청약, 승낙

1. 청약

청약(发盘,Offer)은 청약자가 피청약자에게 매매할 상품을 어떤 조건으로 판매(구매)하겠다는 확정적인 의사표시(明确意向的表达)이다. 또한, 청약에는 판매(구매)하고자 하는 물품에 대한 여러 조건(물품명과 규격(모델) 및 기능 등을 포함한 품질, 가격, 수량)과 대금결제, 포장, 보험, 인도시기 등의 내용을 포함하고 있으며, 청약의 유효기간도 명시하고 있다.

韩中 문장 익히기

- 청약은 청약자가 피청약자에게 매매할 상품을 어떤 조건으로 판매(구매)하겠다는 확정적인 의사표시이다.
  ☞ 发盘是发盘人告知受盘人将以何种条件销售(购买)商品的确定意向。

일반적으로 청약이라 함은 '확정청약(实盘,Firm Offer)'을 의미하고 있다. 확정청약은 통상 특정인 앞으로 발행하며, 청약자는 청약의 승낙 또는 거절의 회신기간으로 청약의 유효기간을 정하고, 그 기간 내에 승낙, 회답하도록 하고 있다. 만약에 그 한정된 기간이 경과하면 청약은 자동적으로 소멸한다.

韩中 문장 익히기

- 확정청약은 통상 특정인 앞으로 발행되며, 유효기간을 명시하고 있다. 피청약자가 유효기간내 의사표시를 하지 않으면 청약은 자동적으로 소멸한다.
  ☞ 实盘通常向特定人发出，并需明示有效期。如果受盘人在有效期内并未表明意向，发盘将失去效力。

불확정청약 自由报价, Free Offer

• 불확정청약이란 청약자가 청약시에 승낙. 회답의 유효기간이나 확정적이라는 표시를 하지 않은 청약이다. 이는 상대방이 승낙을 하기 전까지는 청약자가 청약 내용을 일방적으로 철회하거나 변경할 수 있다.

☞ 虚盘是指对于承诺、回复没有明确有效期，或不确定的发盘。在受盘人接受之前，发盘人可以单方面撤回发盘。

연습문제

※ 다음 중 확정청약(firm offer)의 내용에 부합되지 않는 것은?

① 청약을 한 후에 취소할 수 있다.
② 선적기일이 명시되어 있다.
③ 유효기일이 명시되어 있다.
④ 취소불가능 오퍼이다.

☞ ① 확정청약은 승낙, 회답의 유효기간과 확정적(firm) 또는 취소불능(irrevocable)이라는 표시가 있는 청약을 말하며, 우리가 일반적으로 말하는 청약(offer, 오퍼)은 확정청약(firm offer)을 말한다.

2. 피청약자의 의사결정 : 거절, 반대청약, 승낙

피청약자는 청약을 받으면 다음과 같이 3종류의 의사결정을 할 수 있다.

① 거절(拒绝, Rejection) : 청약효력 상실

• 거절은 피청약자가 '계약을 원하지 않는다'라는 의사표현이다.

• 거절의 효력은 청약자에게 거절의사가 도착했을 때 발생한다.

② 반대청약(还盘, Counter offer) : 다른 유형(조건) 청약

반대청약은 청약의 실질적인 조건을 수정하거나, 다른 조건을 제시하는 청약을 말한다. 즉, 반대청약은 계약 승낙이 아닌 원청약에 대한 거절이면서 새로운 청약이 된다. 여기에서 실질적 조건이란 대금 지급, 물품의 품질 및 수량, 인도 장소 및 시기, 당사자의 책임 범위 및 분쟁해결에 관한 조건 등의 내용을 포함하고 있다.

③ 승낙(接受, Acceptance) : 계약의 성립

韓中 문장 익히기

- 반대청약은 청약의 실질적인 조건을 수정하거나, 다른 조건을 제시하는 청약을 말한다. 즉, 반대청약은 계약 승낙이 아닌 원청약에 대한 거절이면서 새로운 청약이 된다.

☞ 还盘是指修改发盘中的条件或提出其他条件。也就是说，还盘不是接受发盘，而是拒绝原发盘。即，提出新的发盘。

A+ 연습문제

※ 청약과 승낙에 대한 설명으로 잘못된 것은?

① 청약을 하는 자를 청약자, 청약을 받는 자를 피청약자라 한다.
② 승낙은 청약 내용에 동의하여 계약을 성립시키겠다는 의사표시이다.
③ 피청약자가 승낙할 경우 곧바로 계약이 성립되는 경우의 청약을 확정청약(firm offer)이라 한다.
④ 피청약자가 청약의 내용의 일부를 변경해서 원래의 청약자에게 반대로 청약하는 것을 불확정청약(free offer)이라 한다.

☞ ④ 청약을 하는 자를 청약자(offeror), 청약을 받는 자를 피청약자(offeree)라고 부른다. ④항은 반대청약(counter offer)을 설명하고 있다.

3. 청약의 유인

청약의 유인(邀请发盘, Invitation to offer; Invitation to treat)은 상대방으로 하여금 자기에게 청약을 하도록 하기 위한 단순한 의사표시이다.

韓中 문장 익히기

- 청약의 유인은 상대방으로 하여금 자기에게 청약을 하도록 하기 위한 단순한 의사표시이다.

☞ 邀请发盘是为了告知对方，希望对方向自己发出发盘的行为。

청약의 유인을 받은 자가 자기의 의사표시를 하더라도 계약은 성립하지 않으며, 다시 유인한 자가 승낙의 의사표시를 함으로써 비로소 계약이 성립된다. 예를 들어 인터넷쇼핑에서 상품을 사는 경우 인터넷쇼핑회사가 하는 행동이 청약의 유인이다.

연습문제

※ 다음 중 청약의 유인을 바르게 설명한 것은?

① 청약의 사전준비단계로 예비교섭단계를 말한다.
② 원청약(original offer)에 대한 반대청약(counter offer)을 말한다.
③ 청약을 사전에 철회하는 것을 말한다.
④ 구두청약을 말한다.

☞ ① 청약의 유인(invitation to offer; invitation to treat)은 상대방으로 하여금 자기에게 청약을 하도록 하기 위한 단순한 의사표시이다. 청약의 유인을 받은 자가 자기의 의사표시를 하더라도 계약은 성립하지 않으며, 다시 유인한 자가 승낙의 의사표시를 함으로써 비로소 계약이 성립된다.

무역 용어 贸易用语

확정청약	实盘	Firm Offer
불확정청약	自由报价	Free Offer
거절	拒绝	Rejection
반대청약	还盘	Counter Offer
승낙	接受	Acceptance
청약의 유인	邀请发盘	Invitation to offer(treat)

대화하기 2-3

한울상사 차 부장은 장춘무역으로부터 받은 <유아용 완구 세트200시리즈> 구매 계약서 내용과 관련하여 장춘무역의 진 부장과 협의를 하고 있다.

진 부장 : 차 부장님, 안녕하세요. 잘 지내셨지요?

차 부장 : 진 부장님, 안녕하세요? 잘 지내셨지요?

진 부장 : 지난 번 보내주신 카탈로그와 신제품인 〈유아용 완구 세트 200 시리즈〉 샘플을 검토한 결과 당사의 임원진들이 만족하시고 두 가지 사항을 확인하고 구매를 추진하라고 하셨습니다.

차 부장 : 그래요? 당사 입장에서는 좋은 소식이네요. 그런데 확인하고 싶은 두 가지는 무엇인가요?

진 부장 : 네, 먼저 귀사가 제시한 세트당 가격을 미화 100달러에서 미화 90달러로, 그리고 최소 주문량을 10,000세트에서 5,000세트로 조정이 가능한지요?

차 부장 : 그 부분은 제가 바로 확답을 드릴 수 없네요. 사장님께 보고 드리고 임원회의를 한 후 내일 연락드리겠습니다.

〈다음 날〉

차 부장 : 진 부장님, 당사 임원회의 결과를 말씀드리겠습니다.

첫째, 최소주문량은 귀사가 요청하신대로 5,000세트가 가능합니다.

둘째, 가격은 주문량과 비례하여 조금은 달리 적용하기로 했습니다. 즉, 1회 최소주문량이 10,000세트 이상 20,000세트이면 미화 95달러, 20,000세트 이상 주문하면 미화 90달러로 조정할 수 있습니다. 물론 최소주문량이 10,000세트 이하이면 미화 100달러 그대로 적용됩니다.

진 부장 : 위 조건이 귀사의 최종적인 조건입니까?

차 부장 : 네, 당사의 최종적인 조건입니다.

진 부장 : 네, 알겠습니다. 저도 사장님께 보고 드리고 다시 연락드리겠습니다.

차 부장 : 네, 긍정적인 답변이 있기를 기대하겠습니다.

对话 2-3 

韩蔚商社车部长就从长春贸易收到的"幼儿玩具套装200系列"购买合同内容，正在与长春贸易的陈部长进行协商。

陈部长： 车部长，您好，您别来无恙吧？

车部长： 陈部长，您好，您也别来无恙吧。

陈部长： 我们公司的管理人员对上次寄来的目录和新产品"幼儿玩具套装200系列"样品进行了研究，并对此表示满意。同时让我就两个事项进行确认，并要求推进购买。

车部长： 是吗？ 真是个好消息。但想确认的两件事是什么呢？

陈部长： 一是每套价格从贵公司提出的100美元调整到90美元，二是最低订货量从1万套调整到5千套，这可以吗？

车部长： 这个我不能马上给您确切的答复。我会向公司报告，召开高管会议后，明天联系您。

<第二天>

车部长： 陈部长，以下是我们公司高管会议的结果。

第一、最低订货量可以按照贵公司的要求进行，即5千套。

第二、因价格与订购量成正比，所以决定有所不同。即，每次的最低订购量在1万至2万套时，价格为95美元。订购2万套以上时，可调整为90美元。当然、如果最低订购量在1万套以下，就只能是100美元了。

陈部长： 以上是贵公司的最终决定吗？

车部长： 是的，是我们公司的最终决定。

陈部长： 好的，知道了。我也向公司报告后再联系您。

车部长： 好的，期待您的肯定答复。

Lesson 3

가격조건과 인코텀즈

제 1 절 가격조건의 개요

1. 가격의 개념

가격이란 시장에서 물품의 교환가치를 화폐가치로 표시한 것으로 가격은 매수인에게는 구매를, 매도인에게는 판매를 결정하는 중요한 요인이다.

가격조건은 정확한 매매가격을 산정하기 위한 기본 조건인 동시에 필수 조건이며 국제적인 무역거래조건에 따라 결정된다.

韩中 문장 익히기

- 가격이란 시장에서 물품의 교환가치를 화폐가치로 표시한 것으로 가격은 매수인에게는 구매를, 매도인에게는 판매를 결정하는 중요한 요인이다.
  ☞ 价格是指用货币价值来表示市场上物品的交换价值，价格是可以决定买方是否购买、卖方是否销售的重要因素。
- 가격조건은 정확한 매매가격을 산정하기 위한 기본 조건인 동시에 필수 조건이며 국제적인 무역거래조건에 따라 결정된다.
  ☞ 价格条款根据国际贸易交易条件而定，是计算正确交易价格的基本条件，同时也是必要条件。

무역계약에서 가격은 일반적으로 계약 상품의 단가를 가리킨다. 단가(单价)는 계량 단위(计量单位), 단위가격 금액(单位价格金额), 표시 통화(计价货币), 가격조건(무역거래조건)(价格条款; 交易条款) 등을 포함하고 있다. 한편, 가격조건을 약정하는 데는 매매가격의 산출 근거, 매매가격의 원가요소, 매매가격의 표시통화 등을 고려하여야 한다.

韓中 문장 익히기

- 가격조건을 약정하는 데는 매매가격의 산출 근거, 매매가격의 원가요소, 매매가격의 표시통화 등을 고려하여야 한다.
  ☞ 协定价格条款时要考虑交易价格的计算依据、成本要素以及使用的计价货币等。

2. 가격의 원가구성

물품의 가격은 제조원가에 운임, 보험료, 하역비, 창고료, 통관비용 등 여러 가지 부대비용을 합산하여 결정된다. 따라서 이러한 부대비용의 부담 주체를 수출자와 수입자 중 누구로 할 것인가 그리고 운송 도중에 불의의 사고가 발생할 경우 이에 대한 책임을 누가 질 것인가를 분명히 해둘 필요가 있다.

韓中 문장 익히기

- 물품의 가격은 제조원가에 운임, 보험료, 하역비, 창고료, 통관비용 등 여러 가지 부대비용을 합산하여 결정된다.
  ☞ 货价由制造成本加上运费、保险费、装卸费、仓储费、通关费等附加费用决定。

이를 위하여 무역거래 당사자들은 국제상업회의소(国际商会, The International Chamber of Commerce; ICC)가 제정한 인코텀즈(国际贸易术语解释通则, INCOTERMS; ICC rules for the use of domestic and international trade terms)를 적용하여 사용하고 있으며, 현행 인코텀즈2020(INCOTERMS®2020 Rules)은 모두 11개 조건으로 구성되어 있다.

특히, 인코텀즈의 11개 조건들은 매도인(수출업자)과 매수인(수입업자)의 의무를 규정하고 있으며, 이는 매매가격의 원가 구성과 산출 근거가 되기 때문에 매매계약 시 어떤 무역거래조건을 선택하는가에 따라 매매가격도 달라진다.

韓中 문장 익히기

- 인코텀즈의 11개 조건들은 매도인과 매수인의 의무를 규정하고 있으며, 이는 매매가격의 원가 구성과 산출 근거가 되기 때문에 매매계약시 어떤 무역거래조건을 선택하는가에 따라 매매가격도 달라진다.

  ☞ 国际贸易术语解释通则（Incoterms）的11个条件规定了卖方和买方的义务，这也是交易价格的成本构成和计算依据。因此根据买卖合同选择什么样的贸易交易条件，买卖价格也会有所不同。

매매계약에 대한 원가구성 요소 : FOB & CIF

가격조건	가격구성요소	비고
FOB 제조원가	1. 제조원가(manufacftring cost)	생산원가 → 생산물류
	2. 수출포장비(export packing charge)	
	3. 물품검사비(inspection fees)	
	4. 수출허가 등 제세공과금	
	5. 통신비 및 잡비(communication charge)	
	6. 국내운송비(inland transport charge)	운송비 → 국내물류
	7. 국내운송보험료(inland transport insurance)	
	8. 선적비용(THC & C/T) 부두사용료(wharfage) 창고료 외(storage, CFS, shoring charge)	
	9. 수출통관비용(export clearance fees)	
	10. 검수, 검량비(measuring and/or weighing charge)	
	11. 금리(interest)	금융비
	12. 은행수수료(banking charge and commission)	
	13. 예상이익(expected profit)	예상이익
CFR 제조원가	14. 해상운임(ocean freight)	해상운송비 → 국제물류
CIF 제조원가	15. 해상보험료(mare insurance premium)	해상보험료

현재 중국과 한국에서 수출통계는 'FOB(Free on Board; 본선인도조건; 船上交货价)'를, 수입통계는 'CIF(Cost, Insurance and Freight; 운임, 보험료 포함 인도조건; 成本费加保险费加运费)'를 기준으로 하고 있다.

참고. 인코텀즈2020(INCOTERMS®2020 Rules) 가격조건(한국중심)

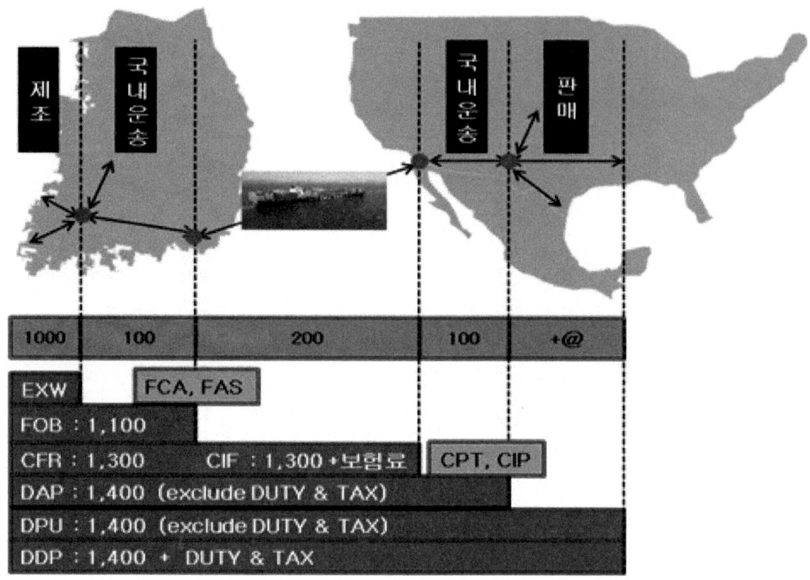

연습문제

※ 다음 중 수출물품의 가격구성 요소 중 비중이 가장 낮은 것은?

① 운임(운송비) ② 이윤(희망이익) ③ 물품의 제조원가 ④ 보험료

☞ ④ 일반적으로 수출물품의 요소 비용 중 가장 낮은 비중을 갖는 것은 보험료이며, 가장 높은 비중을 차지하는 것은 운임(운송비)이다.

※ 다음 괄호( )안에 들어갈 인코텀즈2020(INCOTERMS®2020) 가격조건을 순서대로 나타낸 것은?

[한국과 중국의 수출입 물품의 가격 기준은 수출인 경우에는( ), 수입인 경우에는 ( )로 한다.]

① FOB - CIF ② CIF - FOB ③ FOB - CFR ④ CFR - FOB

☞ ① 현재 중국이나 한국에서 수출통계는 FOB(Free on Board; 본선인도조건; 船上交货价), 수입통계는 CIF(Cost, Insurance and Freight; 운임, 보험료포함인도규칙; 成本费加保险费加运费)를 기준으로 하고 있다.

무역 용어 贸易用语

교환가치	交换价值	Exchange Value
화폐가치	货币价值	Monetary[Currency] Value
표시통화	计价货币	Quoted Currency
운임	运费	Freight Charges
보험료	保险费	(Marine)nsuranceharge
하역비	装卸费	Port Loading and Unloading Costs
창고료	仓储费	Warehouse[storage] Charges
통관비용	通关费	Customs Clearance Cost
국제상업회의소	国际商会	International Chamber of Commerce : ICC

대화하기 3-1

길림천마무역의 유흠 과장이 한국 신길산업 차상철 과장에게 새로 출시될 가정용 믹서기의 종류와 가격에 대해 문의한다.

차 과장 : 여보세요. 신길산업 무역팀 차상철 과장입니다.

유 과장 : 안녕하세요? 저는 길림천마무역의 유흠 과장입니다. 반갑습니다.

차 과장 : 네, 반갑습니다.

유 과장 : 차 과장님, 다름이 아니라 다음 달에 신길산업에서 새로 출시될 가정용 믹서기의 종류와 가격에 대해 문의할 것이 있어서 연락드렸습니다.

차 과장 : 네, 이번에 출시될 가정용믹서기는 각각 기능에 따라 세 가지 유형으로 구분되며, 가격은 미화 50달러에서 미화 150달러입니다.

유 과장 : 그 가격은 수출가격인가요?

차 과장 : 아닙니다. 공장인도가격입니다.

유 과장 : 알겠습니다. 그럼 저희에게 신제품 카탈로그와 함께 제품별 구체적인 가격을 보내주실 수 있습니까?

차 과장 : 네, 사장님께 보고 드리고 내일 오전까지 이메일로 보내드리겠습니다. 그리고

가격은 FOB가격으로 산정해서 제시하겠습니다.

유 과장 : 네, 알겠습니다. 고맙습니다.

차 과장 : 네, 이메일을 발송하고 연락드리겠습니다. 감사합니다.

对话 3-1

吉林天马贸易公司科长刘鑫向韩国新吉产业科长车尚哲询问了即将上市的家用搅拌机的种类和价格。

车科长：喂，您好。我是新吉产业贸易组科长车尚哲。

刘科长：您好!我是吉林天马贸易的科长刘鑫。很高兴跟您通话。

车科长：很高兴跟您通话。

刘科长：车科长，我想咨询一下下个月新吉产业新推出的家用搅拌机的种类和价格。

车科长：好的。这次要上市的家用搅拌机按功能分为三种类型，价格从50美元到150美元不等。

刘科长：您给出的价格是出口价格吗？

车科长：不是的。是工厂交货价格。

刘科长：好的。那您能给我们发送下新产品的目录和各种产品的具体价格吗？

车科长：好的。我向社长汇报后，明天上午之前给您发送邮件。另外，价格会按照FOB价格计算好后给您报价。

刘科长：好的，知道了。谢谢您。

车科长：好的，发完邮件后再联系您。谢谢。

제2절 인코텀즈 2020(INCOTERMS®2020)

1. 인코텀즈 의의와 목적

1) 인코텀즈의 의의

인코텀즈(国际贸易术语解释通则, INCOTERMS; International Commercial Terms)는 국제상업회의소(国际商会, ICC)가 1936년에 처음으로 제정한 국내와 국제거래조건의 사용에 관한 ICC규칙(国际贸易术语使用规则, ICC rules for the use of domestic and international trade terms)으로 무역에서 보편적으로 사용하는 무역거래조건의 해석에 관한 국제통일규칙을 말한다.

무역거래는 쌍무계약에 의한 거래이므로 매도인과 매수인이 각각 부담해야 할 여러 가지 의무가 있다. 이러한 매매당사자의 의무는 다양하기 때문에 매번 계약할 때마다 일일이 열거한다는 것은 계약체결의 실무상 복잡하고 번거롭다.

따라서 무역거래 당사자들의 계약상 의무 즉, 매도인과 매수인의 위험, 비용 등을 반영하도록 고안된 무역거래조건인 FOB나 CIF와 같은 간단한 인코텀즈 조건을 이용하여 거래하고 있다.

韓中 문장 익히기

- 인코텀즈는 1936년에 국제상업회의소가 제정한 무역거래조건의 해석에 관한 국제통일규칙이다.
  ☞ 国际贸易术语解释通则（Incoterms）是1936年国际商业会议所制定的有关贸易交易条件解释的国际统一规则。
- 인코텀즈는 무역거래 당사자들의 계약상 의무 즉, 매도인과 매수인의 위험, 비용 등을 기술하고 있다.
  ☞ 国际贸易术语解释通则（Incoterms）规定了贸易交易当事人的合同义务，即卖方和买方的风险、费用等。
- 인코텀즈는 무역계약에서 가격조건을 규정하고 있다.
  ☞ 国际贸易术语解释通则是在贸易合同中规定了价格条款。

연습문제

※ 인코텀즈 2020(INCOTERMS®2020)은 무역계약의 8대 조건에서 어떤 조건을 규정하고 있는가?

① 품질조건 ② 가격조건 ③ 클레임조건 ④ 결제조건

☞ ② 인코텀즈는 매매 당사자간의 법률관계 중 의무의 내용을 중심으로 규정하고 있으며, 무역계약에서 가격조건을 규정하고 있다.

인코텀즈상 위험과 비용부담의 분기점

위험부담의 분기점

• 인코텀즈 조건에서 위험부담의 분기점은 물품이 멸실 혹은 손상(파손)되는 것(Loss of or Damage to the Goods)에 대한 책임이 어느 장소와 시점에서 매도인으로부터 매수인에게 이전되는가 하는 문제로서, 인도(Delivery)의 이행 및 손해배상과 관련된다.

☞ 在《国际贸易术语解释通则》中，是否承担物品丢失或损坏(破损)责任的问题与物品是在何时何地从卖方转移到买方有关。即，与是否已经交货以及损害赔偿有关。

비용부담의 분기점

• 인코텀즈에서 비용부담의 분기점은 물품의 수출입에서 생기는 갖가지 요소 비용 가운데 어느 것까지는 수출상이 부담하고 그 외는 수입상의 부담으로 하는가의 문제로서 가격조건에 직접 관련된다.

☞ 在《国际贸易术语解释通则》中，是否承担费用与在物品进出口过程中产生的各种费用中，哪些由出口商承担、哪些由进口商承担有关。这一问题直接关系到价格条款。

2) 인코텀즈의 목적

국제무역을 하는 당사자들은 서로 나라가 다르기 때문에, 이들 간에 체결된 매매계약이라는 사법상의 법률관계를 규제하는 법률이나 제도 및 상관습 등에는 많은 차이가 존재하며, 이로 인한 매매계약조건을 둘러싼 분쟁의 가능성을 내포하고 있다.

韩中 문장 익히기

- 국제무역을 하는 당사자들은 서로 나라가 다르기 때문에, 이들 간에 체결된 매매계약이라는 사법상의 법률관계를 규제하는 법률이나 제도 및 상관습 등에는 많은 차이가 존재하며, 이로 인한 매매계약조건을 둘러싼 분쟁의 가능성을 내포하고 있다.
  ☞ 由于进行国际贸易的双方所属国家不同，在有关于签订买卖合同，以及规定双方司法法律关系的法律、制度及商业习惯等方面存在很多差异，因此有引起关于买卖合同条款纠纷的可能性。

따라서 '인코텀즈(INCOTERMS)'는 각국에 일반적으로 사용되고 있는 '무역거래조건'에 대한 서로 다른 해석으로 인한 오해와 마찰 등의 분쟁이나 이에 따른 불의의 피해와 같은 불확실성을 제거하거나 최소화시켜 시간과 금전상의 낭비를 방지하고 더 나아가 무역 확대의 도모를 제공하는데 그 목적이 있다.

韩中 문장 익히기

- '인코텀즈'는 각국에 일반적으로 사용되고 있는 '무역거래조건'에 대한 서로 다른 해석으로 인한 오해와 마찰 등의 분쟁이나 이에 따른 불의의 피해와 같은 불확실성을 제거하거나 최소화시켜 시간과 금전상의 낭비를 방지하고 더 나아가 무역 확대의 도모를 제공하는데 그 목적이 있다.
  ☞《国际贸易术语使用规则》旨在消除或减少由于各国普遍使用的"交易条款"的解释不同，而导致的误会和摩擦等纷争，或由此带来的意外损失等不确定性,避免时间和金钱上的浪费，从而进一步扩大贸易。

다만 이 규칙은 강제성이 없기 때문에 '계약 또는 신용장에 인코텀즈 규정을 따른다'라는 명시가 없을 경우에는 그 효력을 얻지 못한다.

3) 인코텀즈의 적용과 범위

(1) 인코텀즈 적용

무역계약에서 인코텀즈의 적용은 강제성이 없기 때문에 계약 또는 신용장(信用证, Letter of Credit; L/C)에 '인코텀즈(INCOTERMS) 규정을 따른다'라는 명시가 없을 경우 그 효력을 얻지 못한다.

韓中 문장 익히기

• 무역계약에서 인코텀즈의 적용은 강제성이 없기 때문에 계약 또는 신용장(L/C)에 '인코텀즈 규정을 따른다'라는 명시가 없을 경우 그 효력을 얻지 못한다.

☞ 在贸易合同中，由于《国际贸易术语解释通则》应用没有强制性，因此，在合同或信用证上没有"遵循《国际贸易术语解释通则》"字样时，《国际贸易术语解释通则》在此次交易中没有效力。

또한, 무역계약의 당사자가 인코텀즈를 적용하기 위해서는 반드시 〈인코텀즈 2020(INCOTERMS®2020)〉이라고 명확히 지칭하여야 무역거래조건 해석에 따른 분쟁을 피할 수 있다.

韓中 문장 익히기

• 무역계약의 당사자가 인코텀즈를 적용하기 위해서는 반드시 〈인코텀즈 2020(INCOTERMS®2020)〉이라고 명확히 지칭하여야 무역거래조건 해석에 따른 분쟁을 피할 수 있다.

☞ 若合同当事人想要遵循《国际贸易术语解释通则》，则需要明确标出"遵循《国际贸易术语解释通则》(INCOTERMS®2020)"字样，才可避免因对交易条款理解不同而产生的纠纷。

(2) 인코텀즈 적용범위

인코텀즈의 적용범위는 다음과 같다.

① 매매계약상의 매도인과 매수인 간의 관계(특히, 의무사항)만을 적용하고 있다.

② 인코텀즈는 매매계약만에 적용되는 것이다.

③ 매도인의 물품인도의무와 당사자 간의 위험의 분기점을 규정하고 있다.

④ 인코텀즈는 당사자들의 선택에 의하여 임의로 적용하는 것이기 때문에 계약위반의 결과와 책임에 대한 문제는 매매계약에 의해서 해결하여야 한다.

韓中 문장 익히기

• 인코텀즈는 매매계약상의 매도인과 매수인 간의 관계(특히, 의무사항)만을 적용하고 있다.

☞ 国际贸易术语解释通则只适用买卖合同上的卖方和买方之间的关系(特别是义务事项)。

• 인코텀즈는 당사자들의 선택에 의하여 임의로 적용하는 것이기 때문에 계약위반의 결과와 책임에 대한 문제는 매매계약에 의해서 해결하여야 한다.

☞ 因当事人有权选择是否使用《国际贸易术语解释通则》，因此违反合同的结果和责任承担问题应通过买卖合同来解决。

2. 인코텀즈의 발전과 구성

1) 인코텀즈의 발전

인코텀즈는 1936년에 제정한 후 국제운송 및 통신의 발달과 무역 관습의 변화에 따라 8차례(1953년, 1967년, 1976년, 1980년, 1990년, 2000년, 2010년, 2020년)개정, 보완되었으며, 현행 인코텀즈 2020은 2020년 1월 1일부터 발효되어 사용되고 있다.

韩中 문장 익히기

• 인코텀즈는 1936년에 제정한 후 국제운송 및 통신의 발달과 무역 관습의 변화에 따라 8차례 개정, 보완되었으며, 현행 인코텀즈 2020은 2020년 1월 1일부터 발효되어 사용되고 있다.

☞《国际贸易术语使用规则》在1936年被制定后，随着国际运输及通信的发展和贸易习惯的变化，又先后8次进行了修改和完善。现行《2000年贸易术语解释国际通则》，自2020年1月1日起生效并使用。

A+ 연습문제

※ 인코텀즈(INCOTERMS)를 제정한 국제기구는 어디인가?

① 세계무역기구(WTO) ② 국제통화기금(IMF)
③ 관세와 무역에 관한 일반협정(GATT) ④ 국제상업회의소(ICC)

☞ ④

※ 1936년에 제정된 인코텀즈는 현재 몇 차례 개정되었는가?

① 6차 개정 ② 7차 개정 ③ 8차 개정 ④ 9차 개정

☞ ③ 8次(1953年, 1967年, 1976年, 1980年, 1990年, 2000年, 2010年, 2020年)进行了修改和完善。

2) 인코텀즈의 구성

인코텀즈는 매매 당사자간의 법률관계 중 의무(义务)의 내용을 중심으로 규정하고 있으며, 무역계약에서 가격조건을 규정하고 있다.

인코텀즈2020에서 규정된 무역거래조건은 모두 11개이며 이들 11개 조건들은 현대의 상거래 현실을 반영해 운송수단에 따라 모든 단수 또는 복수의 운송수단에 적합한 규칙과 해상 및 내수로 운송을 위한 규칙으로 구분하고 있다.

韩中 문장 익히기

- 인코텀즈는 매매 당사자간의 법률관계 중 의무(义务)의 내용을 중심으로 규정하고 있으며, 무역계약에서 가격조건을 규정하고 있다.
  ☞ 国际贸易术语解释通则是贸易合同中的价格条款，是以买卖双方法律关系中需履行的义务为基础规定的。
- 인코텀즈는 운송수단에 따라 모든 단수 또는 복수의 운송수단에 적합한 규칙과 해상 및 내수로 운송을 위한 규칙으로 구분하고 있다.
  ☞ 国际贸易术语解释通则是根据运输方式，可以分为单个或多个运输方式混合的规则，以及海上或内河运输的规则。

또한, 인코텀즈 2020의 11개 조건에는 매도인(Seller)과 매수인(Buyer)의 의무를 10개 항목의 표제로 분류하여 서로 대칭되도록 규정하고 있다.

연습문제

※ 2020년 1월 1일부터 사용하고 있는 인코텀즈 2020(INCOTERMS®2020)에 규정된 무역조건은 모두 몇 개인가?

① 11개　　② 12개　　③ 13개　　④ 14개

☞ ① 현행 Incoterms®2020은 EXW, FCA, CPT, CIP, DAP, DPU, DDP, FAS, FOB, CFR, CIF 등 모두 11개 조건이 있으며, 2020년 1월 1일부터 발효되어 사용되고 있다.

※ 인코텀즈(INCOTERMS 2020)에서 해상운송전용조건으로만 묶인 것을 고르시오.

① EXW, FOB, CFR　　② FAS, CFR, DAP
③ CIF, CIP, DPU　　④ FOB, FAS, CFR

☞ ④ 해상 운송전용 조건은 FAS, FOB, CFR, CIF이며, 어느 운송도 가능한 복합 운송 조건은 EXW, FCA, CPT, CIP, DAT, DAP, DDP이다.

INCOTERMS®2020의 11개 조건

모든 운송방식에 적용되는 규칙(适用于任何运输方式的规则包括)			
조건	영문명	한국명	中文
EXW	Ex Works	공장인도	工厂交货
FCA	Free Carrier	운송인인도	货交承运人
CPT	Carriage Paid To	운송비지급인도	运费付至
CIP	Carriage & Insurance Paid To	운송비·보험료지급인도	运费、保险费付至
DAP	Delivered At Place	목적지인도	目的地交货
DPU	Delivered At Place Unloaded	도착지양하인도	卸货地交货
DDP	Delivered Duty Paid	관세지급인도	完税后交货

해상 및 내수로 운송에 적용되는 규칙(仅适用于海运和内河运输的规则包括)			
조건	영문명	한국명	中文
FAS	Free Alongside Ship	선측인도	船边交货价格/船价格
FOB	Free on Board	본선인도	船上交货价/离岸价
CFR	Cost and Freight	운임포함인도	成本加运费
CIF	Cost, Insurance and Freight	운임·보험료포함인도	成本费加保险费加运费

3) 인코텀즈 해석 기준

인코텀즈 2020의 해석기준 원칙은 해석주체(解释主体), 물품인도(交货), 위험이전(风险转移), 비용이전(费用转移) 등 4가지 기준을 중심으로 규정되어 있다.

(1) 해석주체(解释主体)

인코텀즈 2020(INCOTERMS®2020)의 모든 조건을 해석할 때 그 주체는 매도인(Seller)을 기준으로 해석한다.

韩中 문장 익히기

- 인코텀즈의 모든 조건을 해석할 때 그 주체는 매도인을 기준으로 해석한다.
  ☞ 在解释《国际贸易术语解释通则》的所有条件时，是以卖方为基础进行解释的。

(2) 물품인도(交货)

인코텀즈 2020(INCOTERMS®2020)의 해당 조건이 현물인도조건인지 서류인도조건인지를 구분한다. 그리고 서류인도조건이면 어떠한 서류가 요구되는지를 본다. 또한, 물품의 인도 장소가 어디인지를 확인한다.

韩中 문장 익히기

- 인코텀즈의 해당 조건이 현물인도조건인지 서류인도조건인지를 구분한다. 그리고 서류인도조건이면 어떠한 서류가 요구되는지를 본다. 또한, 물품의 인도 장소가 어디인지를 확인한다.
  ☞ 需要分辨《国际贸易术语解释通则》涉及的相关条件是实物交货条件还是文件交货条件。如果是文件交货条件，需要查看是什么文件，以及确认交货地点在哪里。

(3) 위험이전(风险转移)

인코텀즈 2020(INCOTERMS®2020)의 조건을 사용함에 있어서 위험이전과 관련해서 운송 중인 물품에 대해 사고(손상, 멸실)가 발생되었을 때 그 책임을 매도인이 부담하는지 아니면 매수인이 부담하는지를 확인한다.

韩中 문장 익히기

- 인코텀즈 각 조건들의 위험부담의 분기점을 명시하고 있으며, 그에 따른 매도인과 매수인의 책임을 명확히 제시하고 있다.
  ☞ 需明示出《国际贸易术语解释通则》各条件下，是否风险负担的分歧点。并明确提出卖方和买方所应承担的责任。

(4) 비용이전(费用转移)

인코텀즈 2020(INCOTERMS®2020)의 조건을 사용함에 있어서 비용 이전과 관련해서 운임. 보험료, 기타 비용을 누가 부담하는가를 확인한다. 즉, 누가 운송계약을 체결하여 운임을 지급하고, 보험계약을 체결하여 보험료를 지급하며, 서류작성 및 송부 비용을 누가 부담하는가를 확인한다.

3. 인코텀즈 2020의 내용

1) 계약에 적용되는 인코텀즈 버전 연도를 삽입해야 한다.

예) FOB QINGDAO, INCOTERMS®2020

2) 인코텀즈(INCOTERMS) 각 조건별로 기재 장소를 확인해야 한다.

(1) E, F조건(C조건 제외)

인코텀즈 2020에서 E, F조건에는 수출국내 위험이전 인도장소를 기재한다.

예) 선적지가 부산인 경우(부산 → 상해) : FOB BUSAN, INCOTERMS®2020

(2) D조건

인코텀즈 2020에서 D조건은 수입국내 위험이전 인도장소를 기재한다.

예) 목적지가 상해인 경우(부산 → 상해) : DPU SHANGHAI, INCOTERMS®2020

(3) C조건

인코텀즈 2020에서 C조건은 수출국내 인도장소를 기재하는 것이 아니라 매도인이 운송 수배(선박 수배) 및 비용을 부담하는 목적항 또는 목적지를 기재한다. 왜냐하면 위험과 비용의 분기점이 일치하지 않기 때문이다.

예) 목적지가 상해인 경우(부산 → 상해) : CIF SHANGHAI, INCOTERMS®2020

3) INCOTRMS의 조건별 항구, 장소, 지점을 지리적으로 상세하게 지정해야 한다.

선적, 운송을 위한 선박 제공(예 : FOB) 및 운송계약 체결 및 비용부담(예 : CPT) 등을 명확하게 하기 위해 인코텀즈(INCOTERMS)의 조건별 항구, 장소, 또는 지점을 지리적으로 상세하게 지정해야 한다.

4) 인코텀즈(INCOTERMS)와 매매계약과의 관계

인코텀즈는 매매계약이나 신용장 및 보험계약과는 관련이 없지만 이들 계약에는 영향을 미친다.

5) CIF 및 CIP에서의 부보범위 이원화

인코텀즈의 11개 조건 중 보험과 관련이 있는 조건은 CIF와 CIP이다. 보험부보와 관련해서 종전에는 CIF와 CIP 모두 최소담보조건인 ICC(C)조건으로 부보를 하도록 했으나 인코텀즈 2020에서는 CIF는 전통적으로 1차 산품에서 사용되기 때문에 여전히 최소담보조건인 ICC(C)조건으로 부보할 수 있지만 CIP에서는 최대담보조건인 ICC(A)조건에 부보하도록 개정을 하였다.

연습문제

※ 다음 인코텀즈 각 조건 뒤에 기재된 장소의 의미가 다른 것은?

① FCA Busan (부산)　② FAS Busan (부산)
③ FOB Busan (부산)　④ CIF Busan (부산)

☞ ④ 인코텀즈 조건 뒤에 나오는 지역(항구, 도시 이름 등)은 수출지(선적지, 선적항) 또는 수입지(양륙지, 목적항)를 나타내고 있다. 예를 들어 CIF Busan(부산)인 경우에는 수입국의 부산항까지 운임과 보험료를 포함한 가격조건이다.
①항은 수출국에서 운송인에게 인도된 장소, ②, ③항은 수출국의 선적항(출발항)을 나타내고 있다.

※ 다음의 인코텀즈2020(INCOTERMS®2020) 조건 중 매도인(수출업자)의 부담이 가장 큰 조건은?

① EXW(공장인도조건)　② CIF(운임, 보험료포함인도조건)
③ FOB(본선인도조건)　④ DDP(관세지급인도조건)

☞ ④ DDP(Delivered Duty Paid, 관세지급인도조건)는 매도인(수출업자)이 매수인(수입업자)이 지정한 수입국의 지정장소까지 운송비와 수입국의 관세를 납부할 의무가 있다.

※ 가격조건이 'FOB 부산'인 경우에 보험료를 지급할 사람은?

① 수출상　② 수입상　③ 매도인　④ 선박회사

☞ ② 인코텀즈 2020(INCOTERMS®2020)의 11개 조건 중에서 보험과 관련된 의무를 규정하고 있는 것은 CIF와 CIP조건이다. 이 두 조건은 매도인이 매수인을 위해 보험회사와 보험계약을 체결하고 보험료를 내야 하는 의무가 있다.

※ 보험계약자와 피보험자가 서로 다른 계약조건은?

① CFR조건　② CIF조건　③ FOB조건　④ DPU조건

☞ ② CIF와 CIP조건에서 보험계약자는 매도인(수출업자), 피보험자는 매수인(수입업자)이 된다.

※ 선박(선복)의 수배를 매수인이 해야 하는 가격조건은?

① FOB조건 ② CIF조건 ③ CFR조건 ④ DPU조건

☞ ① FOB조건에서 매도인(수출상)은 매수인(수입상)이 지정한 선박에 지정된 기간 내에 선적을 해주면 된다. 따라서 선박(선복)의 수배 의무는 매수인(수입상)에게 있다. 여기에서 선박(선복)의 수배는 운송계약의 의무로 해석하면 된다.

▌무역 용어 贸易用语▐

공장인도	工厂交货	EXW : Ex Works
운송인인도	货交承运人	FCA : Free Carrier
운송비지급인도	运费付至	CPT : Carriage Paid To
운송비·보험료지급인도	运费、保险费付至	CIP : Carriage & Insurance Paid To
목적지인도	目的地交货	DAP : Delivered At Place
도착지양하인도	卸货地交货	DPU : Delivered At Place Unloaded
관세지급인도	完税后交货	DDP : Delivered Duty Paid
선측인도	船边交货价格/靠船价格	FAS : Free Alongside Ship
본선인도	船上交货价/离岸价	FOB : Free on Board
운임포함인도	成本加运费	CFR : Cost and Freight
운임·보험료포함인도	成本费加保险费加运费	CIF : Cost, Insurance and Freight
부보범위	保障范围	Coverage range

대화하기 3-2

길림천마무역 유 과장이 오 부장에게 한국 신길산업에서 보낸 카탈로그와 가격조건을 보고하면서 의견을 제시하고 있다.

유 과장 : 오 부장님, 한국 신길산업에서 보낸 신제품 카탈로그와 저희에게 제시한 가격조건입니다.

오 부장 : 그래요? 어디 봅시다. 가격은 어떤가요?

유 과장 : 가격은 괜찮은 것 같습니다.

오 부장 : 유 과장, 지금까지 신길산업과 가격조건을 CIF조건으로 하지 않았나요? 그런데 이번에는 FOB조건이네요. 이렇게 한 이유가 있나요?

유 과장 : 오 부장님께서도 아시다시피 저희 회사 수출입물품 운송을 오랫동안 담당해온 창청해운(长成海运)이 한국과의 신규항로를 확보하고 지난 달 부터 운항하기 시작했습니다. 마침 창청해운이 확보한 항로가 우리가 주로 이용하는 항로와 같아서 창청해운에 문의한 결과 기존의 운임보다 약 30% 정도 절약을 할 수 있습니다. 그래서 신길산업측에 이번 가격은 FOB조건으로 제시해 달라고 요청했습니다.

오 부장 : 그래요? 신길산업에서는 다른 의견이 없던가요?

유 과장 : 네, 저희 측 이야기를 듣고 흔쾌히 동의를 해 주었습니다. 물론 기존대로 CIF조건으로 해도 괜찮다고 했습니다.

오 부장 : 그럼 보험계약도 우리가 해야 하니까 우리와 거래하고 있는 보험회사에 연락해서 보험조건도 확인해 보도록 하세요. 유 과장의 업무가 더 늘었네요.

유 과장 : 아닙니다. 모두 우리 회사를 위하는 일인 걸요. 그럼 FOB가격과 CIF가격을 비교한 보고서를 작성하여 내일 회의 전까지 제출하겠습니다.

오 부장 : 수고했어요. 내일 회의에서 최종 결정하도록 하죠.

유 과장 : 네, 알겠습니다.

对话 3-2 

吉林天马贸易刘科长向吴部长报告了韩国新吉产业发送的目录和价格条件，并提出了意见。

刘科长：吴部长，这是韩国新吉产业发来的新产品目录和给我们的价格。

吴部长：是吗？ 让我看看。价格怎么样?

刘科长：价格好像还不错。

吴部长：刘科长，以前和新吉产业的价格条件不是CIF条件吗？ 但这次怎么是FOB条件。有什么特别的原因吗?

刘科长：正如吴部长您所知道的那样，长期负责我们公司进出口物品运输的长成海运开通了与韩国的新航线，从上个月开始运航。正好长成海运开通的新航线和我们主要使用的航线一样。咨询了一下长成海运，得到的答复是比现有的运费可以节约30%左右。所以向新吉产业方面要求以FOB条件作为这次的价格。

吴部长：是吗？ 新吉产业没有意见吧？

刘科长：是的，没有，他们欣然同意了。还说按照现有的CIF条件也可以。

吴部长：那我们还需签订保险合同。所以请联系一下和我们合作的保险公司，确认一下保险条件吧。又给刘科长增加工作了。

刘科长：没关系的，都是为了我们公司。那我将FOB价格和CIF价格比较一下做个报告书，在明天会议之前提交。

吴部长：辛苦了。我们明天会上再做最后决定吧。

刘科长：好的，知道了。

INCOTERMS®2020 규칙별 구성가격 산출

※ 광주상사는 미국의 Keystone Trading으로부터 미국산 쇠고기를 수입하기로 결정하고 다음과 같이 가격제시를 받았다.

1) Good's Description : USA Meat
2) INCOTERMS® 2010 : Ex-Work Dallas Sunjin Logistics' warehouse US$ 10/ Unit Price/Case
3) Description's Volume : 20,000 cases/ 40'RF container × 1
4) Export Customs Clearance Fee : US$ 100 under US$ 300,000
5) Marine Insurance : US$300
6) Inland Charge : US$ 1,000 /40'RF x1 from Sunjin Logistics' warehouse in Dallas to Long Beach Sea Port
7) Long Beach Sea Port Charge(THC etc.) : US$ 300 / 40'RF × 1
8) Ocean Freight : US$ 1,500/40'RF container / from Long Beach sea port to Gwangyang Sea Port(without THC)
9) Import Duty Rate : 25%
10) Import Customs Clearance : 0.02%
11) Bonded Warehousing Fee : US$ 0.01/Case/Day, 30 days in boneded storage (단순하게 종량으로 산출하였으나 실재는 종량, 종가를 합산한다.)
12) Inland Charge : US$ 350/ from Gwangyang to 광주상사의 warehouse in Gwang Ju city/40'RF × 1

* 기타 검역 및 검사비는 생략.

Q 1. 40'RF 기준으로 CIF Gwangyang sea port 가격(US$)를 구하시오.

인코텀스 규칙이 EXW 규칙으로 예시되어 있으나 CIF 규칙의 가격을 구하기 위해서는 EXW 규칙 가격에 한국의 도착항까지 발생되는 비용을 추가해야 한다.

- ▶ Meat price : US$ 10 × 20,000 cases = US$ 200,000 for EXW 규칙
- ▶ Export Customs Clearance Fee : US$ 100 under US$ 300,000
- ▶ Marine Insurance ; US$ 300
- ▶ Inland charge : US$ 1,000 /40'RF × 1
- ▶ Long Beach Sea Port Charge(THC etc.) : US$ 300 / 40'RF × 1
- ▶ Ocean Freight(Long Beach Sea Port to Gwangynag Sea Port) ; US$ 1,500
- ▶ SUB TOTAL : US$ 203,200.00

Q 2. 한국에서 관세사에게 지불하는 수입통관 수수료(US$)를 구하시오.

> 수입통관 수수료가 0.02%로 예시되어 있으며, 수입통관 수수료의 기준은 CIF 규칙 가격을 기준으로 산출한다.
> ▶ US$ 203,200.00 × 0.02% = US$ 40.64

Q 3. 40'RF × 1의 기준으로 FOB Long Beach Sea Port(US$) 가격을 구하시오.

> FOB 규칙의 가격은 On board 되어지는 시점까지의 발생 비용을 포함한다.
> ▶ Meat price : US$ 10 × 20,000 cases = US$ 200,000 (EXW 규칙 가격)
> ▶ Export Customs Clearance Fee : US$ 100
> ▶ Inland Charge : US$ 1,000 /40'RF x1 from Sunjin Logistics' warehouse in Dallas to Long Beach Sea Port
> ▶ Long Beach Sea Port Charge(THC etc.) : US$ 300 / 40'RF x1
>
> 위의 네 가지를 합한 금액 US$ 201,400이다.
> ▶ 또한 CIF가격 - (해상운임 + 보험료) 수식으로도 같은 값이 나온다.
> US$ 203,200 - (US$ 1,500 + US$ 300) = US$ 201,400

※ 한국상사는 미국 시애틀에 소재한 Star Bean's사로부터 커피 원두를 수입하여 한국 내 Star Club Coffee 매장에 다음과 같은 조건으로 공급하기로 하였다.

(제11회 물류관리사 기출문제)

> Terms and Conditions
> 1. FOB Seattle : US$ 350,000
> 2. Insurance/ALL Risk : US$ 250
> 3. Import Volume : 40 feet Container×2
> 4. Ocean Freight Rate(Seattle ⇨ Pusan) : 40 feet Container as per US$ 600
> 5. Bonded Inland Trucking Charge(Busan Sea Port ⇨ Suwon Bonded Warehouse) : 40 feet Container as per US$ 350
> 6. Bonded Warehouse Storage Charge : US$ 5/CBM (Assumption : 36 CBM/ 40 feet Container
> 7. Customs Clearance Rate : 0.2%
> 8. Duty Rate : 10%

Q 1. CIF Busan 금액을 구하시오.(US$ 기준)

조건이 FOB조건이므로 부과되어져야 하는 것은 한국의 부산항까지 발생되어지는 비용에 대해 산출해야 된다.

- ▶ FOB Seattle : USD 350,000
- ▶ Insurance : USD 250
- ▶ Import Volume : 40 feet Container×2
- ▶ Ocean Freight(Seattle to Pusan) : 40 feet Container as per USD 600
- ▶ TOTAL : 350,000+250+(600×2=1,200)=USD 351,450

Q 2. 수입통관에 따른 관세액은 얼마인가?(US$ 기준)

관세는 10%이다. 우리나라는 수입은 CIF가격을 기준으로 한다.
∴ USD 351, 450×10%=USD35,145

※ 매매물품계약 조건은 아래와 같다. 계약물품의 CFR가격을 계산하면 얼마인가?
(제13회 물류관리사 기출문제)

㉠ 화물의 총중량 : 2,000lbs	㉡ 화물의 용적 : 1,200cft
㉢ FOB가격 : US$ 50,000	㉣ 해상운임 : US$ 20.00 per 500lbs or 50cft
㉤ 해상보험요율 : 1%	㉥ 희망이익 : CIF금액의 10%

Answer

CFR : 운임 포함 인도규칙으로 매도인은 목적항까지의 운임(보험료 제외)을 부담하여야 한다. 즉, FOB가격+목적항까지의 해상운임을 산정하면 된다.
여기서 해상운임은 화물의 총중량(Gross weight)과 총용적(Gross Measurement)을 비교하여 큰 쪽을 운임톤(R/T)으로 선정하여 계산하게 되므로, 화물의 용적을 기준으로 계산하여야 한다(1,200cft÷50cft=24).
∴ CFR가격=US$ 50,000+(24×20)=US$ 50,480

Lesson 4

품질조건

제 1 절 품질조건의 개요

품질조건(质量条款, Terms of Quality)은 매매계약서에 거래 물품의 규격(规格)이나 모양(形状), 성능(性能), 소재(材料) 등을 포괄하는 개념으로 상품명(商品名称), 상표(商标), 규격(规格) 등으로 표시되며, 무역계약에서 가격조건과 함께 가장 중요한 조건 중의 하나이다. 이는 무역거래시에 계약조건과의 상이(相异)에 따른 분쟁이 가장 많이 야기되는 경우가 바로 이 품질조건이기 때문이다.

韩中 문장 익히기

- 품질조건은 무역계약에서 가격조건과 함께 가장 중요한 조건으로 무역거래에서 분쟁이 가장 많이 발생하고 있다.
  ☞ 质量条款与价格条款一样，是贸易合同中最重要的条款。在贸易交易中最易因此而发生纠纷。

따라서 품질을 결정하는 방법, 시기, 책임에 대해 약정을 하며, 분쟁을 예방하기 위해 품질의 증명방법이나 하자 발생 시 클레임 사항 등을 기재하는 것이 일반적이다.

韩中 문장 익히기

- 따라서 품질을 결정하는 방법, 시기, 책임에 대해 약정을 하며, 분쟁을 예방하기 위해 품질의 증명방법이나 하자 발생 시 클레임 사항 등을 기재하는 것이 일반적이다.
  ☞ 因此，一般对决定质量的方法、时期、责任作出约定。为预防纠纷，一般会明确质量的证明方法或产生瑕疵时的索赔事项。

제2절 품질의 결정방법 및 결정시기

1. 품질의 결정방법

매매계약서에는 거래물품이 가능한 한 구체적으로 제시되어야 한다. 즉, 거래 물품의 규격이나 모양, 품질수준 등을 어떤 것으로 할 것인지를 약정해야 하는데 이러한 품질을 결정하는 방법은 다음과 같다.

1) 견본에 의한 매매

견본매매(凭样品买卖, Sales by Sample)는 상품 전체를 대표하는 상품의 일부 또는 한 개를 이용한 견본에 의해 당해 상품의 품질을 결정하는 매매약정방법이다. 대부분의 일반 공산품(工业产品)이 여기에 해당하며 무역거래에서 가장 널리 이용되고 있는 방법이다.

韩中 문장 익히기

- 견본매매는 상품 전체를 대표하는 상품의 일부 또는 한 개를 이용한 견본에 의해 당해 상품의 품질을 결정하는 매매약정방법이다.
  ☞ 凭样品买卖是指使用可以代表全部商品的一部分商品或一个样品来确定关于该商品品质的买卖约定方法。

이는 품질 수준을 표시할 때 '견본과 완전히 일치하는 것(与样品完全相符的, Quality to be same as sample; Quality to be as per sample; Quality to be fully equal to sample)'이라는 표현 대신에 '대체로 견본과 비슷한 것(大体上和样品差不多的, Quality to be about equal to the sample; Quality to be considered as being about equal to the sample)'이라는 표현을 사용하는 것이 마켓클레임(市场索赔, Market Claim)을 미연에 방지하고 그 거래를 완만히 완결 지을 수 있다.

마켓클레임 市场索赔, Market Claim

- 무역클레임의 일종으로서 매도인의 부주의나 잘못으로 발생한 상품의 품질 불량이나 수량 부족 등에 대해 매수인이 제기하는 정당한 이유에 의한 클레임이 아니고 주로 상품 시장가격의 하락 때문에 매수인이 입는 경제적 손실을 메꾸기 위하여 제기하는 클레임으로서 인도 물품이 견본과 조금 다르다는 것을 구실로 가격인하 등을 요구하는 클레임을 말한다.

  ☞ 市场索赔作为贸易索赔的一种，不是买方因卖方疏忽或错误造成的商品品质不良或数量不足等提出的正当理由的索赔。主要是指买方因商品市场价格下跌而遭受经济损失，从而提出的索赔。通常以交货货物与样品略有不同等为借口，提出降价或其他要求的索赔。

2) 상표에 의한 매매

상표매매(凭商标买卖, Sales by trade mark or brand)는 삼성, 애플, 나이키, 현대, 화웨이(华为) 등 생산업자의 상표나 품명이 세계적으로 널리 품질이 알려진 상품의 경우에 상표에 의하여 품질을 결정하는 방법이다.

■ SAMSUNG, LG, ROLEX, COCA-COLA, ADIDAS, BMW, NIKE 등

韩中 문장 익히기

- 상표매매(凭商标买卖)는 무역거래시 견본을 사용하지 않고 유명상표에 의해서 품질을 결정하는 방법이다.

  ☞ 凭商标买卖是指交易时不使用样品，而是根据名牌商标决定品质的方法。

연습문제

※상표매매로서 가장 적합한 것은?

① 의료기기 ② 곡물 ③ 목재 ④ 삼성노트북

☞ ④ 상표매매(凭商标买卖)는 무역거래시 품질약정조건의 하나로 견본을 사용하지 않고 세계적으로 유명한 브랜드(brand)품인 경우 상표(trade mark)를 지정만 하면 거래가 이루어진다.

3) 규격에 의한 매매

규격매매(凭规格买卖, Sales by type or grade)는 국제적으로 규격이 정해져 있거나 수출국의 공인된 기관에 의하여 규격이 정해져 있는 상품의 경우에는 그 규격에 의하여 품질을 결정하는 방법이다. 이 조건은 전기, 전자제품 등에 주로 이용되며 규격과 견본 등이 함께 사용된다.

- 국제표준화기구(国际标准化组织, International Organization for Standardization; ISO)
- 한국의 KS(韩国标准, Korean Industrial Standards)
- 중국의 GB(中国国家标准, Guo Jia Biao Zhun) 등

문장 익히기

• 규격매매는 상품의 품질이 규격에 의해서 결정되는 매매방법으로 국제적 규격을 가진 상품의 거래에서 이용된다.

☞ 凭规格买卖是指由规格决定商品品质的买卖方法，用于具有国际规格的商品交易。

국제표준화기구 国际标准化组织

International Organization for Standardization : ISO

• ISO는 국가마다 다른 공업규격을 통일하고 물자 및 서비스의 국제적 교류를 원활히 하기 위한 국제기구이다. 1947년 2월에 발족된 비정부기구(NGO)로 스위스 제네바에 본부를 두고 있고, 168개국 국가표준화기관이 가입되어 있으며 한국은 1963년, 중국은 1978년에 가입하였다.

☞ ISO是于1947年2月成立的非政府组织(NGO)，总部设在瑞士日内瓦。是统一各国不同产业规格，促进物资和服务国际交流的国际组织。共有168个国家国家标准化机构加入，其中韩国于1963年、中国于1978年加入。

4) 명세서에 의한 매매

명세서매매(凭明细单买卖, Sales by Description)는 설명서매매라고도 하며, 견본 제시가 어려운 거래 대상 물품의 소재, 구조, 성능, 규격 등을 구체적으로 설명하는 명세서(明细单)나 설명서(说明书), 설계도(设计图), 도해목록(图示目录; 图解目录) 등을 실제 매매되는 품질기준으로 결정하는 방법이다.

- 선박, 운반기계, 철도, 차량, 의료기구, 중장비 등

연습문제

※ 기계류나 선박 또는 의료기구 등의 매매에 주로 사용되는 품질결정방법은?

① 견본매매(sale by sample) ② 명세서매매(sale by specification)
③ 상표매매(sale by trade mark) ④ 규격매매(sale by type or grade)

☞ ② 명세서매매는 제품의 품질에 관한 매수인의 요구 조건을 고려하여 작성된 상세한 기술 설명서, 설계도, 사진 등의 명세서를 기초로 생산하여 인도하는 거래방식이다. 명세서매매는 주로 선박, 대형 기계, 의약품의 거래시에도 활용되고 있다.

※ 명세서매매로서 부적합한 것은?

① 자동차 ② 철도차량 ③ 농산물 ④ 선박

☞ ③ 농산물은 표준품매매로 이루어진다.

5) 표준품에 의한 매매

표준품매매(凭标准买卖, Sales by standard)는 정확한 견본을 이용할 수 없는 수확 예정인 농·수산물(农水产品), 광산물(矿产品), 임산물(林产品) 등과 같은 천연산물(天然产物)의 물품 거래에서 당해 연도의 표준품을 실제 거래물품의 품질기준으로 가격을 결정하고 매매가 이루어지는 방법이다. 여기에서 표준품이란 동종 상품의 품질을 대표하는 상품의 소량을 말한다.

韓中 문장 익히기

- 표준품매매는 농·수산물, 광산물, 임산물 등과 같은 천연산물 물품 거래에서 당해 연도의 표준품을 실제 거래물품의 품질기준으로 가격을 결정하고 매매가 이루어지는 방법이다.

☞ 凭标准品买卖是指在农产品、水产品、矿产品、林产品等天然产物交易中，以实际交易物品的品质标准决定该年度的标准品价格并进行买卖的方法。

• 표준품이란 동종 상품의 품질을 대표하는 상품의 소량을 말한다.

☞ 标准品是指可以代表同类产品品质的产品。

표준품매매에서 실제로 인도된 상품의 품질이 표준품과 다를 경우에는 가격 조정 등이 이루어지며, 거래 상품의 표준 품질을 표시하는 방법은 다음 세 가지가 있다.

(1) 보통품질조건

보통표준품질조건(通常标准质量, Usual Standard Quality; USQ)은 당해 생산물의 공인검사기관이나 표준기관에 의하여 확인된 보통 품질을 표준품의 품질로 정하는 조건을 말한다. 공인검사기관은 특정 물품의 품질을 그 등급에 따라 특등급, 1등급, 2등급과 같이 표준화해 두고, 이들과 비교하여 가격을 결정한다.

■ 인삼(人参), 오징어(鱿鱼), 원면(原棉), 생사(生丝) 등

韩中 문장 익히기

• 보통표준품질조건은 공인검사기관 또는 공인표준기준에 의해서 보통품질을 표준품의 품질로 결정하는 방법이다.

☞ 通常标准质量是指根据公认的检验机构或公认的标准，将普通质量确定为标准品质量的方法。

(2) 평균중등품질조건

평균중등품질조건(良好平均品质, Fair Average Quality; FAQ)은 당해 연도 당해지역에서 생산된 동종 생산물 가운데 대체로 중간 정도의 품질에 해당하는 것을 인도하기로 약정하는 조건으로 선물거래(期货交易, Futures Trading)에서 많이 사용하고 있다. 예를 들어 전년도 수확물의 평균중등품의 가격을 기준으로 정하고 인도물품의 품질수준은 새로 수확한 물품의 평균중등품으로 한다.

■ 곡물(谷物), 과일(水果), 차(茶)등의 농산물(农产品)

韩中 문장 익히기

- 평균중등품질조건은 당해 연도 당해 지역에서 생산된 동종 생산물 가운데 대체로 중간 정도의 품질에 해당하는 것을 인도하기로 약정하는 조건으로 곡물매매에서 많이 쓰이는 방법이다.
  ☞ 良好平均品质是指在以当年当地生产的同类产品中，中等质量的产品为标准。在粮食买卖中经常使用。

(3) 판매적격품질조건

판매적격품질조건(上好可销品质, Good Merchantable Quality; GMQ)은 거래 목적물의 인도 당시에 물품의 품질이 판매에 적합한 것을 조건으로 하며, 수입지에서 인수한 현물에서 내부의 하자가 발견되어 판매가 불가능한 부분에 대하여는 매수인이 매도인에게 배상을 요구할 수 있는 품질조건이다.

- 냉동어류(冷冻鱼类), 목재(木材), 광석류(矿石类) 등

韩中 문장 익히기

- 판매적격품질조건은 목재, 냉동수산물, 광석 등의 거래에 주로 적용되는 조건으로 내부의 부패나 기타의 잠재적 하자(潜在瑕疵)가 외관상으로는 확인하기가 곤란한 물품에 적용된다.
  ☞ 上好可销品质主要适用于木材、冷冻水产品、矿石等交易，适用于内部腐败或其他易存在从外观上看难以确认的潜在瑕疵的物品。

연습문제

※ 수확시 예상되는 농산물이나 정확한 견본의 제공이 곤란한 목재 등의 거래시에 주로 이용되는 품질조건은?

① 표준품매매(sale by standard)　② 상표매매(sale by trade mark)
③ 명세서매매(sale by specification)　④ 점검매매(sale by inspection)

☞ ① 표준품매매는 당해 표준품을 이용하여 품질을 결정하는 방법으로 주로 농산물, 냉동어류, 목재 등의 수출입에 이용하며, 여기에는 다음과 같은 종류가 있다.
▸평균중등 품질조건(FAQ; Fair Average Quality) : 농산물
▸판매적격 품질조건(GMQ; Good Merchantable Quality) : 냉동어류, 목재

※ 평균중등품질조건의 매매에서 사용되는 것은?

① 곡물 기타 천연물의 선물거래 ② 목재류
③ 섬유류 ④ 광석류

☞ ① 평균중등품질(FAQ)조건이란 곡물이나 과실 등의 농산물에 사용되는 품질조건으로 인도 상품의 표준 품질은 그 인도(선적)의 시기 및 장소에 있어서 그 계절 출하품의 평균중등이어야 하는 조건이다.

※ 판매적격품질조건의 매매에 사용되는 것은?

① 선박 ② 철강석 ③ 목재 ④ 양곡

☞ ③ 판매적격품질(Good Merchantable Quality ; GMQ)이란 정확한 견본 또는 표준품의 이용이 곤란한 목재나 냉동 어류 등의 매매에 사용되는 품질조건이다. 따라서 인도하는 시점에 물품의 품질이 판매할 수 있는 상태, 즉 판매적격성이 있어야 하는 조건이다.

6) 점검에 의한 매매

점검매매(看货买卖, Sales by inspection)는 매수인(수입업자)이 현물을 직접 점검한 후 매매계약을 체결하는 경우의 품질약정방법으로 보석(宝石), 귀금속(贵金属) 등 고가의 제품의 거래인 경우에 제한적으로 사용되고 있다.

점검매매는 매수인에 의한 직접 점검방식을 취하므로 국내거래에서는 널리 활용되고 있으며, 무역거래에서는 보세창고인도조건(保税仓交易)과 현물상환방식조건(货到付款)이 있으며, 이는 제품의 판로 확장 및 신규 상품의 시장개척에 이용된다.

韩中 문장 익히기

- 점검매매는 매수인이 현물을 직접 확인한 후 매매계약을 체결하는 경우의 품질약정방법이다.
  ☞ 看货买卖是指买方亲自确认实物后，在签订买卖合同时确定质量标准的方法。
- 점검매매는 매수인에 의한 직접 점검방식을 취하므로 국내거래에서는 널리 활용된다. 무역거래에서는 보세창고인도조건과 현물상환방식조건이 있다.
  ☞ 看货买卖采取买方直接检查的方式，因此在国内交易中广泛使用。国际贸易往来需有保税仓库交易条件和现货结算方式条件。
- 점검매매는 제품의 판로 확장 및 신규 상품의 시장개척에 이용된다.
  ☞ 看货买卖多用于扩大产品销路和开拓新商品市场。

(1) 보세창고인도조건

보세창고인도조건(保税仓交易, Bonded Warehouse Transaction; BWT)은 수출업자가 자기책임 아래 수입국 내의 관리인(해외지점, 사무소 등)을 지정하고 물품을 무환으로 반출, 수입국 내 보세창고에 반입시키면 현지에서 물품 구매 계약을 체결해 판매하는 거래방식이다. 이 조건은 주로 범용성 원자재나 선용품(航运补给; 舰上供应品, Ship Supplies) 등의 거래에 이용된다.

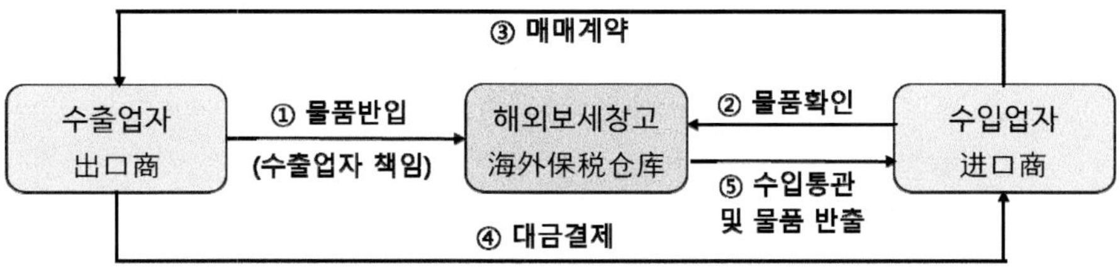

① 进货(出口商责任), ② 进口商查验货物, ③ 买卖合同
④ 货款结算, ⑤ 进口报关及运出货物

▎보세창고인도조건(保税仓交易, BWT) ▎

보세구역 保税区. Bonded Areas

- 보세구역은 효율적인 화물관리와 통관 및 관세행정의 필요성에 의하여 세관장이 지정하거나 특허한 장소를 말하며, 수출입화물의 일시 장치, 통관을 위한 검사, 판매 및 전시업무 등을 수행하고 있다.
  ☞ 保税区是指根据有效的货物管理和通关及关税行政的需要，由海关负责人指定或特许的场所。主要负责进出口货物的临时装置、通关检查、销售及展示业务等。
- 즉, 해외에서 수입되는 물품에 관세를 부과하지 않고 보관할 수 있는 지역으로 지정보세구역, 특허보세구역, 종합보세구역으로 구분된다.
  ☞ 即，对从国外进口的货物可以不征收关税进行保管的地区，分为指定保税区、特许保税区和综合保税区。

(2) 현물상환방식조건

현물상환방식조건(货到付款, Cash on Delivery; COD)은 수입자가 소재하는 국가에 수출자의 지사나 대리인이 있는 경우, 수출자가 물품을 지사 등에 보내면 수입자가 물품의 품질 등을 검사한 후 물품과 현금을 상환하여 물품대금을 송금하는 방식의 거래이다. 주로 귀금속 등 고가품으로서 직접 물품을 검사하기 전에는 품질 등을 정확히 파악하기 어려운 경우에 많이 이용된다.

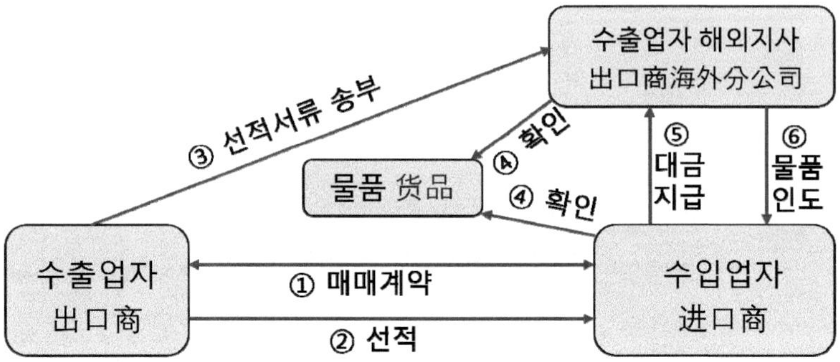

① 买卖合同 ② 装货 ③ 发运单据 ④ 验货 ⑤ 货款结算 ⑥ 交货

현물상환방식조건(货到付款, COD)

보세구역의 구분 保税区划分

1. 지정보세구역
   - 국가 또는 지방자치단체 등의 공공시설이나 장소 등 일정 구역을 세관장이 보세구역으로 지정한 지역
     - □ 지정장치장 : 통관을 하고자 하는 물품을 일시 장치하기 위한 장소로서 세관 구내 창고, 공·항만을 관리하는 법인이 운영하는 창고 등을 말한다.
     - □ 세관검사장 : 통관하고자 하는 물품을 반입하여 세관검사를 받도록 한 장소
2. 특허보세구역
   - 일반개인(기업)이 신청에 의해 세관장이 심사 후 특허해 주는 보세구역
     - □ 보세창고 : 가장 일반적인 보세구역으로서 통관하고자 하는 물품을 장치하기 위한 장소
     - □ 보세공장 : 가공무역의 진흥이나 관세행정 목적을 위하여 설치된 장소로서 보세 상태에서 제조, 가공 등의 작업을 하여 생산된 제품 등을 외국으로 수출하거나 국내에서 사용할 목적으로 국내로 수입할 수 있도록 특허된 구역
     - □ 보세판매장 : 외국 물품을 우리나라를 출국할 여행자에게 판매하거나, 우

리나라에 있는 외교관 등 면세권자에게 판매할 목적으로 설치된 판매장
- □ 보세건설장 : 산업시설의 건설에 사용될 외국 물품인 기계류, 설비품 또는 공사용 장비를 장치하거나 사용하여 보세 상태에서 건설공사를 완료하고 수입통관을 하게 되는 구역
- □ 보세전시장 : 국내에서 개최되는 박람회, 전람회 등을 위하여 반입되는 외국물품을 보세상태에서 장치, 전시하거나 사용할 수 있는 곳

3. 종합보세구역

- 특허보세구역의 모든 기능(보관, 제조, 건설, 전시, 판매)을 복합적으로 수행할 수 있는 보세구역으로 관세청장이 지정한 구역

保税区划分

1. 指定保税区

- 在国家或地方自治团体等所建设的公共设施或场所、被海关负责人指定为保税区域的地区。
  - □ 指定货场：暂时存放即将通关物品的场所。一般是指海关区内的仓库，或机场、港口法人所运营的仓库等。
  - □ 海关检查站：将即将通关的物品带入海关接受检查的场所。

2. 特许保税区

- 一般由个人(企业)申请，海关负责人审查后特许的保税区。
  - □ 保税货场：作为最普通的保税区域，存放即将通关的物品的场所。
  - □ 保税工厂：为振兴加工贸易或关税行政目的而设置的场所。允许在保税状态下进行制造、加工等作业生产的产品等出口到国外或以在国内使用为目的进口到国内的特许区域。
  - □ 保税销售区：可以将外国物品出售给出境的旅行者，或出售给在国内的外交官等拥有免税权的顾客的销售场所。
  - □ 保税施工区：用于建设产业设施的外国机械类、工程用设备，在保税状态下完成建筑工程并进口通关的区域。
  - □ 保税展示区：为在国内举办的博览会、展览会等而携带入境的外国物品，可以在保税状态下进行存放、展示或使用的地方。

3. 综合保税区

- 海关负责人指定的，能够实现特许保税区所有功能（保管、制造、建设、展示、销售）的区域。

2. 품질의 결정시기

무역계약의 이행과정에서 선적시의 품질과 양륙시의 품질이 서로 달라서 품질로 인한 분쟁이 발생하는 경우가 많으므로 당해 물품의 품질수준 여부를 어느 시점의 품질상태에 의해 판정할 것인가 하는 기준 시점을 약정해 두어야 한다.

韓中 문장 익히기

- 무역계약의 이행과정에서 선적시의 품질과 양륙시의 품질이 서로 달라서 품질로 인한 분쟁이 발생하는 경우가 많으므로 당해 물품의 품질수준 여부를 어느 시점의 품질상태에 의해 판정할 것인가 하는 기준 시점을 약정해 두어야 한다.

  ☞ 在贸易合同履行过程中，由于装运时的质量和卸货时的质量不同，经常发生纠纷。因此应约定好根据哪个时间点的质量状况来判定该货物的质量。

품질결정 시기에 따라 선적 당시의 물품을 기준으로 처리하는 '선적품질조건(离岸品质条款, Shipped Quality Terms)'과 양륙 당시의 물품을 기준으로 하는 '양륙품질조건(到岸品质条款, Landed Quality Terms)'으로 구분된다. 이런 조건은 선적시점과 양륙시점의 품질이 서로 다를 수 있는 물품에 주로 적용이 되는데 농산물(农产品)이 대표적이다.

1) 선적품질조건

선적품질조건(离岸品质条款, Shipped Quality Terms)은 선적시의 품질이 약정한 계약 사항과 일치하면 계약을 이행한 것으로 결정하는 방법으로 선적전검사(装运前检验, Pre-Shipment Inspection; PSI)를 통해 이루어지고 있으며, 주로 공산품(工业产品)을 대상으로 하고 있다.

韓中 문장 익히기

- 선적품질조건은 인도 물품에 대한 품질의 일치 여부를 선적 시점의 품질로 결정하는 방법으로 주로 공산품에 널리 사용된다.

  ☞ 离岸品质条款是指以装船时货物的质量来决定交货质量的方法，主要用于工业产品。

- 선적품질조건에서 매도인은 거래 물품의 품질을 선적할 때까지만 책임지고 선적

이후 물품의 변질, 손상에 대해서는 책임을 지지 않는다.

☞ 在离岸品质条款下，卖方只负责装运交易物品的质量，不负责装运后物品的变质、损坏。

선적전검사 装运前检验, Pre-Shipment Inspection; PSI

- 선적전검사는 선적 전에 이루어지는 제품에 대한 상세한 검사를 말한다. 즉, 매수인 자신이 수출국 등에서 행한 검사나, 매수인의 요청에 의한 특정 기관이 미리 행한 검사를 말하며, 이러한 검사 비용은 매수인이 부담하는 것을 원칙으로 한다.

  ☞ 装运前检验是指在装运前对货物进行详细的检验。即指买方自己在出口国进行的检查，或根据买方要求由特定机构提前进行的检查。原则上这些检查费用由买方承担。

여기에 해당하는 인코텀즈 2020(INCOTERMS®2020) 조건은 FOB, CFR, CIF, CPT, CIP 등이며, 또한 표준품매매(凭标准品买卖)의 평균중등품질조건(良好平均品质, Fair Average Quality; FAQ), 곡물류의 T.Q(Tale Quale; such as it is, 全数好质量现状条款) 등이 이에 해당한다.

T.Q Tale Quale, 全数质量保证

- T.Q는 곡물류 거래시 사용하는 표현으로 매도인이 약정한 물품을 선적할 때까지만 책임을 지는 선적품질조건이다.

  ☞ 全数好质量现状条款多用于谷物类交易时使用，是指卖方只承担货物装运前责任的离岸品质条款。

2) 양륙품질조건

양륙품질조건(到岸品质条款, Landed Quality Terms)은 목적항에서 양륙시의 품질이 약정한 계약 사항과 일치하면 계약을 이행한 것으로 결정하는 방법으로, 주로 광물(矿物), 농산물(农产品) 등 산적화물(散装货, Bulk Cargo)을 대상으로 하고 있다.

韩中 문장 익히기

- 양륙품질조건은 인도물품에 대한 품질의 일치 여부를 양륙 시점의 품질로 결정하는 방법으로 주로 광물, 농산물 등 산적화물을 대상으로 하고 있다.
  - ☞ 到岸品质条款是指以卸货时货物的质量来决定交货质量的方法，主要用于矿物、农产品等散装货物。
- 양륙품질조건에서 매도인은 도착지의 양륙 시점까지 거래 물품의 품질을 책임지기 때문에 매도인은 물품의 선적은 물론 운송 중에 변질, 손상된 물품에 대해 책임을 져야 한다.
  - ☞ 在到岸品质条款下，卖方负责到目的地卸货时为止货物的质量。因此，卖方不仅要对货物的装船负责，还要对运输过程中变质、损坏的物品负责。

여기에 해당하는 인코텀즈 2020(INCOTERMS®2020) 조건은 DPU, DAP, DDP 등이며, 또한 곡물류의 RT(Rye Terms, 裸麦条件), 표준품매매의 판매적격품질조건(上好可销品质条件, Good Merchantable Quality; GMQ) 등이 이에 해당한다.

먼저 RT조건(Rye Terms, 裸麦条件)은 런던시장에 있어서 곡물류의 거래에 이용되는 양륙품질조건(到岸品质条款)의 매매를 말한다. 이 조건은 도착한 화물에 손해가 발생한 경우에는 매수인은 가격 인하를 요구할 수 있으나 인수를 거부할 수 없다. 다만 손상이 심하여 다른 용도가 없을 때 인수를 거부할 수 있다.

RT Rye Terms, 裸麦条件

- RT는 곡물류 거래시에 물품 도착시 손상되어 있는 경우 그 손해를 매도인이 책임지는 양륙품질조건이다.
  - ☞ 裸麦条件是粮食交易中货物到达时受损，由卖方承担损害的到岸品质条款。

다음으로 판매적격품질조건(上好可销品质, Good Merchantable Quality; GMQ) 은 계약 대상의 물품을 정확한 견본(样品)이나 표준품(标准品)으로 정하기 어려운 경우에 목적지에서 물품을 양륙한 후 품질검사를 하여 해당 물품의 시장에서 판매적격 여부(是否符合销售要求)를 파악하는 것이다. 이에 해당하는 물품은 주로 외관으로는 손상 여부를 구분하기 어려운 목재나 냉동 어류, 광물류 등이다.

韩中 문장 익히기

• 판매적격품질조건에 해당하는 물품은 주로 외관으로는 손상 여부를 구분하기 어려운 목재나 냉동 어류, 광물류 등이다.

☞ 符合上好可销品质的物品是主要适用于外观上很难区分受损与否的木材或冷冻鱼类、矿物类等。

3) 조건부 선적품질조건

조건부 선적품질조건(水渍险条款, Sea Damaged Terms; SD)은 원칙적으로 선적품질조건이지만 해상운송 중 화물이 유손(湿损) 또는 응결(凝结) 등으로 인해 손해를 입은 경우에 대해서는 매도인이 부담한다는 조건으로 양륙품질조건과 절충한 조건부 선적품질조건이다.

韩中 문장 익히기

• 조건부 품질조건은 인도된 물품에 대한 품질의 일치 여부를 선적 시점의 품질에 의하여 결정하되 선적 이후 운송 도중에 발생하는 일부 손해를 매도인이 추가적으로 부담하는 조건으로 선적품질조건과 양륙품질조건을 절충한 조건이다.

☞ 水渍险条款是根据装船时的质量来确定交货质量的。但当装船后运输途中发生损失时，卖方可以以此为条件要求卖方承担一定责任。是离岸品质条款和到岸品质条款之间的过渡条款。

연습문제

※ 선적품질조건을 채택할 수 없는 가격조건은?

① DPU　② FOB　③ CFR　④ FAS

☞ ① 선적품질조건(Shipped Quality Terms)은 선적시의 품질이 약정한 계약사항과 일치하면 계약을 이행한 것으로 결정하는 방법으로 선적전 검사(PSI; Pre-Shipment Inspection)를 통해 이루어지고 있으며, 주로 공산품을 대상으로 하고 있다. 여기에 해당하는 인코텀즈2020의 조건은 FOB, CFR, CIF, CPT, CIP 등이다. 또한, 양륙품질조건(Landed Quality Terms)은 목적항의 양륙시의 품질이 약정한 계약사항과 일치하면 계약을 이행한 것으로 결정하는 방법으로, 주로 광물, 농산물 등BULK 화물을 대상으로 하고 있다. 여기에 해당하는 인코텀즈 2020의 조건은 DPU, DAP, DDP 등이다.

※ 품질의 결정시기를 잘못 설명한 것은?

① 1차 상품인 곡물류는 유난히 외부적 요소에 의한 변질 가능성이 높기 때문에

선적지 TQ(Tale Quale), 양륙지 RT(Rye Terms), 절충형 SD(Sea Damaged)으로 나뉜다.

② 인코텀즈 2020에서 EXW, FCA, FAS, CFR, CIP, CPT는 선적품질조건에 해당된다.

③ 인코텀즈 2020에서 DAP, DPU, DDP는 양륙품질조건에 해당된다.

④ 조건부 선적품질조건(水渍险条款, Sea Damaged Terms; SD)은 선적품질조건과 양륙품질조건의 절충안으로 항해 중 발생하는 해수, 응결 손상은 수입자가 책임지는 형태이다.

☞ ④ 조건부 선적품질조건은 양륙품질조건과 절충한 조건부 선적품질조건으로 해수(Seawater), 응결(Condensation) 손상시에는 수출자(매도인)가 책임진다.

3. 품질의 증명방법

품질의 증명 방법은 인도된 물품이 계약시의 품질과 일치하는지의 여부를 증명하는 방법을 말하며, 품질의 증명 시기와 관계된다. 원칙적으로 선적품질조건의 경우에는 매도인이, 양륙품질조건의 경우에는 매수인이 품질입증의 책임을 져야 한다.

韩→中 문장 익히기

• 품질의 증명 방법은 인도된 물품이 계약시의 품질과 일치하는지의 여부를 증명하는 방법을 말하며, 원칙적으로 선적품질조건의 경우에는 매도인이, 양륙품질조건의 경우에는 매수인이 품질입증의 책임을 져야 한다.

☞ 品质证明方法是指证明交付的货物与合同签订时的约定品质是否一致。原则上，离岸品质条款由卖方负责、到岸品质条款由买方负责质量证明。

1) 선적품질조건

선적품질조건에서는 품질의 입증책임이 매도인에게 있다. 따라서 매도인은 선적지에서 국제적으로 공인된 검사기관으로부터 물품을 검사받은 후 검사증명서(检验证书, Certificate of Inspection) 혹은 품질증명서(质量证书, Certificate of Quality)를 발급받아 매수인에게 제공해야 한다.

2) 양륙품질조건

양륙품질조건에서는 품질의 입증책임이 매수인에게 있다. 따라서 매수인은 계약

물품이 도착하면 지체 없이 물품을 검사하여야 하며, 만약에 품질수준의 미달, 변질 등이 발견되면 권위있는 감정인(检验员, Surveyor)의 감정보고서(检验报告, Survey Report)에 의해 사실을 증명하고 배상을 청구해야 한다.

연습문제

※ 다음은 무역계약의 품질조건에 관한 내용이다. 잘못된 것은?

① 품질조건을 약정하는 방법 중 판매적격품질조건은 잠재적 하자가 있을 가능성이 높은 목재, 광석류, 냉동 어류 등의 거래시 흔히 채택된다.

② 곡물의 경우 쉽사리 부패될 수도 있으므로 품질의 결정 시기로 조건부 선적품질조건을 사용할 수 있는 바 이는 양륙품질조건에 해당한다.

③ 봉제완구 및 조화 등 비규격공산품 거래시는 품질의 수준을 약정할 때 "same as the sample"이라는 표현보다는 "as per sample" 혹은 "About equal to sample"이라는 표현이 후일의 마켓클레임(market claim)을 예방하는데 도움이 된다.

④ 곡물류 거래시 사용되는 검품시기에 관한 조건 중 TQ(Tale Quale)는 선적품질조건이다.

☞ ② 조건부 선적품질조건은 원칙적으로 선적품질조건이지만 해상운송 중 화물이 유손(湿损) 또는 응결(凝结) 등으로 인해 손해를 입은 경우에 대해서는 매도인이 부담한다는 조건으로 양륙품질조건과 절충한 조건부 선적품질조건이다.

무역 용어 贸易用语

견본매매	凭样品买卖	Sales by Sample
상표매매	凭商标或品牌买卖	Sales by Trade Mark or Brand
규격매매	凭规格买卖	Sales by Type or Grade
명세서매매	凭说明说和图样买卖	Sales by Description
표준품매매	凭标准买卖	Sales by Standard
점검매매	看货买卖	Sales by Inspection
마켓클레임	市场索赔	Market Claim
국제표준화기구	国际标准化组织	International Organization for Standardization ; ISO
선적품질조건	离岸品质条款	Shipped Quality Terms
양륙품질조건	到岸品质条款	Landed Quality Terms
평균중등품질조건	良好平均品质	Fair Average Quality; FAQ
판매적격품질조건	上好可销品质	Good Merchantable Quality ; GMQ
보세창고인도조건	保税仓交易	Bonded Warehouse Transaction ; BWT
현물상환방식조건	货到付款	COD; Cash on Delivery : COD
조건부선적품질조건	水渍险条款	Sea Damaged Terms; SD
선용품	航运补给	Ship Supplies
선적전검사	装运前检验	Pre-Shipment Inspection; PSI
유손	湿损	Wet Damage
응결	凝结	Condensation
한국표준	KS标志认证(韩国工业标准)	Korean Industrial Standards; KS
중국국가표준	中国国家标准(国标)	Guo Jia Biao Zhun; GB
검사증명서	检验证书	Certificate of Inspection
품질증명서	质量证	Certificateof Quality
감정인	质量检验员	Surveyor
감정보고서	检验报告	Survey Report

대화하기 4-1

한울상사 무역1팀 박춘호 과장은 베이징사무소 민선우 과장과 '아동용 미니자동차 장난감' 중국시장 상황과 준비사항에 대해 문의하고 있다.

민 과장 : 여보세요. 한울상사 북경사무소 민선우 과장입니다.

박 과장 : 안녕하세요. 무역1팀 박춘호 과장입니다. 오랜만입니다.

민 과장 : 잘지내셨지요? 차 부장님으로부터 연락받았습니다.

박 과장 : 민 과장님, 중국 아동용 장난감 시장 상황은 어떻습니까?

민 과장 : 현재 중국에서 아동용 장난감 시장은 계속 성장하고 있습니다. 특히, 주소비층인 80~90년대 소비자는 제품의 품질과 브랜드 평판을 중요하게 생각하고 있습니다.

박 과장 : 그래요? 민 과장님, 장난감 전문제조업체인 '동민산업' 아시죠? 현재 저희 무역1팀에서 동민산업에서 생산한 '아동용 미니자동차 장난감'을 중국으로 수출 가능성을 검토하고 있습니다.

민 과장 : 아이템은 괜찮네요. 하지만 중국은 어린이의 신체 보호를 위해 점점 더 엄격한 안전과 환경 보호 기준을 마련하고 있기 때문에 품질에 더욱 더 신경을 써야 합니다.

박 과장 : 네, 제품의 주재료를 친환경소재로 하였으며, 제품안전검사를 받고 안전인증도 받았습니다.

민 과장 : 특히, 유아용 장난감 제품은 중국 CCC 인증을 받고 인증마크를 부착해야만 중국으로 수출과 유통을 할 수 있는 건 아시죠?

박 과장 : 네, 알고 있습니다. 그래서 현재 해당 제품에 대한 CCC인증 절차를 진행하고 있으니 그 문제는 없을 듯합니다. 그러니 민 과장님께선 중국 시장 상황을 계속 파악해 주시고 거래처를 알아봐 주십시오.

민 과장 : 네, 알겠습니다.

박 과장 : 네, 감사합니다.

对话 4-1

韩蔚商社贸易一组朴科长就"儿童迷你汽车玩具"中国市场情况和准备事项正在与北京事务所闵科长进行咨询。

闵科长：喂，您好。我是韩蔚商社北京事务所闵善宁科长。

朴科长：您好，我是贸易一组的朴春浩科长。闵科长，好久不见。

闵科长：您过得还好吧？ 车部长联系我了。

朴科长：闵科长，中国儿童玩具市场的情况如何？

闵科长：现在中国儿童玩具市场正在持续扩大。特别是以80后、90后作为主消费层的消费者非常重视产品质量和品牌声誉。

朴科长：是吗？ 闵科长，您知道"东民产业"吧？专门制造玩具的企业。目前，我们贸易一组正在讨论将东民产业生产的"儿童迷你汽车玩具"出口到中国的可能性。

闵科长：这个项目不错啊。但是，由于我国对儿童身体的保护，制定了越来越严格的安全和环保标准，因此更应该注重质量。

朴科长：是的，产品的主材料是环保材料，通过了产品安全检查，还获得了安全认证。

闵科长：特别是幼儿玩具，只有获得中国CCC认证(中国强制性产品认证)并贴上认证标志才能出口和销售到中国，您知道吧？

朴科长：是的，我知道。现在正在对该产品进行CCC认证程序，应该没有问题。还请闵科长继续关注一下中国市场情况和客户。

闵科长：好的，知道了。

朴科长：好的，谢谢。

대화하기 4-2

중국 농산물유통전문회사인 SP유한공사 왕방 부장과 임호걸 과장이 말레이시아산 두리안(榴莲) 수입 건에 대해서 대화를 하고 있다.

왕 부장 : 임 과장, 말레이시아산 두리안 수입계약 완료됐죠?

임 과장 : 네, 저번 주 16일에 말레이시아 농산물유통공사와 150톤 수입계약을 체결했습니다.

왕 부장 : 거래조건은 어떻게 되죠?

임 과장 : 가격은 CIF Qingdao조건으로 총 미화 120만 달러 규모입니다.

왕 부장 : 적지 않은 금액이군요. 품질조건은 어떻게 하기로 했나요?

임 과장 : 네, 현지 검사기관으로 부터 1등급 품질증명을 받았다고 연락을 받았습니다. 하지만 청도항에 도착하면 재검사를 받아야 하기 때문에 양륙품질조건으로 합의를 하였습니다.

왕 부장 : 알겠습니다. 언제 도착 예정이나요?

임 과장 : 선적 예정일이 11월 25일이니까 대략 11월 30일경에 청도항에 도착할 것 같습니다. 말레이시아측에서 선적 통지를 해오면 바로 보고하겠습니다.

왕 부장 : 알겠습니다. 물품이 청도항에 도착하면 신속히 검사완료하고 통관할 수 있도록 준비하세요.

임 과장 : 네, 차질 없이 준비하겠습니다.

对话 4-2

中国农产品流通专门公司SP有限公司王邦部长和林浩杰科长正在就马来西亚产榴莲进口问题进行对话。

王部长：林科长，马来西亚榴莲进口合同已经签完了吧？

林科长：是的，16日与马来西亚农产品流通公司签订了150吨的进口合同。

王部长：交易条件是什么？

林科长：价格为CIF青岛(CIF Qingdao)，总金额为120万美元。

王部长：金额不少啊。质量条件是怎么决定的？

林科长：是这样的。我们收到了当地检验机构的1级质量证明，但是到达青岛港后要接受复检。所以决定使用到岸品质条款。

王部长：好的。预计什么时候到达?

林科长：预计装船日期是11月25日，大概11月30日左右会到达青岛港。马来西亚方面一接到装船通知，就马上报告。

王部长：知道了。货物到达青岛港后，请迅速做好检查和通关准备。

林科长：好的，我会认真准备的。

Lesson 5

수량조건

제 1 절 수량조건의 개요

1. 수량조건의 의의

수량조건은 무역계약 상품에 대해 어떠한 단위를 사용할 것인지를 결정하는 조건으로 계약 물품의 수량은 가격을 산출하는 기초가 되는 중요한 조건이다.

韩中 문장 익히기

- 수량조건은 무역계약 상품에 대해 어떠한 단위를 사용할 것인지를 결정하는 조건으로 계약 물품의 수량은 가격을 산출하는 기초가 되는 중요한 조건이다.
  ☞ 数量条款是在贸易合同中确定商品使用何种单位的条款。在合同中，物品的数量作为计算价格的基础是十分重要的条件。

수량을 표시하는 조건은 물품에 따라 도량형환산표(度量衡表,table of weight and measures)를 통해 단위를 확인한 후 거래시 품목과 거래의 성격을 고려하여 정확한 단위와 수량을 표시하여야 한다.

따라서 수량 단위가 불명확해서 클레임이 발생하는 경우가 종종 있기 때문에 문제가 발생되지 않도록 수량 단위를 계약서에 명시할 필요가 있다.

韓中 문장 익히기

• 수량조건은 수량 단위가 불명확해서 클레임이 발생하는 경우가 종종 있기 때문에 문제가 발생되지 않도록 수량 단위를 계약서에 명시할 필요가 있다.

☞ 由于数量单位不明确而发生索赔的情况时有发生，所以有必要在合同中明确规定数量单位，以免出现问题。

연습문제

※ 다음 중 무역계약의 8대 조건에서 상품자체에 관한 조건에 해당되는 것은?

① 보험조건 ② 수량조건 ③ 선적조건 ④ 결제조건

☞ ② • 상품자체에 관한 조건 : 품질, 가격, 수량, 포장
• 계약이행에 관한 조건 : 선적, 결제, 보험
• 계약불이행에 관한 조건 : 클레임

2. 수량의 약정 방법

수량 약정 또는 표시방법은 제품에 따라 개수, 포장단위, 용적, 중량 및 길이 등으로 표시된다.

1) 수량의 단위 결정

수량의 단위에는 중량(重量, weight), 용적(容积, measurement), 개수(个数, piece, dozen), 포장단위(包装单位, case, bag, bale), 길이(长度, length) 등이 주로 활용되고 있다. 이러한 수량 단위는 상품의 성질과 각국의 도량형에 따라 차이가 있으므로 매매계약 체결시 정확하게 합의하는 것이 바람직하며, 이 중 가장 문제가 되는 것은 중량이다.

韓中 문장 익히기

• 수량 단위는 상품의 성질과 각국의 도량형에 따라 차이가 있으므로 매매계약 체결시 정확하게 합의하는 것이 바람직하며, 이 중 가장 문제가 되는 것은 중량이다.

☞ 各个商品的数量单位因商品的性质与各国的度量衡不同而存在差异，因此签订买卖合同时最好写明明确的协商结果，特别是有关于重量的内容。

(1) 중량

중량을 기준으로 하는 상품에는 양곡, 철강, 수산물 등이 있으나, 나라마다 중량의 기준이 상이한 점에 유의하여야 한다. 중량 단위에는 lb(pound, 磅), Kg(公斤), Ton(吨) 등이 광범하게 사용된다.

중량 (weight)	□ L/T : Long Ton(English ton, gross ton)=2,240 lbs=1,016kg • 长吨 ; 英吨(2240磅或1016千克) □ S/T : Short Ton(American ton, net ton)=2,000 lbs=907kg • 短吨 ; 美吨(2000磅或907千克) □ M/T : Metric Ton(French ton, kilo ton)=2,204 lbs=1,000kg • 公吨(1公吨等于1,000千克)

(2) 개수

개수의 단위로는 낱개(单) 또는 포장단위(包装单位, package) 단위로 Piece(1개, 个), Dozen(12개, 一打), Gross(12개×12Dozen=144Pcs, 一罗)를 사용하며, 잡화제품(杂货产品)에 많이 사용한다.

(3) 용적

용적의 단위로는 석유에 Barrel(桶, 배럴), 곡물에는 Bushel(蒲式耳, 부셀)이 사용되며, 특히 목재의 용적은 Cubic Meter(㎥; CBM, 입방미터, 立方米), Cubic Feet(ft3; CFT, 입방피트, 立方尺), Super Feet(S.F, 슈퍼피트, 超英尺)로 표시한다.

- CBM = (포장물품의) 가로(L) × 세로(W) × 높이(H) × 포장개수
  1m(1,000㎜) × 1m(1,000㎜) × 1m(1,000㎜) = 1CBM
  - 1Box : 0.3m(300㎜) × 0.4m(400㎜) × 0.5m(500㎜) = 0.06CBM
  - 200Box : 0.3m(300㎜) × 0.4m(400㎜) × 0.5m(500㎜) × 200Box = 12CBM

(4) 길이

길이의 단위로는 Meter(米, 미터), Feet(尺, 피트), Inch(寸, 인치)나 Yard(码, 야드)가 사용되며, 섬유류, 동관(铜管), 전선(电线) 등의 거래에서 적용된다.

(5) 면적

면적의 단위에는 square feet(sqft; ft², 平方英尺, 평방피트)가 기준이 되며, 주로 유리(玻璃), 합판(胶合板), 타일(瓷砖) 등의 거래에 이용된다.

2) 중량측정방법

(1) 총중량

총중량(毛重, Gross Weight; G.W)은 물품과 포장용기를 포함한 중량을 말한다. 즉 외포장과 내포장을 합한 포장, 그리고 물품의 내용물까지 모두 합하여 계량하는 방법으로 일부 액체물품이나 밀가루(소맥분) 또는 면화 등 특수 품목의 경우에만 채택될 뿐 그다지 많이 이용되는 계량방법은 아니다.

韩中 말길 익히기

- 총중량(毛重, Gross Weight; G.W)은 물품과 포장용기를 포함한 중량을 말한다.
  ☞ 毛重（Gross Weight; G.W）是指包括物品和包装容器的总重量。

과자로 총중량, 순중량, 정미중량의 개념을 알아봐요.

총중량(毛重) 순중량(净重) 정미중량(纯净重)

(2) 순중량

순중량(净重, Net Weight; NET)은 총중량에서 외부포장의 무게를 제외한 순수한 상품의 중량으로 계량하는 방법으로 비누, 화장품 등의 소매판매시와 같이 포장된 채로 판매되는 상품에 적용되는 가장 일반적인 중량조건이다.

韩中 문장 익히기

- 순중량은 총중량에서 외부포장의 무게를 제외한 순수한 상품의 중량으로 계량하는 방법이다.

  ☞ 净重是一种从总重量中除去外包装重量，按纯商品重量计量的方法。

(3) 정미중량

정미중량(纯净重, Net, Net Weight)은 중량에서 내포장과 충전물을 제외한 물품 내용물만의 순수한 중량만을 계량하는 조건으로서 순순중량조건이라고도 한다. 예를 들면 순순중량조건은 화장품 로션에서 병을 제외한 순수한 로션 액체만의 중량을 의미한다.

韩中 문장 익히기

- 정미중량은 중량에서 내포장과 충전물을 제외한 물품 내용물만의 순수한 중량만을 계량하는 조건이다.

  ☞ 纯净重是指在重量中除去内外包装和填充物，只计量物品内容物重量。

(4) 법적중량

법적중량(法定重量, Legal Weight)은 상품의 겉포장의 중량은 제외하나 상품이 소매될 때 포장되어 있는 포장의 무게는 포함시키는 중량을 의미한다.

韩中 문장 익히기

- 법적중량은 상품의 겉포장의 중량은 제외하나 상품이 소매될 때 포장되어 있는 포장의 무게는 포함시키는 중량을 의미한다.

  ☞ 法定重量是指商品外包装重量除外，但包含商品零售时的包装重量。

(5) 공허중량

공허중량(皮重; 自重, Tare Weight)은 화물의 용기나 포장의 중량을 의미한다. 컨테이너의 경우 컨테이너 자체의 무게만을 의미한다.

韓中 문장 익히기

• 공허중량은 화물의 용기나 포장의 중량을 의미한다. 컨테이너의 경우 컨테이너 자체의 무게만을 의미한다.

☞ 皮重是指装载货物的容器或包装的重量。如使用集装箱的情况，皮重便只包括集装箱本身的重量。

잠깐! 컨테이너를 보면 아래 그림처럼 컨테이너 무게, 적재중량 등을 알 수 있어요.

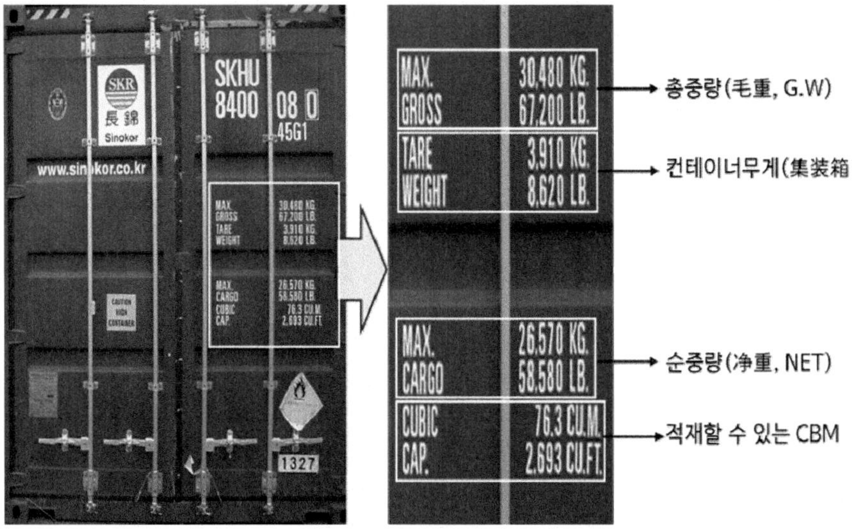

* MAX. GROSS : 컨테이너 자체 무게와 적재 가능한 물품의 무게를 합한 최대 중량
* TARE는 컨테이너 자체 무게
* NET는 적입할 수 있는 물품의 무게(중량)

3) 수량의 증명방법

수량의 증명방법은 인도하는 물품의 수량이 약정한 수량과 일치하는지를 증명하는 방법을 말한다. 즉, 수량의 일치 증명을 입증할 책임이 있는 당사자는 실제로 인도되는 물품이 선적시 또는 양륙시에 약정한 수량과 일치한다는 증명을 받아야 한다.

일반적으로 계약물품에 대한 수량의 확정은 당해 화물의 해상운임이나 항만비용 산정의 기초가 된다.

韩中 문장 익히기

- 일반적으로 계약물품에 대한 수량의 확정은 당해 화물의 해상운임이나 항만비용 산정의 기초가 된다.
  ☞ 一般来说，确切的货物数量是计算该货物海运费用或港口费用的基础。

(1) 선적수량조건인 경우

선적수량조건의 경우에는 매도인은 원칙적으로 선적시에 그 수량에 대하여 미리 매수인의 동의를 얻어 공인된 전문검정기관(检验机构, Surveyor)이나 공인검량인(司磅员, Public Weigher)으로부터 검량을 받아 작성되는 중량용적증명서(重量/尺码检验证书, Certificate of Weight and/or Measurement)를 매수인에게 제공하여야 한다.

중량용적증명서 重量/尺码检验证书
Certificate of Weight and/or Measurement

- 중량용적증명서는 화물의 운송을 위탁할 때 그 화물이 계약에서 정한대로의 수량, 중량, 용적을 가지고 있다는 것을 수출업자 또는 공인된 전문검정기관에서 증명하여 발급하는 증명서이다.
  ☞ 重量/尺码检验证书是出口商或公认的专业检验机构在委托运输货物时，证明其货物具有合同规定的数量、重量和容积而签发的证书。

(2) 양륙수량조건인 경우

양륙수량조건의 경우에도 선적수량조건과 마찬가지로 원칙적으로 공인된 전문검정기관이나 공인검량인에 의한 중량용적증명서를 발급받아 매도인에게 제공해야 하며, 때로는 매수인이 수입국 세관검사를 활용하여 수량을 증명하기도 한다.

3. 수량의 결정 시기

수량의 결정 시기는 어느 시점을 기준으로 수량이 계약과 일치하는지를 결정하는 것이다. 이러한 이유는 포장을 하지 않는 상태로 운송하는 벌크화물(散装货, Bulk Cargo)의 경우 하역작업(货物装卸) 또는 해상운송 도중에 습도나 온도의 변화(湿度

和温度变化) 등으로 물품의 중량에 변화가 발생할 수 있다.

따라서 물품을 선적 당시 기준으로 할 것인지, 양륙 당시 기준으로 할 것인지에 대해 결정해야 한다. 다만, 수량의 결정시기에 대한 별도의 언급이 없다면 선적수량조건으로 간주된다.

韓中 문장 익히기

- 매매계약에서 수량의 결정 시기는 어느 시점을 기준으로 수량이 계약과 일치하는지를 결정하는 것이다. 다만, 수량의 결정시기에 대한 별도의 언급이 없다면 선적수량조건으로 간주된다.

☞ 在买卖合同中,数量检验指的是，以某一时间点的货物数量为准，来判断是否与合同中要求的数量一致。若合同中没有另外提及数量检验的时间，就视为装运时进行数量检验。

1) 선적수량조건

선적수량조건(离岸数量条款, Shipped Quantity Terms = Shipped Weight Final)은 선적항에서 화물을 선적할 때(装运货物时) 화물 수량이 계약조건과 일치하면 매도인은 자신의 책임을 완수하는 조건이다. 따라서 운송(수송)중의 감량은 매수인(수입업자)이 부담하며, FOB나 CIF조건에서는 특약이 없는 한 선적수량조건을 원칙으로 한다. 보통 인코텀즈의 F, C조건들이 해당된다.

잠깐! 알아야 돼요

- CIF조건 계약에서는 특약이 없는 한 선적수량조건을 원칙으로 하지만 잡곡류(杂粮类), 해산물(海产品), 유지류(油脂类), 액체화물(液体货物) 등과 같이 장기간의 수송 중에 감량(减量) 이나 누손(漏损)이 발생하기 쉬운 상품에서는 양륙시점의 수량 증명을 조건으로 하고 있다. 따라서 선적수량조건보다 양륙수량조건이 매수인에게 유리한 조건이라 할 수 있다.

☞ CIF条件下，若没有特别规定检验时间，原则上以装船时的数量为准。但对于杂粮类、海产品、油脂类、液体等长期运输中容易发生减量或漏损的商品，则以卸货时的数量为准。因此，比起装船数量条款，卸货数量条款更有利于买方。

2) 양륙수량조건

양륙수량조건(卸货数量条款, Landed Quantity Terms)은 양륙항에서 화물을 양하할 때(卸货时) 화물 수량이 계약조건에 일치해야 하는 조건이며, 양륙항에서 화물을 양화 할 때의 중량을 대금 계산의 기준으로 하고, 수송 도중에서 일어난 감량은 매도인(수출업자)이 책임진다.

잡곡류, 해산물, 유지류, 공업약품 등과 같이 장기간의 수송 중에 감량이나 누손이 발생하기 쉬운 상품에서는 양륙시점의 수량 증명을 조건으로 하고 있다. 보통 인코텀즈의 D조건(DAP, DPU, DDP 등)이 해당된다.

무역 용어 贸易用语

도량형환산표	度量衡表	Table of Weight and Measures
용적	容积	Measurement
중량	重量	Weight
총중량	毛重	Gross Weight; G.W
순중량	净重	Net Weight; NET
정미중량	纯净重	Net, Net Weight
법적중량	法定重量	Legal Weight
공허중량	皮重; 自重	Tare Weight
선적수량조건	离岸数量条款	Shipped Quantity Terms
양륙수량조건	到岸数量条款	Landed Quantity Terms
공인검량인	公司磅员	Public Weigher
중량용적증명서	重量/尺码检验证书	Certificate of Weight and/or Measurement

대화하기 5-1

> 중국 동방화학유한공사 자원팀 왕해선 부장은 '농업용 정제유' 수입계약과 관련해서 한국남선화학 영업팀 조상만 차장과 물품수량조건에 대해 논의하고 있다.

왕 부장 : 안녕하세요? 동방화학유한공사 자원팀 왕해선 부장입니다. 영업팀 조상만 차장님 부탁드립니다.

조 차장 : 네, 제가 조상만 차장입니다.

왕 부장 : 잘 지내셨지요? 다름이 아니라 이번에 저희가 수입할 '농업용 정제유'와 관련해서 수량조건을 문의하고자 연락드렸습니다.

조 차장 : 네, 현재 순조롭게 협상이 진행 중인 걸로 알고 있습니다. 혹시 특별히 요청할 사항이 있으신가요?

왕 부장 : 이번 거래는 기존에 저희가 수입을 해 왔던 화학제품과는 달리 '정제유'라는 액체 화물입니다. 그래서 수량조건을 양륙수량조건으로 하고자 합니다.

조 차장 : 지금까지 양사는 CIF조건으로 거래를 해 온 것으로 압니다. CIF조건이면 보통 선적수량조건이 아닌가요? 혹시 양륙수량조건을 요청하시는 이유를 물어봐도 될까요?

왕 부장 : CIF조건이 선적수량조건이란 건 잘 알고 있습니다. 하지만 저희도 액체화물인 '농업용 정제유'를 처음 수입하는 것입니다. 그래서 당사로서는 해상운송 도중 중량의 감소 혹은 누손될 가능성을 고려하지 않을 수 없어서 수량의 결정시기를 양륙시점으로 하고자 요청하는 겁니다.

조 차장 : 네, 귀사의 입장을 충분히 이해합니다. 왕 부장님의 요청 내용을 적극 수용하도록 하겠습니다.

왕 부장 : 저희 요청을 받아주셔서 감사합니다.

조 차장 : 아닙니다. 우리는 10년 이상 거래를 해온 좋은 파트너 아닙니까? 서로의 입장을 고려해야죠..

왕 부장 : 감사합니다.

조 차장 : 별 말씀을... 오늘도 좋은 하루 되세요.

对话 5-1 

中国东方化学有限公司资源部部长王海善就"农业用精制油"进口合同，正在和韩国南鲜化学营业部次长赵尚满讨论物品数量条款。

王部长：您好，我是东方化学有限公司资源组王海善部长。销售组赵尚满次长，请您多关照。

赵次长：您好，我是次长赵尚满。

王部长：您过得还好吧？ 没什么特别的事，就是想咨询一下关于这次我们要进口的"农业用精制油"的数量条款事情。

赵次长：好的。据我所知，目前正在顺利协商中。您有什么特别的要求吗？

王部长：这次交易和我们之前进口的化学产品不同，是叫做"精制油"的液体货物。所以我想把数量条款定为到岸数量条款。

赵次长：据我所知，之前我们两家公司都是以CIF进行交易的。CIF的话，通常不是离岸数量条款吗？ 您要求到岸数量条款有什么特别理由吗？

王部长：我知道CIF条件是离岸数量条款。但我们也是第一次进口“农用精制油”这样的液态货物。因此，我们公司不得不考虑海上运输中重量的减少或漏损的可能性。因此要求使用到岸数量条款。

赵次长：好的。我完全理解贵公司的立场。我会按照您的要求积极运作的。

王部长：谢谢您接受我们的请求。

赵次长：哪里的话，我们在过去的10年一直合作很愉快，当然要考虑贵公司的立场了。

王部长：谢谢您。

赵次长：不用客气。祝您度过愉快的一天。

제2절 수량표현의 방법

계약물품이 포장단위 상품이나 개체물품인 경우에는 '100개(个), 100상자(箱子) 등'과 같이 정확히 수량을 표시하여 인도 또는 선적하면 되지만 비포장상태로 거래하는 벌크화물(散装货)에는 정확한 수량을 인도하는 것은 사실상 불가능하며, 다소의 오차가 생기는 것이 일반적이다.

따라서 매매당사자들은 거래 물품의 성질에 따라 수량을 어떤 방법으로 표현할 것인지를 결정하는 방법으로 과부족용인조항이 없는 경우와 과부족용인조항이 있는 경우로 구분된다. 과부족용인조항이 있는 경우는 일정한 과부족 한도를 정하여 수량을 표현하는 과부족용인조항(溢短装条款, More or Less Clause; M/L Clause)과 수량을 대략적으로 표현하는 개산수량조건(概算数量, Approximate Quantity)이 있다.

1. 과부족용인조항

1) 과부족용인조항의 의의

과부족용인조항(溢短装条款, More or Less Clause; M/L Clause)은 일정한 수량의 과부족 한도를 정해두고 그 범위 내에서 상품이 인도되면 계약불이행으로 다루지 않고 수량 과부족에 대한 클레임을 제기하지 않는다는 수량조건에 관한 계약상의 명시조항을 말한다.

과부족용인조항이 적용되는 화물은 유류(油类)나 광물(矿物), 곡물(粮食) 등의 벌크화물(散装货, Bulk Cargo)인 경우이며, 이러한 화물들은 운송 중에 감량이 생길 수가 있기 때문이다. 따라서 매매 계약서상 과부족 한도를 부여해 그 범위 내에서 물품의 인도가 이루어지면 수량 부족이 발생하지 않은 것으로 보고 클레임을 제기하지 않기로 약정하는 조건이다.

韓中 문장 익히기

- 과부족용인조항은 일정한 수량의 과부족 한도를 정해두고 그 범위 내에서 상품이 인도되면 계약불이행으로 다루지 않고 수량 클레임을 제기하지 않는다는 수량조건

에 관한 계약상의 명시조항을 말한다.

☞ 溢短装条款(M/L Clause)是指在合同中明确规定出，交货时允许货物数量有一定范围的机动幅度，且不会被认为违约而发生索赔的条款。

연습문제

※ 과부족용인조건에 대한 설명 중 틀린 것은?

① 신용장거래에서는 통상 ±5%의 오차를 허용하지만 수량이 포장단위 또는 개별 품목의 개수가 명시될 경우, 과부족을 허용하지 않는다.
② 과부족용인약관이라고 하며 매도인이 선택권을 가진다.
③ 곡물거래시에는 과부족허용기준을 별도로 합의하는 것이 바람직하다.
④ 약정된 기본 수량과 비교하여 약간 과잉되거나 부족한 수량을 인도하여도 계약위반으로 되지 않으며, 과부족수량에 대한 대금은 사후에 정산한다.

☞ ② 현실적으로 과부족의 발생이 예상되는 경우에는 수량과부족의 허용 범위와 과부족 선택권을 갖는 자를 누구로 할 것인가에 대하여 명확하게 계약상에 명시해 두는 것이 바람직하다. 한편, 과부족허용용인 조항 예문은 다음과 같다.
1) 5% more or less at seller's option : ±5%이 과부족은 매도인이 임의 선택으로 한다.
2) Seller has the option of delivering (or shipping) 3% more or less on the contract quantity : 매도인은 물품의 인도(또는 선적 시) 계약 수량에서 3%의 과부족을 임의 선택할 수 있다.

2) 과부족허용에 관한 내용

(1) 과부족용인조항의 삽입

과부족용인조항(溢短装条款, M/L Clause)은 벌크화물과 같이 물품의 성질에 따라 수량과부족을 인정해야 할 경우에 '5% more or less at seller's option(5%의 과부족은 매도인의 임의, 卖方可以超额或不足5%)'과 같은 과부족 허용범위 및 과부족 선택권자를 명시하는 것이 바람직하다. 여기에서 과부족 선택권자는 일반적으로 운송계약 체결 의무가 있는 당사자, 즉 CIF 조건에서는 매도인, FOB조건에서는 매수인의 선택으로 하도록 하고 있다.

과부족용인조항의 삽입

- Quantity shall be subject to a variation of 3% more or less at seller's option
  ☞ 수량은 매도인의 재량하에 3%의 과부족을 허용할 조건으로 한다.
  ☞ 数量允许有少于卖方承诺数量3%以内的不足。
- Seller has the option of delivering 3% more or less on the quantity contract
  ☞ 매도인은 계약수량에 관한 3%의 과부족 수량을 인도할 선택권한을 갖는다.
  ☞ 卖方有权少交付不到合同数量3%的不足。
- Seller has the option of shipment with a variation of 3% more or less on the quantity contract, unless otherwise agreed
  ☞ 매도인은 별도로 합의하지 않는 한 계약수량에 관한 3%의 과부족 수량을 선적할 권한을 갖는다.
  ☞ 在没有单独规定的情况下，卖方有权少装运不到合同数量3%的不足。

(2) 과부족용인조항이 없는 경우

과부족용인조항이 없는 경우란 계약물품 앞에 과부족의 허용범위나 '약'의 의미인 'about'나 '대략'의 의미인 'approximately' 등의 표현이 없는 경우를 말한다.

신용장통일규칙(跟单信用证统一惯例, UCP600) 30조에서도 산화물(산적화물, 벌크화물)의 과부족 용인에 관한 거래 관습을 반영하여 신용장금액을 초과하지 않는 범위 내에서 물품의 수량에서 5%를 초과하지 않는 범위 내에서의 과부족을 허용하도록 규정하고 있다.

즉, 신용장상에 '약', '대략'(约; 大概, about; circa; approximately)과 같은 표현을 사용해 신용장의 금액, 수량, 단가를 표현하는 경우에는 물품의 수량에서 10%, 명시되어 있지 않더라도 5%의 과부족이 허용된다.

韓中 문장 익히기

- 신용장통일규칙에서는 '약', '대략'(about; circa; approximately) 과 같은 표현을 사용해 신용장의 금액, 수량, 단가를 표현하는 경우에는 물품의 수량에서 10%, 명시되어 있지 않더라도 5%의 과부족이 허용된다.
  ☞ 按照信用证统一规则，在信用证的金额、数量、单价前若使用了"约"、"大致

"(about; circa; approximately)等表述、但没有写明允许有不超过10%的溢短装、则表示允许有不超过5%的溢短装。

연습문제

※ 신용장상에 수량과부족용인조항을 명확하게 약정하지 않고 '약', '대략' 등의 문자를 사용하였을 경우에 과부족 허용범위는?

① 3% ② 5% ③ 8% ④ 10%

☞ ④ 신용장통일규칙 30조에서도 산화물(산적화물, 벌크화물)의 과부족 용인에 관한 거래관습을 반영하여 신용장 금액을 초과하지 않는 범위 내에서 물품의 수량에서 5%를 초과하지 않는 범위 내에서의 과부족을 허용하도록 규정하고 있다.

※ 신용장통일규칙에서 '과부족용인조항(M/L Clause)'의 특약이 없는 경우에 과부족의 허용범위는?

① 3% ② 5% ③ 8% ④ 10%

☞ ② 신용장상에 '약', '대략'과 같은 표현을 사용해 신용장의 금액, 수량, 단가를 표현하는 경우에는 물품의 수량에서 10%, 명시되어 있지 않더라도 5%의 과부족이 허용된다.

2. 개산수량조건

개산수량조건(概算数量, Approximate Quantity)은 개별단위로 포장을 하지 아니하고 운송되는 살화물(벌크화물)인 경우에 과부족용인조항(溢短装条款)의 설정 없이 간단히 '약', '대략'(约; 大概)이라 표현해서 수량을 약정하는 방법을 말한다.

신용장통일규칙에 따르면 '약', '대략'(约; 大概)을 표시 수량에서 10%의 과부족을 허용하는 것으로 해석된다. 하지만 무신용장방식 거래에서는 별도의 약정이 없는 경우에는 과부족이 허용되지 않기 때문에 과부족한도를 미리 명확하게 합의할 필요가 있다.

韩中 문장 익히기

• 무신용장방식 거래에서는 별도의 약정이 없는 경우에는 과부족이 허용되지 않기 때문에 과부족한도를 미리 명확하게 합의할 필요가 있다.

☞ 在无信用证方式交易中，如没有单独规定，则不允许有溢短装问题出现。因此有必要提前协商并明确溢短装的限度。

연습문제

※ 무게나 부피 단위로 거래되는 물품의 수량표시방법에 대한 다음의 설명으로 틀린 것은?

① 신용장방식은 과부족용인조항이 없더라도 금지조항이 없으면 ±5%의 과부족을 용인한다.

② 무신용장방식에서는 개산수량조건(approximate quantity terms)의 경우 금지조항이 없는 한 ±10%의 과부족을 용인한다.

③ 과부족용인조항이나 개산수량조건은 주로 벌크화물에 쓰이는 수량약정방법이다.

④ 수량조건 약정시에는 분쟁의 소지를 없애기 위하여 과부족 용인 수량의 한도와 과부족 선택권자를 표시하는 것이 좋다.

☞ ② 신용장에 물품 수량과 과부족 용인 문언의 명시가 없더라도 과부족 금지 문언이 없는 한 환어음의 발행 금액이 신용장 금액을 초과하지 않는 범위 내에서 5%까지의 과부족이 용인된다.

3. 정산기준가격

정산기준가격(结算基准价)은 수량의 과부족이 허용되는 경우에 그 과부족분에 대하여 단가를 결정하는 기준이 되는 가격을 말한다. 실무적으로 과부족허용약관이나 개산수량조건에 의하여 수량을 표시하면 약간의 과부족이 허용되나 과부족이 허용된다고 해서 수출입 대금결제에서 이를 감안하지 않고 당초 계약금액 전액이 결제된다는 것은 아니다. 이에 따라 과부족 수량에 대하여 적용할 단가를 어떻게 정할 것인지를 매매계약에 표시해 두어야 인도 물품 수량의 과부족에 따른 분쟁을 방지하고 원만한 해결을 할 수 있다.

과부족수량에 대한 정산기준가격에는 ① 원래의 계약가격(合同价格, contract price), ② 선적일 가격(装运日价格, day of shipment price), ③ 도착일 가격(到达日价格, day of arrival price)의 세 가지가 있다.

만약에 정산기준가격에 대하여 아무런 약정을 하지 않은 경우에는 계약가격(合同价格, contract price)에 의해 정산하는 것이 일반적인 상거래 관례이다.

무역 용어 贸易用语

과부족용인조항	溢短装条款	More or Less Clause ; M/L Clause
과부족	超额或不足	Surplus or Deficiency
약, 대략	约, 大概	About, Circa, Approximately
신용장통일규칙	跟单信用证统一惯例	Uniform Customs and Practice for Documentary Credits; UCP600
개산수량	概算数量	Approximate Quantity
계약가격	合同价格	Contract Price
선적일가격	装运日价格	Day of Shipment Price
도착일가격	到达日价格	Day of Arrival Price

대화하기 5-2

중국 신선농산물유통공사 수출팀 이위(李伟) 부장은 장민(张敏) 대리에게 농산물 수출 계약조건 중 수량조건에 대한 몇 가지 주의사항을 이야기하고 있다.

이 부장 : 장 대리, 이번에 한국으로 수출할 농산물 계약은 잘 진행되고 있나요?

장 대리 : 네, 순조롭게 잘 진행되고 있습니다. 수출할 물량도 어느 정도 확보를 해 놨습니다.

이 부장 : 이번에 수출할 물량은 얼마나 되죠?

장 대리 : 100톤입니다.

이 부장 : 장 대리, 계약서에는 정확히 100M/T라고 명시해야 합니다. 중량 단위가 나라마다 다르니까요. 물론 한국은 우리와 같은 단위를 사용하니까 별 문제는 없겠지만요.

장 대리 : 네, 알겠습니다.

이 부장 : 그리고 이번 건 수량이 100M/T인데 과부족용인조건은 어떻게 합의가 되었나요?

장 대리 : 네, ±3%의 과부족을 허용하기로 합의가 되었습니다.

이 부장 : 그래요? 이번 수출은 신용장거래인데 ±3%로 합의한 이유가 있나요? 신용장거래에서는 특별히 금지하지 않으면 ±5% 과부족은 허용하는데요.

장 대리 : 맞습니다. 하지만 한국 측에서 과부족한도를 ±3%로 요청을 해왔습니다. 그리고 이번 수출 농산물은 해상운송도중 감량의 위험이 작아서 한국 측의 요청을 받아드렸습니다.

이 부장 : 알겠습니다. 계약서에 과부족용인조항을 어떻게 명시하는지 알고 있죠?

장 대리 : 네, 알고 있습니다. “100M/T, but 3% more or less at seller’s option(100톤 중 3%의 과부족은 매도인의 임의 선택이다)” 또는 “seller has the option of 3% more or less on contract quantity(매도인은 물품의 인도(또는 선적 시) 계약 수량에서 3%의 과부족을 임의 선택할 수 있다)”입니다.

이 부장 : 맞아요. 그럼 차질 없이 계약 완료하도록 하세요.

장 대리 : 네, 알겠습니다.

对话 5-2

中国鲜活农产品流通总公司出口部部长李伟向代理张敏讲述了农产品出口合同条件中关于数量条件的几点注意事项。

李部长：张代理，这次出口到韩国的农产品合同进行得顺利吗？

张代理：是的，进行得很顺利。已经确保了一定的出口份额。

李部长：这次要出口的数量是多少？

张代理：是100吨。

李部长：张代理、合同上要明确规定是100吨。因为每个国家的重量单位都不一样。当然、韩国使用的是和我们一样的单位，所以应该不会有什么问题。

张代理：好的，部长。

李部长：还有，这次的数量是100吨，超额或不足的情况是怎么达成协议的？

张代理：我们同意允许±3%的超额和不足。

李部长：是吗？ 这次出口是信用证交易，为什么以±3%达成协议？ 在信用证交易中，如果不特别禁止、那±5%的超额和不足是允许的。

张代理：没错。但是韩国方面要求将不足的限度定为±3%。而且这次出口的是农产品，在海上运输途中，减量的风险小，所以就接受了韩方的要求。

李部长：知道了。你知道合同上怎么写溢短装条款吧？

张代理：是的，我知道。 "100M/T, but 3% more or less at seller's option(100吨中3%的不足是由卖方任意选择)" 或者"seller has the option of 3% more or less on contract quantity(卖方在交货(或装船时)合同数量上可任意选择3%的超额和不足"。

李部长：没错。那就麻烦你制订一份内容详尽、没有错误的合同吧。

张代理：好的，部长。

Lesson 6

포장조건

제 1 절 포장조건의 개요

1. 포장의 의의와 기능

1) 포장의 의의

포장(包装, Packaging)은 물품을 수송, 하역, 보관함에 있어서 가치 또는 상태를 보존하기 위해서 적절한 재료, 용기 등을 물품에 가하는 기술 또는 상태를 의미하며, 제품의 보호와 판매촉진의 기능을 지니고 있다.

韩中 문장 익히기

- 포장은 물품을 수송, 하역, 보관함에 있어서 가치 또는 상태를 보존하기 위해서 적절한 재료, 용기 등을 물품에 가하는 기술 또는 상태를 의미하며, 제품의 보호와 판매촉진의 기능을 지니고 있다.
  ☞ 包装是指在运输、装卸、储存时，用适当的材料或容器维持商品价值或状态的技术或状态。具有保护商品和促进销售的功能。

일반적으로 수출 물품은 장기간의 운송(运输)과 선적(装船), 환적(转运), 양하(卸货)등의 과정에서 여러 번에 걸친 하역작업의 대상이 되고 있으며, 철광석, 곡물류,

액체화물 등 벌크화물(散装货称, bulk cargo)이 아닌 단위화물, 잡화 등 일반화물에 대한 개품운송(单件货物运输, Affreightment in a General ship)의 경우에는 필수적으로 포장이 행해진다.

개품운송 单件货物运输, Affreightment in a General ship

- 개품운송이란 여러 화주로부터 개별적으로 선적 요청을 받은 개별 화물을 운송하는 것으로 주로 컨테이너화물 및 기타 단위 화물 등 일반 화물을 운송하는 것을 말한다.
  ☞ 单件货物运输是指运输个别货主单独请求装运的货物。主要指运输集装箱货物和其他单位货物等一般货物。

따라서 포장은 수출 물품의 운송과정에서 물품을 보호하는 견고성과 포장비용 자체의 절감 그리고 운임 절감을 고려한 경제성을 감안하여 포장조건을 결정해야 하며, 일반적으로 국제무역거래에서 포장조건을 약정할 때에는 간단히 수출표준포장(出口标准包装, Export Standard Packaging)이라고 명시하고 있다.

韓中 문장 익히기

- 포장은 수출 물품의 운송과정에서 물품을 보호하는 견고성과 포장비용 자체의 절감 그리고 운임 절감을 고려한 경제성을 감안하여 포장조건을 결정해야 한다.
  ☞ 包装是由需包装物品的坚固性、如何节约包装费以及如何减少运费来决定的。

한편, 불완전포장으로 인하여 입는 화물의 손상에 대해서 선박회사는 면책조항(免责条款, Exemption[Escape] Clause)을 선하증권상에 기재하고 있으며, 보험회사도 책임을 지지 않는다.

2) 포장의 기능

포장은 최소의 자재 및 비용으로서 안전하고 견고하며 특히, 장거리 해외수송 중 외부의 위험으로부터 상품을 보호하는 기능이 제공되어야 하며 다음과 같은 포장의 3대 기능이 있다.

(1) 내용물의 보호 및 보존성

포장의 주된 기능은 외부의 충격, 온도, 해충 등으로부터 물품의 내용물을 보호하는 것으로 물류활동 중 발생할 수 있는 변질, 파손, 도난 및 기타 위험으로부터 내용물을 안전하게 보호, 보존할 수 있도록 한다. 예를 들어 음료수, 생수, 화장품 등은 병이나 플라스틱 용기(容器) 없이는 보존과 운송이 불가능하다.

(2) 취급의 편리성

포장은 제품이 운송, 보관, 하역, 판매, 소비되는 과정에서 취급의 편리성을 제공하고 있다. 예를 들어 매장에서 맥주나 콜라를 묶음으로 하면 상품의 진열이나 소비자가 구매를 할 때 취급의 편리함을 제공해 준다. 또한 수출입 물품의 경우 운송과정에서 보관, 하역 등의 편리성을 제공해 준다.

(3) 판매의 촉진성

포장은 내용을 차별화시키고 상품의 이미지 가치를 상승시켜 소비자로부터 구매의욕을 일으키게 하는 판매촉진의 기능을 갖고 있다.

韓中 문장 익히기

- 포장은 최소의 자재 및 비용으로서 안전하고 견고하며 특히, 장거리 해외수송 중 외부의 위험으로부터 상품을 보호하는 기능이 제공되어야 하며, 내용물의 보호 및 보존성, 취급의 편리성, 판매의 촉진성 등 3대 기능이 있다.

  ☞ 包装应在使用最少限度的材料及费用的同时，具备安全、坚固，特别是长途海外运输中保护商品免受外部伤害的功能。即保护及保存内容物、方便处理和促进销售三大功能。

이상과 같은 포장의 3대 기능과 함께 제품의 내용을 소비자에게 전달하기 위한 필요한 정보를 제공하는 기능, 사회적으로 공익성 및 친환경적인 요소를 고려하여 포장되어야 하는 환경친화적인 기능, 전체 물류비를 절감하기 위한 적절한 수준의 포장이 이루어지는 포장 합리화에 따른 경제성을 제공하는 기능 등이 있다.

■ 국내 유통 : 판매촉진의 기능이 강조

■ 국제 물류 : 운송에 따른 제품 보호의 기능이 강조

2. 포장의 분류

포장(包装, Packaging)은 물류의 하부시스템의 하나로서 상품의 이동성(移动性)을 높이고 수송(运输, Transport), 하역(装卸, Load and Unload), 보관(保管, Storage)면에서 상품 내용의 보호(商品内容的保护)와 생산과 마케팅을 연결(产销衔接)하고 있어 생산에서 판매, 소비에 이르기까지의 일관시스템(一体化系统)의 실현이 가능하도록 포장의 합리화(包装合理化), 즉 적절한 포장작업이 이루어져야 한다.

포장은 형태, 목적, 사용재료, 포장기법 등에 의해 여러 가지로 분류할 수 있으나 여기에서는 형태별 분류와 목적별 분류만을 살펴보도록 하겠다.

1) 형태에 따른 분류

가장 기본적인 분류 방법으로서 포장 형태에 따라 단위포장(单件包装, Unit Packaging; Item Packaging, 낱포장), 내부포장(内包装, Inner Packaging, 속포장), 외부포장(外包装, Outer Packaging, 겉포장)으로 분류된다.

(1) 단위포장(개별포장, 판매포장, 낱포장)

단위포장(单位包装, Item Packaging)은 물품을 하나하나 포장한 것으로 물품의 상품 가치를 높이고 물품을 보호하기 위해서 적절한 재료나 용기 등을 물품에 사용하는 기술 및 시행된 상태로 낱포장, 개별포장(个别包装, Individual Packaging), 판매포장(销售包装, Sales Packaging)이라고도 한다.

즉, 단위포장은 사용자에게 전달하는 최소 단위의 포장으로 종이, 비닐, 플라스틱, 유리병, 캔 등을 이용해 포장을 하며 상품에 대한 정보 전달 및 물품의 판매를 촉진하는 역할을 한다. 단, 과자, 땅콩 등 하나하나씩 포장할 수 없는 물품을 적정한 수량으로 단위화하여 적절한 용기에 포장하는 것은 낱포장으로 간주한다.

낱포장(단위포장, 개별포장, 판매포장) 单位包装, Item Packaging

- 단위포장(单位包装, Item Packaging)은 물품을 하나하나 포장한 것으로 물품의 상품가치를 높이고 물품을 보호하기 위해서 적절한 재료나 용기 등을 물품에 사용하는 기술 및 시행된 상태로 포장된 것을 말한다.

  ☞ 单位包装是指为提高物品的商品价值和保护物品，用适当的材料或容器将物品逐一进行包装的技术及包装状态。

A+ 연습문제

※ 물품의 최소 단위를 하나하나 포장하는 포장의 종류는?

① Unitary Packing(개장) ② Interior Packing(내장)
③ Outer Packing(외장) ④ Shipment Packing(선적포장)

☞ ①
- Unitary Packing(개장)은 소매를 위하여 물품의 최소 단위를 하나하나 포장하는 것을 말한다.
- Outer Packing(외장)은 화물을 운송함에 있어 파손, 변질, 도난, 분실 등을 방지하기 위하여 적절한 재료나 용기로 화물을 보호하기 위하여 포장하는 것을 말한다.
- Interior Packing(내장)은 개장된 물품을 운송 또는 취급하기 좋도록 적절한 재료로 싸거나 용기에 수용하는 것을 말한다.

(2) 내부포장(속포장)

내부포장(内包装, Inner packaging)은 포장화물의 내부의 포장을 말하며, 화물의 성질 및 품질 보존을 위해 시공한 포장을 의미한다. 즉, 물품에 대한 수분, 습기, 광열 및 충격 등을 방지하기 위하여 적합한 재료 및 용기 등으로 물품을 포장하는 방법 및 포장한 상태를 말하며, 속포장은 비닐이나 골판지, 에어캡, 스티로폼 등과 같은 완충재를 활용하고 있다.

내부포장(속포장) 内包装, Inner packaging

- 내부포장은 포장화물의 내부의 포장을 말하며, 화물의 성질 및 품질 보존을 위해 시공한 포장을 의미한다.
  ☞ 内包装指货物的内部包装，旨在保护商品的属性与质量。

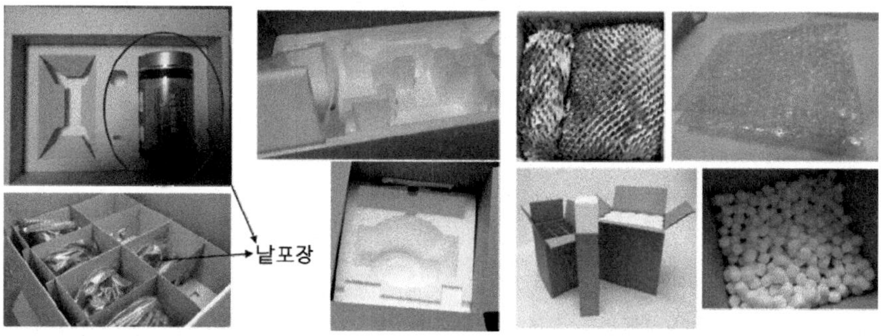

한편, 수출화물의 경우 내부포장은 개장된 물품(개별포장, 판매포장, 단위포장)을 운송 또는 취급하기 편리하도록 몇 개의 개장 물품을 모아서 적절한 재료로 싸거나 용기에 수용할 수 있도록 다시 한번 포장하는 것을 말한다.

韩中 문장 익히기

- 수출화물의 경우 내부포장은 개장된 물품(개별포장, 판매포장, 단위포장)을 운송 또는 취급하기 편리하도록 몇 개의 개장 물품을 모아서 적절한 재료로 싸거나 용기에 수용할 수 있도록 다시 한번 포장하는 것을 말한다.
  ☞ 内包装是指为方便运输或进行处理，将已开封的物品(单独包装、销售包装、单件包装)，用适当的材料包裹起来或收纳在容器中)。

연습문제

※ 개장된 물품을 운송 또는 취급하기 좋도록 적절한 재료로 싸거나 용기에 수용하는 포장은?

① Unitary Packing(개장)　　② Interior Packing(내장)
③ Outer Packing(외장)　　④ Shipment Packing(선적포장)

☞ ② • Interior Packing(내장)은 개장된 물품을 운송 또는 취급하기 좋도록 적절한 재료로 싸거나 용기에 수용하는 것을 말한다.
• Unitary Packing(개장)은 소매를 위하여 물품의 최소 단위를 하나하나 포장하는 것을 말한다.
• Outer Packing(외장)은 화물을 운송함에 있어 파손, 변질, 도난, 분실 등을 방지하기 위하여 적절한 재료나 용기로 화물을 보호하기 위하여 포장하는 것을 말한다.

(3) 외부포장(운송포장, 수출포장, 겉포장)(外包装; 运输包装, 出口包装)

외부포장(外包装, Outer Packaging)은 화물 외부의 포장으로 물품을 상자, 포대, 나무통 및 금속 등의 용기에 넣거나 용기를 사용하지 않고 팰릿(运货板, Pallet)을 활용하여 그대로 묶어서 기호 또는 화물을 표시하는 방법 및 포장한 상태를 말하며, 겉포장, 운송포장(运输包装, Transport Packaging) 혹은 수출포장(出口包装, Export Packaging)이라고도 불리운다.

외부포장(운송포장, 수출포장, 겉포장) 外包装, Outer Packaging

• 외부포장은 화물 외부의 포장으로 화물의 운송·하역·보관에 편리하도록 외부로부터의 충격, 압력, 온도, 습도 등의 모든 장애로 부터 내용물들을 보호하고 그 가치를 유지하기 위해 행해진다.

☞ 外部包装是指货物外部的包装。是为了方便货物的运输、装卸、保管，保护内容物免受外部冲击、压力、温度、湿度等的损坏，维持其价值。

목재포장

골판지포장

팰릿포장

외부포장은 대형 화물을 제외하고 일반적인 화물인 경우에는 내장 물품을 합쳐서 큰 형태로 포장하는 방법으로 화물의 특성과 함께 최종 도착지까지 운송될 방법 등을 고려하여 운송 및 하역작업에 충분히 견딜 수 있을 정도로 견고하게 이루어져야 하며, 화물의 품목표시, 취급상의 주의 표시 등 화물의 취급과 보관에 적합한 내용을 외면에 명확하게 기재하여야 한다.

연습문제

※ 일반적으로 포장이라고 할 때 가리키는 것은?

① Unitary Packing(개장) ② Interior Packing(내장)
③ Outer Packing(외장) ④ Shipment Packing(선적포장)

☞ ③ Outer Packing(외장)은 화물을 운송함에 있어 파손, 변질, 도난, 분실 등을 방지하기 위하여 적절한 재료나 용기로 화물을 보호하기 위하여 포장하는 것을 말한다.

2) 목적에 따른 분류

상품의 판매와 수송의 목적에 따라 상업포장(商业包装, Commercial Packaging)과 운송포장(运输包装, Transport Packaging; 물류포장, 物流包装)으로 구분되며, 운송포장(运输包装)은 목적지에 따라 수출포장(出口包装, Export Packaging)을 포함하고 있다.

이러한 구분은 형태별 분류에서 보면 상업포장(商业包装)은 단위포장(单件包装)에, 운송포장(运输包装)은 외부포장(外包装)에 각각 해당한다.

(1) 상업포장

상업포장(商业包装, Commercial Packaging)은 화물의 소비 및 구매 단위에 적합하도록 공장에서 시공한 포장의 형태를 말하는 것으로 소비자포장이라고도 한다.

韓中 문장 익히기

• 상업포장은 화물의 소비 및 구매 단위에 적합하도록 공장에서 시공한 포장의 형태를 말하는 것으로 소비자포장이라고도 한다.

☞ 商业包装是指在工厂进行作业的适应消费与购买的包装形式，又称消费者包装。

이와 같은 소비자포장은 대체적으로 유통센터, 배송센터, 소매점 등에서 이루어지고 있으며, 상업포장의 포장비는 제품 원가에 반영된다.

韓中 문장 익히기

- 소비자포장은 대체적으로 유통센터, 배송센터, 소매점 등에서 이루어지고 있으며, 상업포장의 포장비는 제품 원가에 반영된다.
  ☞ 商业包装（消费者包装）会经过流通中心、配送中心、到达零售店，由此商业包装的包装费包含在商品的原价当中。

(2) 운송포장

운송포장(运输包装, Transport Packaging)은 물류포장(物流包装)이라고도 하며, 물류활동 과정에서 화물(제품)의 안전과 보호, 하역(装卸)의 합리화를 위해 시공한 포장 형태를 의미하는 것으로 재포장(再包装) 또는 수출포장이라는 명칭으로 표현되며, 물류관리비 항목에 속한다.

韓中 문장 익히기

- 운송포장은 물류포장이라고도 하며, 물류활동 과정에서 화물(제품)의 안전과 보호, 하역(装卸)의 합리화를 위해 시공한 포장 형태를 의미하는 것으로 재포장 또는 수출포장이라는 명칭으로 표현되며, 물류관리비 항목에 속한다.
  ☞ 运输包装又称物流包装，是指在物流活动过程中保护货物（产品）安全，方便装卸而进行的包装形式，也称“再包装”或“出口包装”。被包括在物流管理费用中。

(3) 수출포장

국제물류에 있어서 포장기능은 국내물류의 경우와 큰 차이는 없다. 다만 원거리 운송과 해외시장에서 판촉을 위해 상품 품질이나 가치를 손상하지 않고 보호하여야 한다는 관점에서 유통과정 중 내용물을 보호하고, 용기가 가벼워 비용을 절감하는 입장에서 포장 활동이 이루어져야 한다.

따라서 수출포장(出口包装, Export Packaging)은 화물의 운송경로, 운송시간 및 거리는 물론이고 제품 특성 등을 종합적으로 고려하여 포장하여야 한다. 포장재료를 적절히 선택하고 생산성(生产性), 편리성(便利性), 경제성(经济性)을 염두에 두고 판매상의 효율을 제고하는 동시에 판촉을 위하여 미장(装饰)되어야 한다.

일반적으로 수출입 화물의 포장방법은 수출표준포장(出口标准包装, Standard Export Packaging)으로 이루어지고 있다. 오늘날에는 일반화물의 경우 항공운송은 항공기용 팰릿(运货板, Pallet)과 컨테이너(集装箱, Container)로, 해상운송은 해상용 컨테이너 등 규격화된 용기를 사용하고 있다. 특히, 컨테이너는 그 자체가 외포장의 기능을 지니고 있기 때문에 포장의 내장과 외장이 간편하고 비용도 절감되는 추세에 있다.

韩中 문장 익히기

- 수출포장은 화물의 운송경로, 운송시간 및 거리는 물론이고 제품 특성 등을 종합적으로 고려하여 포장하여야 한다. 그리고 포장재료를 적절히 선택하고 생산성, 편리성, 경제성을 염두에 두고 판매상의 효율을 제고하는 동시에 판촉을 위하여 미장되어야 한다.

  ☞ 出口包装应综合考虑货物的运输路线、运输时间和距离以及产品特性等因素进行包装。并选择能够兼顾生产性、方便性和经济性的包装材料，在提高销售效率的同时，还能促进销售。

수출포장 出口包装, Export Packaging

- 수출포장은 국제운송과정 중에서 화물의 운송경로, 운송시간 및 거리는 물론이고 제품 특성 등을 종합적으로 고려하여 포장되며, 일반적으로 수출입 화물의 포장방법은 수출표준포장으로 이루어지고 있다.

  ☞ 出口包装是在国际运输过程中，综合考虑货物的运输路线、运输时间和距离以及产品特性等因素后进行包装的。一般进出口货物的包装方式采用出口标准包装。

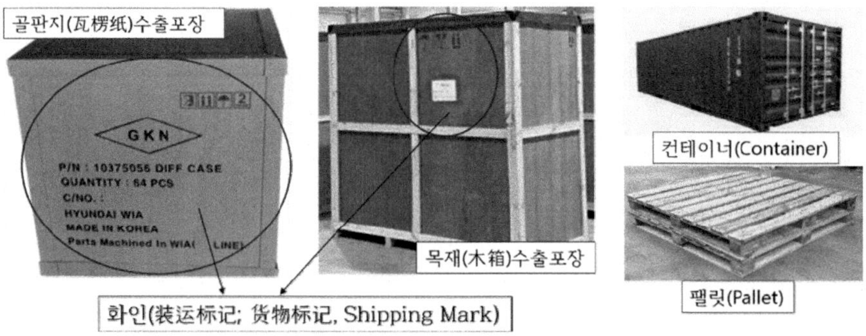

무역 용어 贸易用语

포장	包装	Packing, Packaging
화인	唛头	Shipping Mark
화번	物流编号	Cargo Number
개품운송	单件货物运输	Affreightment in a General Ship
면책조항	免责条款	Exemption[Escape] Clause
상업포장	商业包装	Commercial Packaging
운송포장	运输包装	Transport[Shipping] Packaging
수출포장	出口包装	Export Packaging
단위포장	单件包装	Unit Packaging
개별포장	单独包装	Individual Packaging
판매포장	销售包装	Sales Packaging
내부포장	内包装	Inner Packaging
외부포장	外包装	Outer Packaging
수출표준포장	出口标准包装	Export Standard Packaging
컨테이너	集装箱	Container
팰릿(팔레트)	运货板	Pallet
단위화	单元化	Unitization
컨테이너포장	集装箱包装	Container Packaging
무포장	散装货	in Bulk

대화하기 6-1

한국 신선영농조합법인 수출부 이우성 차장과 중국 홍콩의 HK농산물유통공사 장초우차장이 배수출포장에 대해 논의하고 있다.

장 차장 : 안녕하세요? 홍콩 HK공사 장초우 차장입니다. 이우성 차장님 계십니까?

이 차장 : 장 차장님, 안녕하세요? 제가 이우성 차장입니다. 반갑습니다.

장 차장 : 이 차장님, 이번 달 말 선적 물량이 어떻게 됩니까?

이 차장 : 네, 5kg 2,000상자, 10kg 1,000상자로 컨테이너 한 대분 분량입니다. 일정대로 선적될 예정이니 걱정 안 하셔도 됩니다.

장 차장 : 다름이 아니라 배를 각각 5kg, 10kg 상자에 포장하여 보내시는데 지난번에도 검사한 결과 압상(눌림으로 인한 상처)으로 제품의 가치가 떨어져 상품 판매에 애로사항이 있었습니다.

이 차장 : 네, 알고 있습니다. 그래서 이번엔 과일 받침용 속포장재로 그동안 사용해왔던 스티로폼 트레이를 대신해 맞춤형 종이트레이를 제작하여 적용하였습니다.

장 차장 : 종이트레이요?

이 차장 : 그렇습니다. 장 차장님도 아시다시피 기존의 스티로폼 트레이는 통기성과 습기유지 기능이 전혀 없어 배의 신선도 유지 역할을 못 했을 뿐만 아니라 과일과 포장재간 남는 간격으로 인해 운송, 보관, 유통과정에서 압상이 발생해 상품가치를 떨어뜨리는 원인이 되었잖습니까?

장 차장 : 맞아요. 그리고 환경오염 유발과 소비자들의 포장재 폐기에 대한 거부감 등이 계속 제기되어 왔어요.

이 차장 : 그래서 이번에 도입하여 적용한 종이 트레이 속포장재는 그동안 배 하나하나씩 감싼 속그물 포장망을 사용하지 않게 되면서 전체적으로 포장비용을 절감한 것은 물론 환경친화적인 이미지를 부각시킬 수 있을 겁니다.

장 차장 : 이 차장님 말씀 이해했습니다. 비용 절감과 환경친화적인 부분에 매우 동감합니다.

이 차장 : 감사합니다. 아무튼 저희도 차질없이 선적할 수 있도록 준비하겠습니다. 기대하셔도 좋습니다.

장 차장 : 기대하겠습니다. 다음에 또 뵙도록 하겠습니다.

이 차장 : 네, 다음에 뵙겠습니다.

对话 6-1 

韩国新鲜农业组合法人出口部次长李宇成和中国香港HK农产品流通公司次长张超宇正在讨论排水包装。

张次长：您好！ 我是中国香港HK农产品流通公司次长张超宇。李宇成次长在吗？

李次长：张次长，您好。我是次长李宇成，很高兴见到您。

张次长：李次长，这个月末的装船量是多少？

李次长：5公斤的有2000箱，10公斤的有1000箱。大概一个集装箱的量。我们会按计划装船，所以不用担心。

张次长：没什么其他的问题，我们主要是对把梨包装在5公斤和10公斤的箱子里运送过来这个方式有一些疑问。因为上次的检查结果显示压伤使产品价值下降，导致我们在销售时遇到了很多困难。

李次长：是的，我知道。所以这次的水果垫，不再使用之前的泡沫塑料托盘，使用了我们特意新定制的纸托盘。

张次长：纸做的吗？

李次长：是的。张次长您也知道，现有的泡沫塑料托盘完全没有透气保湿功能。不仅不能对梨起到保鲜作用，而且水果和包装材料之间的空隙在运输、储存、流通过程中容易造成压伤，这也是降低商品价值的主要原因。

张次长：没错。并且一直有消费者反感对环境造成污染的包装材料。

李次长：所以这次发明并使用的纸托盘内包装材料，不再用内网包装网一个一个包着梨子、整体上不仅可以节约包装费用，还可以突出环保形象。

张次长：理解了。我对降低成本和环保非常认可。

李次长：谢谢。我们会做好准备，确保顺利装船。还请您放心。

张次长：好的，下次再见吧。

李次长：下次再见。

제2절 화인과 포장명세서

1. 화인

1) 화인의 개념

화인(唛头, Shipping Marks or Cargo Marks; 貨印(韩))은 계약물품을 쉽게 식별하거나 취급할 수 있도록 외부포장에 정보를 부착하거나 표시하는 것을 말한다. 즉, 화인은 화물의 특성에 맞는 적절한 포장을 한 후 운송인이나 수화인(提货人) 등이 다른 화물과의 식별 및 정확하고 편리하게 화물을 취급할 수 있도록 포장외관(包装外观)에 송화인(托运人, 发货人), 수화인, 원산지명, 번호, 개수, 목적지, 취급상 주의사항 등과 같은 표시를 말한다.

韩中 문장 익히기

- 화인은 계약물품을 쉽게 식별하거나 취급할 수 있도록 포장외관에 송화인, 수화인, 원산지명, 번호, 개수, 목적지, 취급상 주의사항 등과 같은 정보를 부착하거나 표시하는 것을 말한다.
  ☞ 唛头是指为了便于识别或处理物品，在包装外观上粘贴或标明诸如发货人、收货人、原产地名称、编号、数量、目的地、处理注意事项等信息。

화인은 화물과의 대조를 위해 선하증권 및 상업송장에 기재되며 화인을 표시하지 않음으로써 발생하는 손해 즉, 화물의 불도착, 물품의 분실 및 파손 등에 대해서는 해상보험에서 담보하지 않기 때문에 포장에 확실한 표시를 해 놓아야 한다.

韩中 문장 익히기

- 화인은 화물과의 대조를 위해 선하증권 및 상업송장에 기재되며 화인을 표시하지 않음으로써 발생하는 손해에 대해서는 해상보험에서 담보하지 않는다.
  ☞ 为了与其他货物进行区分，会在提单或商业发票上标记唛头。若因没有标记唛头而发生损失，海上保险是不进行赔付的。

한편, 화인은 보통 무역 계약을 체결할 때 매수인이 요청하는 대로 이행하여야 하지만, 별도 요청이 없을 경우에는 매도인이 임의대로 하면 되며, 화인을 표시할 때 제3자가 내용물을 알아볼 수 없도록 표시해야 한다.

연습문제

※ 다음 중 화인(shipping mark)에 포함하는 사항이 아닌 것은?

① 화번　② 선적항 표시　③ 최종도착지　④ 원산지표시

☞ ② 화인에는 주화인(主唛头, main mark), 부화인(副唛头, counter mark), 화번(箱号, case number), 도착항(目的港; 交货港; 到货港, port mark), 중량표시(重量标志weight mark), 원산지표시(原产地标志, origin mark), 주의표시(注意标志, care mark) 등이 표시된다.

2) 화인의 구성

화인은 그 목적과 용도에 따라 주화인, 부화인, 품질 표시, 목적지 표시, 화물 번호, 원산지표시, 주의 표시 및 중량 표시 등으로 나누어진다.

韩中 문장 익히기

• 화인은 그 목적과 용도에 따라 주화인, 부화인, 품질 표시, 목적지 표시, 화물 번호, 원산지표시, 주의 표시 및 중량 표시 등으로 나누어진다.

☞ 唛头根据其目的和用途分为主唛头、副唛头、质量标志、目的地标志、货号、原产地标志、注意标志及重量标志等。

목적지 표시(Port Mark)와 화물번호(Case Number)가 없는 화물을 무인화물(无唛头, No mark Cargo; N/M)이라 하는데, 무인화물의 경우는 Non-delivery(未送达; 无法投递) 등으로 화주에게 커다란 손해를 주는 경우가 많다. 따라서 화인의 내용이나 형태를 매도확약서(销售确认书, Sales Note)나 구매확인서(购买确认书, Purchase Note)에 표시함으로써 거래 이전에 거래 당사자간에 상호 확인이 이루어져야 한다.

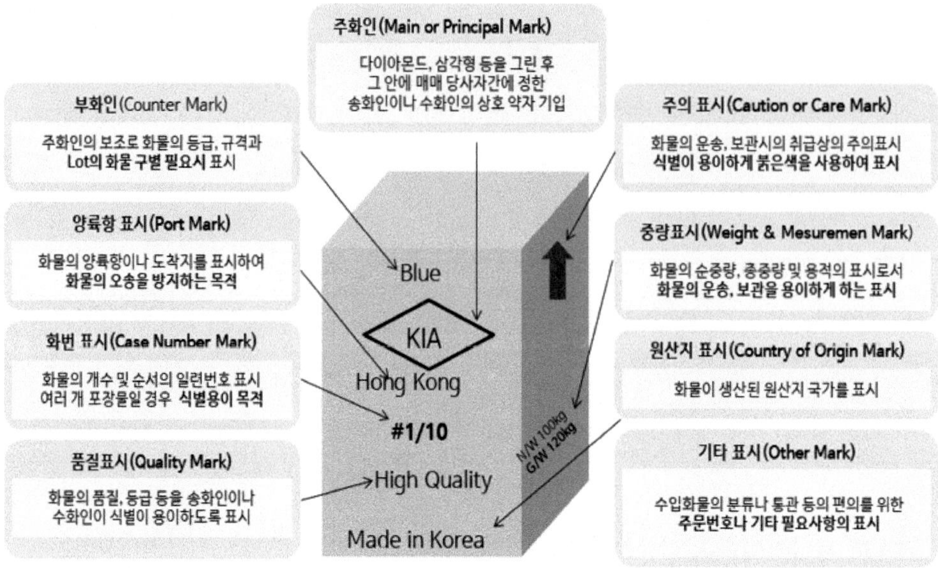

| 화인의 구성 |

연습문제

※ 다른 상품과의 식별을 쉽게 하기 위한 화인은?

① 부화인(counter mark) ② 주의표시(caution mark)
③ 원산지표시(side mark) ④ 주화인(main mark)

☞ ④ 이는 주화인이라고 하며 보통 외장면에 삼각형, 타원형 등 일정한 기호로 표시하고 그 안에 상호의 약자 등을 써넣는다.

※ 소량화물(LCL)인 경우 화인에 반드시 표시되어야 하는 사항은?

① 원산지와 최종도착지 ② 화번과 최종도착지
③ 주화인과 화번 ④ 주화인과 최종도착지

☞ ② 화인(唛头; 货印(韩), shipping mark)에 화번(箱号, case number)이나 최종 도착지(最终目的地, final destination)가 표시되어 있지 않는 화물을 무인화물(无唛头货物, No mark cargo)이라 한다. 이는 소량화물(合装货物; 零担货物, LCL cargo)인 경우 불착(未送达; 无法投递, non-delivery)의 직접적인 원인이 될 수 있다.

(1) 화인의 필수 기재 사항

① 주화인

주화인(主唛头, Main Mark)은 다른 화물과의 식별을 위하여 일정한 기호로서 보통 외면에 삼각형, 사각형, 다이아몬드형 등의 표시를 하고 그 안에 수입업자 상호의 약자를 써 넣는다. 주화인의 표식은 대부분 중앙에 위치한다.

韓中 문장 익히기

• 주화인(主唛头, Main Mark)은 다른 화물과의 식별을 위하여 일정한 기호로서 보통 외면에 삼각형, 사각형, 다이아몬드형 등의 표시를 하고 그 안에 수입업자 상호의 약자를 써 넣는다. 주화인의 표식은 대부분 중앙에 위치한다.

☞ 主唛头为了识别其他货物，通常在外包装上标注三角形、四角形、钻石型等符号，并在其中写上进口商商号的缩写。主唛头的标识大多位于中央。

A+ 연습문제

※ 다른 상품과의 식별을 쉽게 하기 위한 화인은?

① counter mark(부화인)　　② case number(화번)

③ care mark(주의표시)　　④ main mark(주화인)

☞ ④ 이는 main mark(주화인, 主唛头)이라고 하며, 보통 외장면에 삼각형, 타원형 등의 일정한 기호로 표시하고 그 안에 상호와 약자 등을 써 넣는다.

② 목적지 또는 목적항 표시

목적지(目的地标志, Destination Mark) 또는 목적항 표시(目的港标志, Port Mark)는 화물의 선적과 양하작업을 용이하게 하고 화물이 운송과정에서 잘못 전달되는 것을 방지하기 위한 필수적인 화인으로써 복수 항로, 즉 경유지가 있는 경우에는 'via'를 적어 'New York via Seattle' 등으로 표시한다.

韓中 문장 익히기

• 목적지 또는 목적항 표시는 화물의 선적과 양하작업을 용이하게 하고 화물이 운송과정에서 잘못 전달되는 것을 방지하기 위한 필수적인 화인으로써 복수 항로, 즉 경유지가 있는 경우에는 'via'를 적어 'New York via Seattle' 등으로 표시한다.

☞ 目的地或目的港标志是便于货物的装卸作业，防止货物在运输过程中误运的必需标志。在有转运航线，即有另外的经由地点时，需标注"via"、如"New York via Seattle"等。

③ 화물번호

화물번호(箱号, Case Number)는 상업송장(商业发票, Commercial Invoice), 적화목록(货单, Manifest; MF), 기타 운송 서류와 대조하여 식별, 확인하기 위하여 포장 겉면에 표시하는 일련번호를 말한다. 또한, 포장물이 여러 개인 경우에는 각각의 포장마다 총 개수 중에서 몇 번째인지 나타내는 번호이다.

韩→中 문장 익히기

• 화물번호는 상업송장, 적화목록, 기타 운송서류와 대조하여 식별, 확인하기 위하여 포장 겉면에 표시하는 일련번호를 말한다.

☞ 箱号是指在包装物表面标注的编号。以核对商业发票、货单和其他运输单据，来进行识别和确认。

④ 원산지표시

원산지표시(原产地标志,Origin Mark)는 제품의 생산국을 표시하는 것으로 외장의 맨 아래에 표시한다.

韩→中 문장 익히기

• 원산지표시는 제품의 생산국을 표시하는 것으로 외장의 맨 아래에 표시한다.

☞ 产地标记为产品生产国标志，在外包装的最下端标注。

(2) 화인의 임의 기재 사항

① 부화인

부화인(副唛头, Counter Mark)은 대조번호의 화인이라고도 하며 주화인의 보조로서 화물의 등급이나 규격을 표기해야 하는 경우나 로트(Lot)의 화물 중 구별할 필요가 있을 경우, 또는 생산업체 또는 공급업체의 약자를 표시한다.

韩→中 문장 익히기

• 부화인은 대조번호의 화인이라고도 하며 주화인의 보조로서 화물의 등급이나 규격을 표기해야 하는 경우나 로트(Lot)의 화물 중 구별할 필요가 있을 경우, 또는 생산

업체 또는 공급업체의 약자를 표시한다.

☞ 副唛头又称对照编号中的副唛头，为主唛头的提供辅助作用。如，可以标记货物的等级或规格、标记区分同批次（Lot）货物、以及注明生产企业或供应商的缩写名称。

② 중량표시

중량표시(重量标志, Quantity Mark)는 화물의 중량과 총중량을 표시하며, 용적표시가 필요한 경우에는 용적도 표시한다.

韓中 문장 익히기

- 중량표시는 화물의 중량과 총중량을 표시하며, 용적표시가 필요한 경우에는 용적도 표시한다.

☞ 重量标志应注明货物的重量和总重量。如需注明容积，还应注明容积。

③ 수의표시

주의표시(注意标志, Care Mark)는 화물의 특성에 따라 운송 또는 하역과 보관시 취급상의 주의사항을 표시한 것이다. 이에 따라 운송, 하역·보관에 관계되는 업자들의 작업상 판별하기 쉽도록 붉은 잉크나 페인트를 사용하기도 한다. 또한 주의를 환기시킬 목적으로 그림이나 문자로 표시하기도 한다. 주의표시는 보통 포장의 측면에 표시하기 때문에 사이드마크(侧唛, Side Mark)라고도 한다.

韓中 문장 익히기

- 주의표시는 화물의 특성에 따라 운송 또는 하역과 보관시 취급상의 주의사항을 표시한 것이다. 작업상 판별하기 쉽도록 붉은 잉크나 페인트를 사용하기도 하며, 그림이나 문자로 표시하기도 한다. 특히 주의표시는 보통 포장의 측면에 표시하기 때문에 사이드마크(Side Mark)라고도 한다.

☞ 注意标志是根据货物的特点，在运输或装卸、存放时，注明处理注意事项。为了便于辨别，有时会使用红墨水或油漆，有时还会用图片或文字表示。因通常在包装的侧面进行标志，因此也被称为侧标(Side Mark)。

▎화물의 (취급) 주의 표시▐

표 시		내 용
	Fragile(깨지기 쉬움, 충격주의) Handle with care(취급주의 	깨지기 쉬운 화물이므로 떨어뜨리거나 외부의 충격을 주지 않도록 주의를 요하는 표시
	Keep upright(똑바로 세운 것)	화물의 운송과 보관시 상하 방향을 요구하는 표시
	Keep dry(수분 주의)	습기 또는 물에 젖지 않도록 요구하는 표시
	Use no hook(갈고리 사용금지)	구멍이 나는 것을 방지하기 위하여 갈고리를 사용하지 못하도록 요구하는 표시
	Sling here(밧줄, 와이어 거는 곳)	화물의 하역시 밧줄이나 와이어를 거는 위치를 표시(* 화물의 무게중심이 다를 경우 특히 주의가 요구된다.)
	Protect from heat(직사광선, 열 차폐)	직사광선이나 열을 차단해야 한다는 표시
	Center of balance(무게중심 위치)	화물의 무게가 평형을 이루는 위치를 알려주는 표시
	Do not drop(낙하 엄금)	넘어지기 쉬운 화물이니 주의하라는 표지

④ 기타 표시

기타 표시에는 수입상의 요청에 따른 주문표시(Order Number), 지시표시(Attention Mark), 물품의 등급(Grade) 또는 품질표시(Quality Mark) 등이 있다.

연습문제

※ 다음 중 화인(cargo mark)에 관한 설명 중에서 올바르지 못한 것은?

① 부화인(counter mark)은 주화인(main mark)이 다른 화물과 동일한 것에 대비하여 주화인(main mark)의 보조로서 다른 화물과 식별을 용이하게 하기 위한 것이다.

② 주의표시(caution mark)는 화물의 수송 또는 보관시 취급상의 주의를 표시한 것인데, 이는 보통 목적 항구의 표시 밑에 그림 또는 부호로서 표시한다.

③ 화물의 원산지가 한국인 경우의 원산지 표시는 MADE IN KOREA로 한다.

④ 화인에는 화물의 선적 또는 양하작업을 용이하게 하고 화물이 오송되는 일이 없도록 목적항 또는 목적지를 표시하여야 한다.

☞ ② 주의표시(注意标志, care mark, caution mark)는 화물을 선적, 운반함에 있어서 취급항에서의 주의를 표시하며, 포장의 측면에 표시하기 때문에 side mark라고도 한다.

2. 포장명세서

1) 포장명세서의 개념

포장명세서(装箱单, Packing List; P/L)는 선적화물의 포장 및 포장 단위별 명세와 단위별 순중량(净重量, Net Weight) 총중량(总重量, Gross Weight) 그리고 포장의 일련번호(包装标号) 등을 기재함으로써 포장과 운송, 통관상의 편의를 위하여 수출업자(매도인)가 수입업자(매수인) 앞으로 작성하는 계약관련 서류 중의 하나이다.

韩中 문장 익히기

• 포장명세서(装箱单, Packing List; P/L)는 포장과 운송, 통관상의 편의를 위하여 수출업자(매도인)가 수입업자(매수인) 앞으로 작성하는 계약관련 서류 중의 하나이다.

☞ 装箱单是为包装、运输、通关便利，而由出口商（卖方）向进口商（买方）制定的合同相关文件。

또한, 포장명세서는 계약 물품의 선적을 증명하기 위한 운송서류 중에서 선하증권(提单, Bill of Lading; B/L)이나 상업송장(商业发票, Commercial Invoice; C/I)과 같이 꼭 필요한 필수 서류는 아니다. 하지만 원산지증명서(原产地证明书 Certificate of Origin; C/O) 등과 함께 중요한 부속서류이다.

韩中 문장 익히기

• 포장명세서는 계약 물품의 선적을 증명하기 위한 운송서류 중에서 선하증권이나 상업송장과 같이 꼭 필요한 필수 서류는 아니다. 하지만 원산지증명서 등과 함께 중요한 부속서류이다.

☞ 提单或商业发票是证明货物装运的运输文件中必需的文件，但装箱单不是。但和原产地证明书等一样，都是重要的附属文件。

2) 포장명세서 발행 목적

① 선적화물의 포장 및 포장 단위별 순중량, 총중량 그리고 화인 및 포장의 일련번호 등을 기재함으로써 포장과 운송, 통관상의 편의를 위해서 사용된다.

韩中 문장 익히기

- 선적화물의 포장 및 포장 단위별 순중량, 총중량 그리고 화인 및 포장의 일련번호 등을 기재함으로써 포장과 운송, 통관상의 편의를 위해서 사용된다.
  - ☞ 装箱单上需注明所装货物的包装及每个包装单位的净重、总重量、发货人及包装的编号等，以方便包装、运输、通关。

② 각종의 포장 물품이 혼합되어 있거나, 또는 하나의 컨테이너(集装箱)에 각개 품목이 혼합되어 있어 상품의 외부포장(外包装)과 내부포장(内包装)을 구체적으로 명기하고자 할 경우에 이를 명백히 구분하기 위하여 사용된다.

韩中 문장 익히기

- 각종의 포장 물품이 혼합되어 있거나, 또는 하나의 컨테이너(集装箱)에 각개 품목이 혼합되어 있어 상품의 외부포장(外包装)과 내부포장(内包装)을 구체적으로 명기하고자 할 경우에 이를 명백히 구분하기 위하여 사용된다.
  - ☞ 当各种包装物品混合在一起，或在一个集装箱内混合了各个品种的商品，为了明确区分想要具体标明商品的外包装和内部包装时可使用装箱单。

A+ 연습문제

※ 포장명세서(Packing List)의 서식에 기재될 사항으로 가장 적절하지 않는 것은?

① 순중량(Net-weight)
② 용적(Measurement)
③ 화인 및 일련번호(Marks and number of packages)
④ 단가 및 총액(Unit price and Amount)

☞ ④ 단가 및 총액(Unit price and Amount)은 송장(Commercial Invoice)의 항목임

❙ 무역 용어 贸易用语 ❙

화인	唛头	Shipping Marks or Cargo Marks
무인화물	无唛头货物	No mark Cargo; N/M
송화인	托运人, 发货人	Consignor, Shipper
수화인	提货人, 收货人	Consignee
적화목록	货单	Manifest; MF
포장명세서	装箱单	Packing List; P/L
원산지증명서	原产地证明书	Certificate of Origin; C/O
순중량	净重量	Net Weight
총중량	总重量	Gross weight
주화인	主唛头	Main Mark
부화인	副唛头	Counter Mark, Secondary Mark
화번	箱号	Case Number
주의표시	注意标志	Care Mark
소량화물	合装货物, 零担货物	LCL cargo
불착	未送达; 无法投递	Non-delivery

대화하기 6-2

한국 한울상사 무역1팀 박춘호 과장은 동민산업 고진수 과장에게 선적을 앞둔 '아동용 미니자동차 장난감'에 대한 포장과 화인 등을 최종 점검하고 있다.

박 과장 : 고 과장님, 중국으로 보낼 '아동용 미니자동차 장난감' 선적 준비는 잘 되고 있나요?

고 과장 : 네, 화요일까지 포장작업이 완료됩니다. 그러면 목요일에 예정대로 선적할 수 있습니다.

박 과장 : 이번 선적물량은 팰릿으로 몇 개 분량인가요?

고 과장 : 팰릿으로 4개 분량입니다. 1개 팰릿에 500개입니다.

박 과장 : 각 개별포장은 어떻게 했습니까?

고 과장 : 각 개별포장별로 파손을 방지하기 위해 제품을 에어캡으로 스티로폼 완충재로 속포장을 하였습니다. 그리고 박스당 5세트씩 모두 100박스를 한 개 팰릿 랩

포장을 하였습니다.

박 과장 : 화인은 어떻게 했습니까?

고 과장 : 수입업자가 요청한대로 각각의 박스에 화인표시를 하였고 팰릿 랩포장 외부표면에도 화인을 표시하였습니다. 그리고 요청하신대로 저희 수출물품 위에 무거운 중량화물을 2단 적재하면 안 된다고 표시하였습니다.

박 과장 : 좋습니다. 텐진세관에서 통관할 때 애로사항이 없도록 포장명세서를 작성할 때 상업송장과 일치해야 한다는 것을 명심해주세요. 물론 화인표시도 포장명세서와 일치해야 합니다.

고 과장 : 잘 알겠습니다. 먼저 포장명세서를 작성하면 바로 박 과장님께 보내드리겠습니다. 박 과장님께서 한 번 더 검토와 확인을 해주십시오.

박 과장 : 네, 그렇게 하겠습니다.

对话 6-2

韩国韩蔚商社贸易一组科长朴春浩与东民产业科长高镇洙对即将装船的"儿童用迷你汽车玩具"的包装和火灾风险等进行最终检查。

朴科长 : 高科长，寄往中国的"儿童用迷你汽车玩具"装运工作进展顺利吗？

高科长 : 是的，包装工作将在周二之前完成。周四可以如期装船。

朴科长 : 这次的装船量是多少个托盘？

高科长 : 有4个托盘，一个托盘有500个。

朴科长 : 是怎么做的各个单独包装？

高科长 : 为了防止破损，每个单独包装用气泡垫包裹产品，并用泡沫塑料缓冲材料进行内包装。每箱5个，共100箱装了一个托盘包装。

朴科长 : 火灾风险预警是怎么做的？

高科长 : 按照进口商的要求，在每个箱子上标注了火灾风险预警，在托盘包装的外表面也标注了火灾风险预警。而且按照要求，我们出口物品上标注了不能装载2层重货物。

朴科长 : 好的。要记得在天津海关填写包装清单时，应与商业发票保持一致，以免通关时遇到困难。当然，火因标签也应与包装明细一致。

高科长 : 好的。我先填好包装清单，马上发给朴科长。请朴科长再次检查一下。

朴科长 : 好的，我会的。

Lesson 7

선적조건과 무역운송

제1절 선적조건의 개요

1. 선적의 의의

무역거래에서 물품인도의무의 원만한 이행을 위해서는 당사자 간에 인도시기(交货时间, Time of Delivery)와 인도장소(交货地点, Place of Delivery) 및 인도방법(交货方式, Method of Delivery)의 세 가지 요소에 대한 약정이 필요하다.

무역거래는 원거리의 당사자가 개입되고 운송을 매개로 하여 이루어지므로 실무상 인도조건(交货条款) 대신에 선적조건(装运条款)을 사용한다.

韓中 문장 익히기

- 무역거래에서 물품인도의무의 원만한 이행을 위해서는 당사자 간에 인도시기와 인도장소 및 인도방법의 세 가지 요소에 대한 약정이 필요하다.
  ☞ 为了能够顺利履行交货义务，需要双方就交货时间、交货地点和交货方式作出明确约定。

선적(装运, Shipment; Loading)은 단지 선박, 즉 본선에의 적재(装船, Loading on board the Vessel)만을 의미하지 않고, 인도를 위한 항공기나 철도 등을 포함한 모든 운송수단을 포함한다.

韩中 문장 익히기

- 선적은 해상운송의 본선적재(装货, loading on board), 항공 또는 철도운송의 발송(发送, dispatch) 및 복합운송의 운송인의 수탁(委托, taking in charge) 등을 포괄하는 개념이다.

☞ 装运包括海上运输的装船、航空或铁路运输的发送及多式联运的承运人的委托等。

한편, 신용장에서 선적일자와 관련되어 사용된 'Shipment(선적, 装船; 装运)'라는 용어는 운송의 형태에 따라 다음의 의미를 포함하고 있다.

① 해상운송 : 본선적재(装船, Loading on board the Vessel)

② 항공운송 : 발송(发送, Dispatch), 인수(收货待运, Accepted for Carriage)

③ 우편운송 : 우편수령일자(接收日期, Date of Receipt)

④ 택배운송 : 접수일(提货日期, Date of Pick up)

⑤ 복합운송(复合运输) : 운송인의 수탁(承运人受托, Taking in Charge)

따라서 해상화물을 선박에 적재하는 행위뿐만 아니라 계약물품의 도로·철도·항공·우편·속달·복합운송 등이 이루어지고 신용장에 운송서류(运输单据)를 요구하는 경우 물품을 운송인에게 인도(적재)하는 행위를 총칭하는 개념으로 확장한다.

2. 선적시기 및 선적통지

1) 선적시기

선적시기와 관련하여 다음과 같은 내용을 명심해야 한다.

① 구체적인 연월일을 명기하여 최종 선적시기를 정하여야 한다.

② 선적기일을 명확히 월이나 일로 약정하지 않고, 즉시 선적을 의미하는 '가능한 한 빨리'(尽快; 迅速; 立即, "prompt", "immediately", "as soon as possible" 또는 "soonest", "at once", "quickly", "without delay", "as early as possible", "ready shipment", "near delivery") 및 또는 이와 유사한 표현은 국가마다 다르게 해석이 되기 때문에 후일 선적 이행의 시기에 분쟁의 소지가 있으므로 사용해서는 안 된다.

신용장거래시 이러한 표현을 사용할 경우에는 UCP 600에서는 선적 기일이 정해져 있지 않은 것으로 취급되어 서류심사 시 이를 무시하도록 규정하고 있다. 따라서 이 경우에는 신용장의 유효기간 이내에 선적하면 되는 것으로 해석된다.

韩中 문장 익히기

• 최종 선적시기는 구체적인 연월일을 명기하여야 한다.

☞ 最终装运期应注明具体的年月日。

• 신용장통일규칙에서는 '즉시', '바로', '가능한 한 빨리' 등과 같은 표현의 사용을 금지하고 있으며, 만일 이러한 표현이 사용되었다면 은행은 이를 무시하여야 한다고 규정하고 있다.

☞ 跟单信用证统一惯例中规定，禁止信用证上出现"立即"、"马上"、"尽快"等字样。若出现类似字样，银行应无视。

③ 신용장(信用证, Letter of Credit; L/C)상에 그 유효기일은 정해져 있으나 최종 선적기일은 정해져 있지 않은 경우에는 신용장의 유효기일을 최종 선적기일로 간주한다. 한편, 신용장의 유효기일은 은행이 휴업하는 경우 다음 최초의 영업일까지 자동 연장되지만, 최종 선적기일은 연장되지 않는다.

韩中 문장 익히기

• 신용장상에 그 유효기일은 정해져 있으나 최종 선적기일은 정해져 있지 않은 경우에는 신용장의 유효기일을 최종선적기일로 간주한다.

☞ 在信用证上规定有效期，但未规定最终装运期的情况下，将信用证有效期视为最终装运期。

• 신용장의 유효기일은 은행이 휴업하는 경우 다음 최초의 영업일까지 자동 연장되지만, 최종 선적기일은 연장되지 않는다.

☞ 信用证的有效期最后一天若银行处于休业状态，则自动延长至最近的营业日。但最终装船日期不会延长。

A+ 연습문제

※ 최종 선적일이 공휴일인 경우 선적기한은?

① 전일(前日) 12:00까지 ② 공휴일 24:00까지
③ 공휴일 12:00까지 ④ 익일(翌日) 24:00까지

☞ ② 신용장통일규칙(UCP600)에는 "비록 유효기일이 연장된다고 해서 최종 선적일이 자동으로 연장되지 않으며, 최종 선적일이 공휴일이라도 최종 선적일이 연장되지 않는다."라고 규정하고 있다.

※ 선적일자가 9월30일, 유효기일이 10월 10일인 신용장에서 유효기일이 10월 17일로 변경되었다. 다음 중 선적일자로 볼 수 있는 날짜는?

① 9월 30일 ② 10월 7일 ③ 10월 8일 ④ 10월 17일

☞ ① • 신용장통일규칙(UCP600) 제44조(b)항에 의하면 "비록 유효기일이 연장된다고 해서 최종 선적일이 자동으로 연장되지 않는다"라고 규정되어 있다.
• 최종 선적일을 연기하고자 할 때에는 신용장 조건을 정식으로 수정하여야 한다

※ 신용장의 선적기일이 특정 일로 표시되지 않고 "즉시 선적(Immediately)"으로 표시되어 있다면 선적일은 언제로 해석되는가?

① L/C 발행일로부터 60일 이내 ② L/C 발행일로부터 30일 이내
③ 선적기일이 없는 신용장으로 간주됨 ④ L/C 발행일로부터 20일 이내

☞ ③ • 신용장통일규칙(UCP600) "신속히(prompt)", "즉시(immediately)", "가능한 한 빨리(as soon as possible)" 또는 이와 유사한 표현을 사용해서는 안된다. 만약 신용장에 그러한 표현이 명시되었을 경우에는 은행은 이를 무시하여야 한다"라고 규정하고 있다.
• 따라서 이러한 용어를 사용하는 경우 은행은 선적일이 없는 신용장으로 간주한다.

2) 선적통지

선적통지(装运通知, Shipping Notice)는 매매계약에 따라 계약품의 선적 전 또는 선적 후에 본선명, 선적일, 선적항 등을 수입자에게 통지하는 것을 말한다.

이때에는 선적이 완료되었다는 증표로 신용장거래의 경우 선적일로부터 3~5일 이내에 선적 통지(Shipping Notice)를 보내는 것이 일반적이다. 선적 통지의 필수 통지 내용은 선사명(航运公司名称, Name of Shipping Company), 선박명(船名, Name of Vessel), 선적일(装运日期, Shipping Date) 및 예상 출항일(预计开航时间, Expected Time of Departure; ETD), 선적항(装运港, Loading Port), 상품 및 수량(商品及数量, Item and Quantity), 선하증권 번호(提单号码, B/L No.) 등이며, 부수 통지 내용은 예상 도착일(预期到达时间, Expected Time of Arrival; ETA), 신용장번호(信用证号,

L/C No.) 등이다.

오늘날 선적 통지의 방법은 E-mail(电子邮件)과 FAX(传真)로 통지하고 그 후 선적서류의 사본 등을 항공편으로 발송하면서 명세를 통지하는 방법이 많이 사용되고 있다.

韩中 문장 익히기

- 선적통지는 매매계약에 따라 계약품의 선적 전 또는 선적 후에 선사명, 본선명, 선적일, 선적항, 선하증권 번호 등을 수입자에게 통지하는 것을 말한다.
  ☞ 装运通知是指根据合同，在装船前或装船后，将航运公司名称、船名、装船日期、装运港、提单号码等通知进口方。
- 오늘날 선적 통지의 방법은 E-mail(电子邮件)과 FAX(传真)로 통지하고 그 후 선적서류의 사본 등을 항공편으로 발송하면서 명세를 통지하는 방법이 많이 사용되고 있다.
  ☞ 如今，装运通知多采用邮件和传真进行发送，之后再通过航空发送装船文件复印件，同时告知明细。

연습문제

※ 선적통지(Shipping Notice)에 대한 설명으로 잘못된 것은?

① 매매계약에 따라 계약품의 선적 전 또는 선적 후에 본선명, 선적일, 선적항 등을 수입자에게 E-메일, telex, cable로 통지하는것을 말한다.

② 선적이 완료된 경우 선하증권 사본(B/L Copy)을 보내는 것이 일반적이다.

③ 필수 통지 내용은 선사명(Name of Shipping Company), 선박명(Name of Vessel), 출항일(Shipping Date) 및 예상 출항일(ETD : Expected Time of Departure), 선적항 (Loading Port), 상품 및 수량(Item and Quantity), 선하증권 번호(B/L No.)이다.

④ 부수 통지 내용은 L/I(Letter of Indemnity), T/R(Trust Receipt), L/G(Letter of Guarantee) 번호 등이다.

☞ ④ 부수통지 내용은 예상 도착일(预期到达时间, ETA : Expected Time of Arrival), L/C 번호(信用证号) 등이다.

3) 서류제시기간

서류제시기간(Period of Document Presentation)이란 운송서류가 발행된 이후의 일정기간을 정하여 지급·인수 또는 매입을 위해 서류를 은행에 제시해야 할 기간을 말한다. 따라서 모든 신용장은 선적일 이후부터 매입을 위하여 선적서류가 제시되어야 하는 기간을 표시하여야 한다. 만약 기재되지 않았을 때에는 신용장통일규칙에서는 선적일 이후 21일 이내에 제시하여야 하며, 21일이 경과되면 기간경과선하증권(过期提单, Stale B/L)으로 은행은 수리거절 사유가 된다.

韩中 문장 익히기

- 서류제시기간이란 운송서류가 발행된 이후의 일정 기간을 정하여 지급·인수 또는 매입을 위해 서류를 은행에 제시해야 할 기간을 말한다.
  ☞ 文件出示期限是指运输文件发行后规定的一定期间。即为因支付、收购或购买而向银行出示文件的时间。

즉, 서류는 선적일 후 21일을 넘지 않게 개설은행 또는 확인은행에 제시되어야 하고, 어떤 경우라도 신용장 유효기간보다 늦어져서는 안 된다. 또한 서류는 신용장 개설일 이전에 작성된 것은 관계없으나, 제시 일자보다 늦은 일자에 작성된 것이어서는 안 된다.

기간경과선하증권 过期提单, Stale B/L

- 기간경과선하증권은 신용장에 명시된 기간 내에 은행에 제시되지 않은 선하증권을 말한다. 만약 기간이 명시되어 있지 않았다면 발행 이후 21일을 넘긴 이후에도 은행에 제시되지 않은 선하증권을 말한다.
  ☞ 过期提单是指未在信用证规定的期限内向银行提交的提单。如果没有明确期限，则一般以信用证发行后21天为准。即，没有在21天内向银行提交的提单。
- 기간경과선하증권은 신용장상에서 허용한다는 명시가 없으면 은행은 그러한 선하증권이나 서류에 대해서는 수리를 거절한다.
  ☞ 若在信用证上没有标明允许使用过期提单，则银行拒绝受理此类提单或文件。

3. 선적일의 증명

신용장통일규칙(信用证通则, Uniform Customs and Practice for Documentary Credits 2007 Revision · ICC Publication No. 600; UCP600)에서는 선적일의 증명을 다

음과 같이 명시하고 있다.

1) 선적선하증권일 경우

선적선하증권(已装船提单, Shipped Bill of Lading)일 경우에 선적일은 선하증권의 발행일, 즉 B/L Date를 선적일로 본다.

韩中 문장 익히기

• 선적선하증권일 경우에 선적일은 선하증권의 발행일, 즉 B/L Date를 선적일로 본다.
☞ 如为已装船提单，将其发行日，即B/L Date视为装船日。

A+ 연습문제

※ 선적일의 증명 수단이 별도로 없을 경우, 통상적으로 다음의 어느 날을 실제 선적일로 추정하는가?

① B/L의 발행일 ② 환어음(B/E)의 발행일
③ M/R의 발행일 ④ 본선의 출항일

☞ ① 일반적으로 신용장통일규칙(UCP600)에는 운송서류 발행일(선하증권의 발행일)을 선적일로 본다. 계약서상 선적일을 입증하는 법도 통상 이 법에 따른다.

2) 수취선하증권일 경우

수취선하증권(收货待运提单, Received for Shipment Bill of Lading)는 운송업자가 화물을 수취한 이후에 선적되었음을 나타내는 부기(附录, Notation)에 표시된 날짜를 선적일로 본다.

즉, 선적전이라도 화물이 선박회사의 창고에 반입되면 화주의 요청에 따라 선박회사가 수취선하증권을 발행한 후 그 화물을 실제로 선적하였을 때에는 B/L 뒷면에 「화물이 몇 월 며칠 본선에 적재되었음을 증명함」(We certify shipment has been loaded on board, date)이라는 문언을 기재하고 책임자가 이에 서명하면 선적선하증권과 동일한 효력을 가진다.

韩中 문장 익히기

- 수취선하증권(收货待运提单, Received for Shipment Bill of Lading)는 운송업자가 화물을 수취한 이후에 선적되었음을 나타내는 부기(附录, Notation)에 표시된 날짜를 선적일로 본다.
  ☞ 如为收货待运提单，则之后表示已装运的附录中标注的日期被视为装运日期。
- B/L 뒷면에 「화물이 몇 월 며칠 본선에 적재되었음을 증명함」이라는 문언을 기재하고 책임자가 이에 서명하면 선적선하증권과 동일한 효력을 가진다.
  ☞ 若在B/L背面，有"货物在某年某月某日被装载于本船"等内容，且负责人已签字，那么则与装运提单具有同等效力。

참고. 기타 운송서류별 선적일자의 해석

- 복합운송서류(多式联运单据,Multimodal Transport Document)
  - □ 물품의 선적을 위한 발송(Dispatch), 수탁(Taking in charge)을 표시하는 서류인 경우에 그 서류에 표시된 발행일자(the date of issuance)
  - □ 단, 본선적재부기가 있는 경우에는 본선적재부기 일자
- 비유통성해상화물운송장(不可转让海运单, Non-Negotiable Sea-Waybill)
  - □ 발행일자, 단, 본선적재부기가 있는 경우에는 본선적재부기 일자
- 도로, 철도, 내수로 운송서류(Road, Rail or Inland Waterway Transport Document)
  - □ 발행일자, 단, 물품 접수 일자가 있는 경우에는 물품 접수 일자
- 특사수령증 및 우편수령증(快递收据和邮政收据,Courier & Post Receipts)
  - □ 집하일(提货日期, the date of pick-up)
  - □ 영수일(邮局收据日期, the date of post receipt)
- 운송주선인발행 운송서류(Freight Forwarder's Transport Document)
  - □ 서명이나 확인일

참고. 선하증권 기재작성의 예

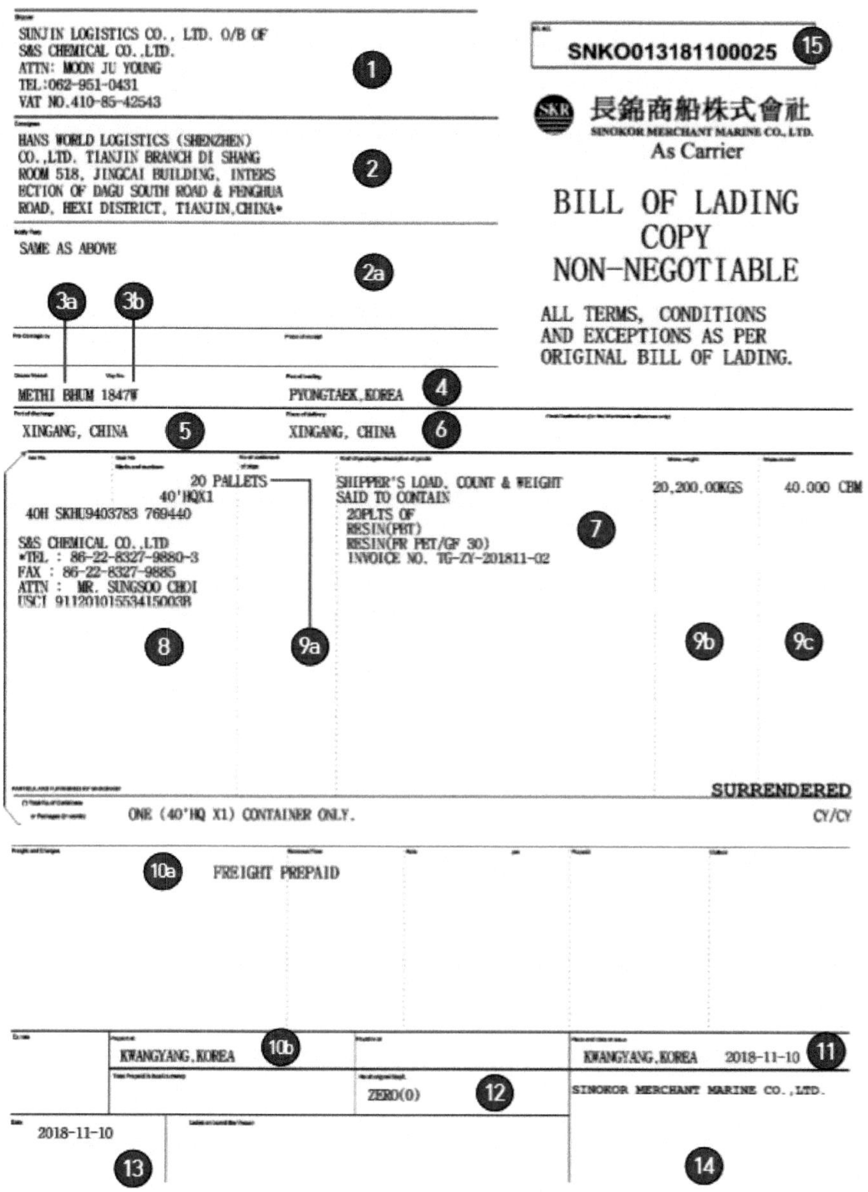

SUNJIN LOGISTICS CO., LTD. O/B OF
S&S CHEMICAL CO.,LTD.
ATTN: MOON JU YOUNG
TEL:062-951-0431
VAT NO.410-85-42543 ❶

HANS WORLD LOGISTICS (SHENZHEN)
CO.,LTD. TIANJIN BRANCH DI SHANG
ROOM 518, JINGCAI BUILDING, INTERS
ECTION OF DAGU SOUTH ROAD & FENGHUA
ROAD, HEXI DISTRICT, TIANJIN,CHINA* ❷

SAME AS ABOVE ❷a

❸a ❸b

METHI BHUM 1847W — PYONGTAEK,KOREA ❹

XINGANG, CHINA ❺ — XINGANG, CHINA ❻

SNKO013181100025 ⓯

長錦商船株式會社
SINOKOR MERCHANT MARINE CO., LTD.
As Carrier

BILL OF LADING
COPY
NON-NEGOTIABLE

ALL TERMS, CONDITIONS
AND EXCEPTIONS AS PER
ORIGINAL BILL OF LADING.

20 PALLETS
40'HQX1
40H SKHU9403783 769440

S&S CHEMICAL CO.,LTD
*TEL : 86-22-8327-9880-3
FAX : 86-22-8327-9885
ATTN : MR. SUNGSOO CHOI
USCI 91120101553415003B ❽ ❾a

SHIPPER'S LOAD, COUNT & WEIGHT
SAID TO CONTAIN
20PLTS OF
RESIN(PBT)
RESIN(FR PET/GF 30)
INVOICE NO. TG-ZY-201811-02 ❼

20,200.00KGS ❾b 40.000 CBM ❾c

SURRENDERED

ONE (40'HQ X1) CONTAINER ONLY. CY/CY

❿a FREIGHT PREPAID

KWANGYANG,KOREA ❿b

KWANGYANG,KOREA 2018-11-10 ⓫

ZERO(0) ⓬

SINOKOR MERCHANT MARINE CO.,LTD.

2018-11-10 ⓭ ⓮

= 参考. 装运提单记载内容示例

① 송화인의 성명 및 상호(name of the shipper, 发货人的姓名及商号)
② 2a. 수화인의 성명 및 상호(name of the consignee, 收件人的姓名及商号)
③ 3a. 선박명과 국적(name of the ship & nationality, 船舶名和国籍)

④ 선적항(port of shipment, 装船港)
⑥ 최종목적지(place of ultimate destination of the goods, 最终目的地)
⑦ 품명(description, 品名)
⑧ 화물의 화인 및 기호(marks & numbers, 货物的唛头和标记)
⑨ 운송물의 중량, 용적 및 포장 개수(货物的重量、容积及包装数量)
- 9a. 포장번호(number of packages, 包装编号)
- 9b. 중량(weigh, 重量)
- 9c. 용적(measurement, 容积)

⑩ 운임(freight, 运费)
⑪ B/L의 작성지(place of issue of B/L, B/L 的签发地)
⑫ B/L의 발행매수(number of B/L issued, B/L的签发数量)
⑬ B/L의 작성년월일(Date of issue of B/L, B/L 的签发日期)
⑭ 선장의 성명(name of master of vessel, 船长的姓名)

무역 용어 贸易用语

본선적재	装船	Loading on board the Vessel
복합운송	多式联运	Multimodal[Combined, Intermodal] Transport
가능한 한 빨리	尽快	As soon As Possible
신속히	迅速	Promptly
즉시	立即	Immediately
기간경과선하증권	过期提单	Stale B/L
선적선하증권	已装船提单	Shipped B/L
수취선하증권	收货待运提单	Received for Shipment B/L
부기하다	附录	Notation
해상화물운송장	海运单	Sea-Waybill

대화하기 7-1

중국 농산물유통전문회사인 SP유한공사가 한국산 친환경 유기농 딸기인 '설향'을 수입하는 과정에서 한국 신선농산물유통공사에 구체적인 선적시기를 알아보고 있다.

장 과장 : 안녕하십니까? SP유한공사 장대봉 과장입니다. 무역팀 이철우 차장님 계십니까?

이 차장 : 이철우 차장입니다. 장 과장님, 반갑습니다.

장 과장 : 이 차장님, 지난번 주문했던 친환경 유기농 딸기 선적은 언제쯤 가능한지요? 요즘 소비자들이 한국산 유기농 딸기에 대한 호감도가 매우 높습니다. 각 매장에서도 주문량이 폭주하고 있습니다.

이 차장 : 네, 저희도 중국 뉴스를 통해 소식을 들었습니다. 예정대로 4월 20일에 1kg 20,000상자를 리퍼컨테이너(Reefer container)에 적재하여 평택항에서 선적할 예정입니다.

장 과장 : 이 차장님, 선적 날짜를 조금 앞당길 수 없을까요? 중국은 5월1일 연휴가 시작되어 4월 20일경부터는 판매가 급증할 것으로 예측됩니다.

이 차장 : 네, 이해합니다. 다만 저희 측 딸기 재배지가 충남 논산, 전남 담양, 경북 봉화로 전국 여러 곳에 있기 때문에 각 지역영농조합측과 논의해보고 연락드리겠습니다.

장 과장 : 좋은 소식 기대합니다.

(2일 후)

이 차장 : 신선유통공사 이철우 차장입니다. 장대봉 과장님 부탁드립니다.

장 과장 : 안녕하십니까? 장대봉 과장입니다.

이 차장 : 장 과장님, 엊그제 말씀하셨던 내용을 논의하고 선박 스케줄을 확인한 결과 4월 10일에 선적을 할 수 있습니다. 다만, 선적항이 평택항에서 군산항으로 변경이 됩니다. 괜찮겠습니까?

장 과장 : 네, 괜찮습니다. 10일을 앞당길 수 있다니 너무나 좋은 소식이네요.

이 차장 : 다행히도 각 지역영농조합 측에서 적극적으로 협조를 해줘서 물량을 확보할 수 있었습니다.

장 과장 : 네. 그러셨군요. 어떻게 감사를 표시해야 될지 모르겠네요.

이 차장 : 별말씀을요. 도울 수 있으면 도와야죠. 선적이 완료되는 대로 즉시 선적통지를 하겠습니다.

장 과장 : 감사합니다.

对话 7-1 

中国农产品流通专门公司SP有限公司正就进口韩国原产的绿色有机草莓"雪香"，向韩国新鲜农产品流通公司了解具体的装船时间。

张科长：您好！ 我是SP有限公司的张大鹏科长。请问贸易组次长李哲宇在吗？

李次长：我是李哲宇次长。张科长，您好。

张科长：李次长，上次订购的绿色有机草莓什么时候可以装船？现在消费者对韩国产的有机草莓的好感度很高。各卖场的订单量也在暴增。

李次长：是的，我们也通过中国新闻了解了此消息。按计划，4月20日，将会将20000箱1公斤的草莓装载在冷藏集装箱上于平泽港装船。

张科长：李次长，能不能把装船日期稍微提前一点？ 中国5月1日开始连休， 预计从4月20日左右开始销量就会剧增。

李次长：好的，我理解。但由于我方草莓种植地位于忠南论山、全南潭阳、庆北奉化等全国各地,所以得与各地区果农研究后联系您。

张科长：期待您的好消息。

(2天后)

李次长：我是新鲜流通公司李哲宇次长。请找一下张大鹏科长。

张科长：您好！我就是科长张大鹏。

李次长：张科长，关于前天您说的事儿，我们予以讨论确认，最终结果是4月10日可以装船。但装船港将从平泽港变更为群山港。可以吗？

张科长：好的，没关系。能提前10天，可太好了。

李次长：幸好与各地果农积极协助，才确保了数量。

张科长：啊，原来如此。真是不知道该怎么表达感谢之情。

李次长：您太客气了，这是我的分内之事。待装船完毕后，我们会立即跟您沟通。

张科长：谢谢。

제2절 선적의 용어

1. 분할선적과 할부선적

무역계약의 내용을 이행할 때 계약한 상품의 수량이 많거나 금액이 큰 경우에 계약 물량을 일시에 선적하지 않고 수회로 나누어 선적하기도 하는 경우도 있다. 이를 분할선적(分批装运, Partial Shipment) 또는 할부선적(分期装运, Installment Shipment)이라고 한다.

韩中 문장 익히기

- 무역계약의 내용을 이행할 때 계약한 상품의 수량이 많거나 금액이 큰 경우에 계약 물량을 일시에 선적하지 않고 수회로 나누어 선적하기도 하는 경우도 있다. 이를 분할선적 또는 할부선적이라고 한다.

  ☞ 在履行合同时，若商品数量过多或金额过大，会有不一次性装船，而是分多次装船的情况。这种情况被称为分批装运或分期装运。

다만, 분할선적과 할부선적은 계약상품을 한꺼번에 전량 선적하는 것이 아니라 여러 번 나누어 선적한다는 공통점은 있으나 선적을 진행하는 수량 및 시기가 일정하게 정해져 있느냐 그렇지않느냐에 따라 구분된다. 즉, 분할시기와 수량이 매도인의 재량에 따라 결정되는 경우는 분할선적이며, 분할시기와 수량이 이미 결정되어 있는 경우에는 할부선적이라고 한다.

1) 분할선적

분할선적(分批装运, Partial Shipment)은 매매목적물(화물, 상품) 전량을 여러 번 나누어 선적하거나 화물을 최소한 둘 이상의 단위로 나누어 서로 다른 항로를 이용하거나 또는 서로 다른 운송수단에 선적하는 것을 말한다. 단, 선적지나 선적일 등이 다르더라도 동일한 운송 수단에 동일한 목적지와 동일한 운송을 위해 출발하는 경우에는 분할선적이 아니다.

韩中 문장 익히기

- 분할선적(分批装运, Partial Shipment)은 매매목적물(화물, 상품) 전량을 여러 번 나누어 선적하거나 화물을 최소한 둘 이상의 단위로 나누어 서로 다른 항로를 이용하거나 또는 서로 다른 운송수단에 선적하는 것을 말한다.

  ☞ 分批装运是指将货物或商品全部分多次装船或至少以两个以上的单位分批装船，且使用不同的航线或不同的运输手段。

분할선적이 진행되는 이유는 계약 물량이 많아서 매도인이 한꺼번에 생산을 하거나 물량 확보에 어려움이 있는 경우이다. 이때 매도인은 신용장에 명시된 최종 선적기일 내에 임의적으로 여러 번에 걸쳐 선적할 수 있으며, 특약이 없는 한 등량(等量)으로 하는 것이 국제적 관례이다. 또한, 분할선적은 계약은 1건으로 진행되나, 선적은 2번 이상 나누어 진행되기 때문에 선적 건 별로 상업송장, 선하증권, 포장명세서 등 운송서류가 발행된다.

신용장상에 분할선적(分批装运)을 금지하는 문언이 없을 경우에는 분할선적이 허용되는 것으로 간주한다. 하지만 신용장에서 선하증권이나 환어음의 분할 발행이 금지된 경우에는 분할선적금지로 해석되므로 분할선적 금지 문언이 없어도 분할선적을 해서는 안 된다.

韩中 문장 익히기

- 신용장상에 분할선적(分批装运)을 금지하는 문언이 없을 경우에는 분할선적이 허용되는 것으로 간주한다.

  ☞ 信用证上没有禁止分批装运的标语，视为允许分批装运。

2) 할부선적

할부선적(分期装运, Installment Shipment)은 분할선적(分批装运)의 일종으로서 계약된 상품의 전체 수량에 대해 매도인과 매수인이 합의하여 분할선적의 횟수 및 선적 수량을 정해두고 일정 기간 도중에 나누어 주기적으로 선적하는 방법이다.

韩中 문장 익히기

- 할부선적은 분할선적(分批装运)의 일종으로서 계약된 상품의 전체 수량에 대해 매도인과 매수인이 합의하여 분할선적의 횟수 및 선적 수량을 정해두고 일정 기간 도중에 나누어 주기적으로 선적하는 방법이다.

  ☞ 分期装运是分批装运的一种，是指按照买卖双方商议的回数、装运数量，将合同中规定的所有货物进行分批定期装运。

만약에 신용장에서 일정한 기간 내의 할부에 의한 선적이 명시된 경우, 매도인이 정해진 분할선적 기간 내에 약정된 수량의 선적 의무를 이행하지 못하면 신용장에 별도의 명시가 없는 한, 매수인 및 개설은행이 당해 선적분을 포함하여 그 이후의 모든 할부 부분까지 모두 취소된다.

韩中 문장 익히기

- 신용장에서 일정한 기간 내의 할부에 의한 선적이 명시된 경우, 매도인이 정해진 분할선적 기간 내에 약정된 수량의 선적 의무를 이행하지 못하면 신용장에 별도의 명시가 없는 한, 매수인 및 개설은행이 당해 선적분을 포함하여 그 이후의 모든 할부 부분까지 모두 취소된다.

  ☞ 若信用证中注明按一定期限分期装运，但卖方未能在规定期限内履行约定数量的装运义务，除非信用证上另有标明，否则买方及开证银行取消该批货物此后的所有分期装运。

연습문제

※ 분할선적, 할부선적, 환적에 대한 설명으로 잘못된 것은?

① 분할선적(Partial Shipment)은 수출/수입을 진행할 화물을 한 번에 선적하는 것이 아니라 여러 차례 나누어, 간격을 두고 운송하는 것을 말합니다. 분할선적으로 진행 시 계약은 총 1건으로 진행되나, 선적은 2번 이상 나누어 진행하게 되고, 선적 건 별로 운송서류가 발생된다. (B/L, Commercial Invoce, Packing list 등)

② 할부선적(Installment Shipment)은 화물을 미리 정해진 선적수량과 선적일자에 따라 분할하여 선적하는 것을 의미한다.

③ 환적(Transhipment)은 원하는 지역까지 바로 가는 직항로가 없을 경우, TS

(Transhipment)포트에서 물건을 옮기는 절차를 의미한다. 즉, 물건을 다른 곳으로 옮기어 싣거나 쌓는 것을 의미한다.

④ 분할선적과 할부선적은 수출업자가 자유롭게 결정할 수 있다.

☞ ④ 분할선적은 분할 시기와 수량을 수출업자의 재량에 따라 선적이 결정되고, 할부선적은 분할시기와 분할수량이 미리 결정되어 있어 매매계약 및 신용장조건에 따라야 한다.

사례. 분할선적과 할부선적의 해석 오류

问. 당사는 바이어의 신용장 조건에 따라 여성의류 선적을 완료했습니다. 선적기간은 '1만 벌은 2007년 10월 31일까지, 3만 벌은 11월 30일까지, 2만 벌은 12월31일까지(Shipment Period : 10,000 pcs latest on 31 Oct. 2022 / 30,000 pcs latest on 30 Nov. 2022 / 20,000 pcs latest on 31. Dec. 2022)'라고 명기해 분할선적을 허용하는 조건입니다. 2차까지는 조건대로 선적을 완료했으나, 3차분은 생산 차질로 2만 벌을 두 번에 나누어 12월 31일 이전에 선적했습니다. 이후 네고(Nego)를 위해 거래은행에 선적서류를 제시했더니 선적조건과 서류의 불일치를 이유로 수리를 거절했습니다. 무엇이 문제인지요?

答. 귀사가 수취한 신용장에는 기간별로 일정 수량의 선적량을 명시하고 있는데 이는 매 선적 시 선적량이 미리 정해진 '할부선적(Shipment by Installments)'으로, '분할선적(Partial Shipment)'과는 다릅니다. 분할선적은 수출자가 선적기일 내에 임의로 분할해 선적할 수 있으나, 할부선적은 신용장에서 지정한 수량과 기간을 준수하지 않으면 하자가 됩니다.

예를 들어 1천 개의 물품을 3개월에 걸쳐 선적하되 8월에 300개, 9월에 400개, 10월에 300개를 각각 선적하도록 신용장에 규정하고 있는데 8월에 300개를 선적하고 9월 중 350개, 10월 중 350개를 선적했다면 1차 선적은 하자가 아니지만 2차와 3차 선적은 하자가 됩니다. 이와 같이 지정한 기한 이내에 할부선적이 되지 않으면 해당 할부선적분은 물론 이후의 선적분 전부도 하자가 되므로 신용장에서 할부선적을 요구한 경우에는 이전 선적이 할부 일정에 따라 선적됐는지 반드시 확인해야 합니다.

2. 환적

환적(转运, Transshipment)은 선적항(적출항; 装运港)에서 선적된 화물을 목적지로 가는 도중에 다른 선박(또는 운송기관)에 옮겨 싣는 것으로서 이적(转运)이라고도 한다. 예를 들어 주로 A에서 C로 가는 고정 운항 루트가 없을 경우 B에 선적품을 내려놓고 B에서 C로 가는 운송수단에 화물을 재선적하는 것을 말하는 것으로 일시적인 물품의 보수 또는 재포장 등을 위해서도 일어난다. 다만, 직항선적의 약정이 있더라도 해난에 의해 피난항(Port of Refuge)에 기항하거나, 선용품(船用品) 조달을 위한 일시적 기항은 인정된다.

신용장상에 환적(转运)을 금지하는 문언이 없을 경우에는 환적이 허용되는 것으로 간주한다.

韩中 문장 익히기

- 환적(Transshipment)은 선적항에서 선적된 화물을 목적지로 가는 도중에 다른 선박(또는 운송기관)에 옮겨 싣는 것으로서 이적(转运)이라고도 한다.
  ☞ 转运是指货物在运输途中被转移到其他船舶(或运输机构)上的行为。
- 신용장상에 환적(转运)을 금지하는 문언이 없을 경우에는 환적이 허용되는 것으로 간주한다.
  ☞ 如果信用证上没有禁止转运的标语，则视为允许转运。

한편, 환적(转运)에 반대되는 개념으로 직항선적(直达运输,Direct Shipment)이 있는데 이는 관례 항로(惯例航路)에 의해 운항되어 운항 도중에 다른 항구에 기항하지 않고 목적지로 직접 항행하는 직항선(直达船)에 의하여 물품을 적출하는 것을 말한다. 여기에서 유의할 것은 직항선적(直达运输)은 환적금지의 의미를 내포하고 있다는 점이다. 따라서 타지역을 경유하는 항로에 선적하거나 환적(转运)을 전제로 하고 있는 선박에 적재하면 계약위반이 되어 클레임(索赔)이 제기될 수 있다.

韩中 문장 익히기

- 직항선적은 운항 도중에 다른 항구에 기항하지 않고 목적지로 직접 항행하는 직항선에 의하여 물품을 적출하는 것으로 이는 환적금지의 의미를 내포하고 있다
  ☞ 直达运输是指在运输途中，不在其他港口停靠，而是使用直航船装运货物，并直接航行到目的地的行为。含有禁止转运的意义。

□ 직항선적(直达运输,Direct Shipment)

□ 환적(转运, Transshipment)

3. 선적지연과 불가항력조항

선적지연(逾期装运, Late Shipment; Delay Shipment)이란 약정된 선적기일 내에 선적을 이행하지 않은 것을 말하며, 선적지체라고도 한다. 선적지연이 매도인의 고의, 과실 또는 태만에 의하여 지적이 된 경우에는 매도인이 책임을 져야 한다.

韩中 문장 익히기

- 선적지연이란 약정된 선적기일 내에 선적을 이행하지 않은 것을 말하며, 선적지체라고도 한다.

☞ 逾期装运是指在约定的装运期内未履行装运任务，亦称延期装运。

그러나 선적지연의 원인이 천재지변(自然灾害, Acts of God)이나 전쟁 등 불가항력(不可抗力, Force Majeure)으로 인한 경우 매도인은 선적기한의 자동 연장, 선적의 유예 또는 선적 의무를 완전히 면제받을 수 있다. 이러한 경우에는 매도인은 지체없이 당해 불가항력의 존재(발생)를 수출국 주재 수입국 영사관(出口国驻进口国领事馆) 또는 상공회의소(工商联合会), 기타 공인기관(其他官方机构) 등이 발행한 증명서를 받아 이를 매수인에게 통지하여야 한다. 이와 같은 불가항력사태가 발생할 경우를 대비하여 매매계약시 불가항력조항(不可抗力条款, Force Majeure Clause)을 설정하는 것이 중요하다.

韩中 문장 익히기

- 만약에 불가항력적인 사유로 선적지연이 발생하면 수출국주재 수입국의 대사관이나 영사관 또는 상공회의소 등 공적기관 입증을 통하여 선적을 일시 지연시키거나 선적의무를 완전히 면제받을 수 있다.

  ☞ 如果在不可抗力的情况下致使装船延迟，则通过本国在对方国家的驻外大使或工商联合会等公共机关的证明，可以暂时延迟装船或完全免除装船义务。

불가항력조항 不可抗力条款 Force Majeure Clause

- 불가항력은 주로 사업상 당사자가 그의 고의나 과실의 유무에도 불구하고 의무이행의 절대적 책임을 부담해야 하는 불이익을 사전에 제한하기 위하여 쓰여진 개념이며, 천재지변(Acts of God)의 개념보다는 넓은 의미로 천재지변을 포함하는 개념이다.

  ☞ 不可抗力在贸易往来中指的是，在不是由于合同当事人的过失或疏忽，以致不能履行合同的意外发生之前，对于发生意外事件的一方免除责任的条款。广义上的不可抗力包括天灾人祸。

- 불가항력조항의 의의와 효과는 규정된 조항의 범위 내에서 우발적인 사고의 발생으로 인하여 실제 불가항력의 사태가 발생했을 경우에 계약당사자는 약정된 계약의 이행으로부터 면책된다는 내용이 규정되어 있는 조항이다.

  ☞ 不可抗力条款的意义和效力，是在条款规定的范围内，因偶发事故而发生不可抗力事件时，合同当事人可以从履行约定的合同中免责。

4. 선적, 양하, 하역

배에 물건을 싣고 내리는 경우에 '선적/양하한다'라는 표현을 쓴다.

선적(装运, Shipment)의 경우 한자 의미 그대로 '배에 짐을 싣는다'는 의미이다. 그리고 양하(卸货, Unloading; Discharge, 揚荷(韩))는 '화물을 들어 땅에 내리다'라는 의미로 배(혹은 다른 운송수단)에서 짐을 내린다는 의미로 사용된다. 그리고 종종 양하와 혼동하여 사용하는 용어가 하역(装卸, Load and Unload)이다.

하역(装卸)이란 '화물을 부린다'라는 의미로 짐을 싣고 내리는 행위가 모두 의미에 포함되어 있으나, 많은 사람들이 '아래 하(下)'로 한자를 잘못 알고 짐을 내리는 행위만 포함 되어 있는 것으로 생각하여, '양하 = 하역'으로 알고 있는 경우가 많다.

이를 정리하면 [선적(装运) + 양하(卸货) = 하역(装卸)]이다.

| 무역 용어 贸易用语 |

분할선적	分批装运	Partial Shipment
할부선적	分期装运	Installment Shipment
환적	转运	Transshipment
선적지연	逾期装运，延期装运	Late Shipment, Delay Shipment
양하	卸货	Unloading; Discharge
하역	装卸	Load and Unload
불가항력조항	不可抗力条款	Force Majeure Clause

대화하기 7-2

중국 의류전문수입회사인 심양복식유한공사가 한국 여성 롱패팅을 수입하는 과정에 한국 대성통상(大成通商)과 선적조건에 대해 논의하고 있다.

왕 부장 : 안녕하십니까? 심양복식유한공사 왕대년 부장입니다. 황석호 부장님 부탁드립니다.

황 부장 : 네, 제가 황석호 부장입니다. 왕 부장님, 오랜만입니다.

왕 부장 : 네, 오랜만입니다. 다름이 아니라 지금 논의하고 있는 여성 롱패딩 계약과 관련해서 선적 날짜에 대해 문의할 것이 있어 전화했습니다.

황 부장 : 선적 날짜요? 저는 11월 선적조건으로 계약을 진행중인 걸로 알고 있습니다.

왕 부장 : 맞습니다. 11월 선적을 10월 선적으로 할 수 있는지요? 올해 추위가 예전에 비해 일찍 온다고 해서 이곳 판매 시기를 앞당기려고 하고 있습니다.

황 부장 : 그래요? 현재 저희도 주문이 밀려 있어서 어려운 상황입니다.

왕 부장 : 방법이 없겠습니까? 성수기 효과를 놓치면 손실이 막대하거든요. 협조 부탁드립니다.

황 부장 : 그러면 제품생산 일정도 있으니 이번 계약 물량은 나누어서 선적하면 어떨까요?

왕 부장 : 분할선적 말씀인가요? 좋습니다. 구체적인 내용을 말씀해 주십시오.

황 부장 : 1차 선적으로 전체 수량 중 40%는 10월 선적, 나머지 60%는 2차로 11월에 선적하도록 하면 어떻겠습니까?

왕 부장 : 좋습니다. 계약서에 이 내용을 명시하도록 하겠습니다.

황 부장 : 그렇게 하시죠. 그럼 10월에 1차분 전체 수량의 40%를 평택항에서 선적하고, 그리고 나머지 60%는 11월에 인천항에서 선적할 수 있도록 하겠습니다. 정확한 선적 날짜는 선박 스케줄을 확인하고 선박명과 도착예정일 등을 선적전이라도 통지해 드리겠습니다.

왕 부장 : 네, 감사합니다.

对话 7-2

中国服装专门进口公司沈阳服饰有限公司正就进口韩国女性长款羽绒服的事情和韩国大成通商讨论装船条款。

王部长： 您好！我是沈阳服饰有限公司王大年部长。我想找一下黄锡镐部长。

黄部长： 您好，我是黄锡镐部长。王部长，好久不见。

王部长： 是的，好久不见。没有什么特别的事儿，就是想咨询一下关于合同中的女性长款羽绒服的装船时间，所以才给您打电话。

黄部长： 装船时间吗？ 据我所知，合同中的装船时间是11月。

王部长： 没错。可以改为10月装船吗？ 听说今年的寒冷天气比以前来得早，所以想将销售时间提前。

黄部长： 是吗？ 现在我们的订单也堆积如山，有点难度。

王部长： 没有什么办法吗？错过旺季效果的话损失会很大。请您帮帮忙吧。

黄部长： 生产产品需要时间，那么我们这次将合同的货量分批发给您怎么样？

王部长： 您是说分批装运吗？您能具体地说一下吗。

黄部长： 第一批货，也就是总量的40%在10月份装船，剩下的60%在11月份装船怎么样？

王部长： 好的。我会在合同上写明这个内容。

黄部长： 那就这么定了。10月份第一批--总量的40%在平泽港装船，剩下的60%将于11月份在仁川港装船。在确认了船舶日程后，我们会告知您确切的装船日期、船舶名称和预定到达日期等信息。

王部长： 好的，谢谢。

제3절 무역운송

1. 무역운송의 개념

무역은 격지자간의 거래이기 때문에 거래대상물품의 공간적인 이동이 반드시 수반된다. 이러한 공간적인 이동을 행하는 것을 운송(运输, Transportation)이라고 하며, 국제물품운송이란 '재화의 이동이 국제간에 이루어지는 수송'을 의미한다.

韩中 문장 익히기

- 국제물품운송이란 '재화의 이동이 국제간에 이루어지는 수송'을 의미한다.
  ☞ 国际货物运输是指在不同国家之间进行的货物运输。

국제운송은 운송경로에 따라 해상운송(海上运输), 항공운송(航空运输), 도로(公路), 철도(铁路)에 의한 육상운송(陆上运输Land Transportation)으로 분류한다. 이 중 국제운송은 해상운송이 대표적이지만 오늘날은 육상, 해상, 항공운송 중 두 가지 이상의 운송방식을 이용한 복합운송(多式联运, International Combined Transport; International Intermodal Transport)이 주요한 수단이 되고 있다.

韩中 문장 익히기

- 국제운송은 운송경로에 따라 해상운송, 항공운송, 도로, 철도에 의한 육상운송으로 분류한다. 이 중 국제운송은 해상운송이 대표적이지만 오늘날은 육상, 해상, 항공운송 중 두 가지 이상의 운송방식을 이용한 복합운송이 주요한 수단이 되고 있다.
  ☞ 国际运输按运输路线分为海运、空运，以及公路与铁路陆运。其中，海运是国际运输最常用的方式。但如今利用陆运、海运、空运两种以上运输方式进行的多式联运已成为主要运输方式。

실무에서는 대부분의 화물운송이 컨테이너(集装箱, Container)로 진행되며, 컨테이너 적입(装载)을 시점(起点)으로 하역(装卸)까지의 전반 과정이 복합운송으로 진행되고 있으며, 복합운송을 '컨테이너복합운송(集装箱联运, Combined Transport of

Container)'이라고도 불리운다. 즉, 국제운송은 컨테이너라고 하는 규격화된 포장용기(标准包装容器)가 도입되면서 운송효율이 제고되었다고 볼 수 있다.

2. 무역운송의 방식

1) 해상운송

해상운송(海上运输, Marine Transportation)은 선박을 수단으로 하여 해상의 외항항로(外港航线) 또는 연안항로(沿海航线)를 따라 사람과 화물(재화)을 장소적·공간적 이전을 목적으로 하는 해상운송 서비스이며, 대부분의 수출입화물을 운송하고 있는 가장 대표적인 운송방식이다.

즉, 해상운송은 여전히 국제복합운송의 기초로서 대량 운송성, 운송비의 저렴성, 운송로의 자유성, 국제성 등의 특성을 지니고 있어 국제운송을 주도하고 있다.

韩中 문장 익히기

- 해상운송은 여전히 국제복합운송의 기초로서 대량 운송성, 운송비의 저렴성, 운송로의 자유성, 국제성 등의 특성을 지니고 있어 국제운송을 주도하고 있다.
  ☞ 海上运输仍是国际多式联运的基础，具有运输量大、运费低廉、运输自由、国际性等特点，故主要用于国际运输。

2) 항공운송

항공운송(航空运输, Air Transportation)이란 항공기의 항복(飞机货舱, Plane's Space)에 항공화물을 탑재하고 국내외의 공항(机场)에서 공로(航线)로 다른 공항까지 운항하는 운송방식이다.

항공화물(航空货物, Air Cargo)이란 항공기에 의하여 수송되는 화물로서 일반적으로 승객의 수화물(行李)과 우편물(邮件)을 제외한 항공화물운송장(空运单; 航空货运单, Air Waybill; AWB)에 의해 수송되는 화물을 말한다.

항공화물운송장 空运单; 航空货运单 Air Waybill : AWB

- 항공화물운송장이란 항공화물운송을 위한 가장 기본적인 서류로 송화인과 운송인(혼재업자도 계약운송인에 포함됨)과의 사이에 화물의 운송계약이 체결되었다는 것을 나타내는 증거서류이다.
  ☞ 空运单是空运最基本的文件，是表明托运人与承运人(混载业者也包括在合同承运人之中)之间签订了货物运输合同的证据文件。
- 항공화물운송장의 특징은 B/L과는 달리 단순한 화물수취증이지 유가증권은 아니며, 수취식이고 원칙적으로 기명식이며 비유통성(비양도성)이다.
  ☞ 空运单的特点与装运提单不同，不是有价证券。仅为具有收货作用的收货单，原则上为记名式，具有非流通性(非转让性)。

▌선하증권(B/L)과 항공화물운송장(AWB)의 비교▐

구 분 区别	항공화물운송장 空运单	선하증권 装运提单
법적 성격 法律性质	• 유가증권이 아님 非有价证券 • 단순한 화물수취증 仅为收货单 • 채권적 효력만 있음 只有债权效力	• 유가증권 有价证券 • 채권적 효력+물권적 효력 债权效力+物权效力
유통성 流通性	비유통성(Non-Negotiable) 非流通性	유통성(Negotiable) 具有流通性
발행방법 发行方法	기명식 记名式	지시식(무기명식) 指示式(无记名式)
발행시기 发行时期	화물수취시 발행(수취식) 收货时发行(收货式)	적재시 발행(선적식) 装货时发行(装运式)
작성자 签发人	송화인이 작성 由发货人填写	운송회사가 작성 由运输公司填写

연습문제

※ 선하증권(B/L)과 항공화물운송장(AWB)의 공통점에 해당하는 것은?

① 수취식(托收式, Received B/L)) ② 지시식(指示式, Order B/L)
③ 유통성(유통가능증권) ④ 운송계약의 증거서류

☞ ④ 선하증권과 항공화물화물운송장은 화주와 운송인간의 운송계약이 체결됐다는 증거이다.

3) 컨테이너운송

컨테이너(集装箱, Container)는 화물운송에 있어서 경제성(经济性), 신속성(迅速性), 안전성(安全性)의 이점을 갖고 물적 유통부문의 운송·보관·하역 등 전 과정을 가장 합리적으로 일관운송(联运)할 수 있는 규격화된 혁신적인 운송용기이다.

韩中 문장 익히기

• 컨테이너는 화물운송에 있어서 경제성, 신속성, 안전성의 이점을 갖고 물적 유통부문의 운송·보관·하역 등 전 과정을 가장 합리적으로 일관운송할 수 있는 규격화된 혁신적인 운송용기이다.

☞ 集装箱在货物运输中具有经济、快速、安全等优点，是物流行业在运输、仓储、装卸等全过程中，最为合理的、规范化创新型运输容器。

화물수송의 컨테이너화는 다양한 화물을 대상으로 컨테이너라는 국제적으로 규격화된 수송용기를 모체로 육·해·공 일관수송을 할 수 있다는 데 그 의의가 있다. 즉, 화주의 공장에서 제품을 적입하여 봉인(密封)한 컨테이너를 운송 도중에 적입된 화물을 꺼내 보거나 환적하지 않고, 처음에 적입된 상태 그대로 화주가 원하는 장소까지 안전하고 빠르게 도착시키는 것이 컨테이너의 국제복합운송이다.

연습문제

※ 컨테이너화물(Container Cargo)에 대한 설명으로 잘못된 것은?

① 컨테이너란 20ft, 40ft 해운용 컨테이너를 포함하여 표준규격에 맞게 화물을 적재할 수 있는 용기(容器)이다.

② 해운용 컨테이너의 표준은 20ft, 40ft이며, 여기서 20feet 컨테이너는 TEU (Twenty-foot Equivalent Unit)라고 칭한다.

③ TEU는 컨테이너의 물동량을 산출하기 위해서 표준단위로 이용되고 컨테이너

선박의 적재 능력을 나타내는 기준이 된다.

④ 컨테이너를 운반하기 위해서는 여러 장비와 운반설비가 필요하며 저렴하다.

☞ ④ 컨테이너를 운반하기 위해서는 여러 장비와 운반설비가 필요하며 매우 고가이다. 또한, 화물을 본선에서 하역할 때 이용되는 장비는 겐트리크레인, 트랜스퍼 크레인, 스트래들 캐리어, 야드 샤시 등 다양하게 존재한다.

컨테이너화물 集装箱货物. Container Cargo

• 만재화물(FCL Cargo; Full Container Load; 整箱货)

□ 송화인의 화물량이 컨테이너 1대분에 해당되는 경우를 말하며, FCL화물인 경우에는 컨테이너야적장(集装箱堆场, Container Yard; CY)으로 이동한다.

☞ 指托运人的货物量相当于1个集装箱的情况，如果是整箱货物，则直接移动到集装箱堆放场。

• 소량화물(LCL Cargo; Less than Container Load; 零担货物)

□ 송화인의 화물량이 컨테이너 1대분이 안되는 경우를 말한다. 이 경우 운송인은 LCL화물의 컨테이너 적입(装载) 및 적출(卸货) 장소(集装箱装运地点)인 컨테이너작업장(集装箱货(转)运站, Container Freight Station; CFS)에서 다른 송화인의 소량 화물과 혼재하여 FCL로 만들어 운송한다.

☞ 指托运人的货物量不足1个集装箱的情况。在这种情况下，承运人在LCL货物的集装箱装卸场所"集装箱装运地点"与其他托运人的少量货物混合后，制作成FCL进行运输。

• 컨테이너야적장((集装箱堆场, Container Yard; CY)

□ 컨테이너를 인수, 인도하고 보관하는 장소를 말한다.

☞ 指接收、交付和存放集装箱的场所。

• 컨테이너작업장(集装箱货(转)运站, Container Freight Station; CFS)

□ 부두컨테이너 터미널에서 동일 목적지로 향하는 여러 송화인의 소량화물 혼재작업(LCL Cargo → FCL Cargo)이 이루어지는 작업 장소이다.

☞ 把从集装箱码头到同一目的地的多个托运人的少量货物进行混合作业的工作场所。

• 내륙컨테이너기지(公路集装箱中转站, Inland Container Depot; ICD)

□ 컨테이너화물의 효율적 운송을 위하여 내륙지점에 위치한 컨테이너의 보관, 수리, 집결지를 말한다.

☞ 指为便利码头集装箱货物的运输，而设在内陆的集装箱存放和修理的场所。

한편, 컨테이너화물 유통경로를 살펴보면 컨테이너화물을 컨테이너 전용선에 선적 운송될 경우에는(L/C상에 컨테이너운송이 명시되어 있는 경우 또는 그렇지 않더라도 해당 항로를 취항하는 선박이 컨테이너 전용선박에 없을 시) 화주와 선박회사 중 누가 적입 작업을 하느냐에 따라 책임의 성격이 달라진다.

또한, 화물량의 규모에 따라 단위 컨테이너를 자신의 화물만을 적입시키는 전용으로 사용할 것인지 아니면 수량이 소규모이기 때문에 동일 목적지로 가는 타인의 화물과 혼용할 것인지는 전적으로 화주의 선택사항이며 이 부분에 대해서도 선적 협의단계에서 결정된다.

이하 일반적인 컨테이너화물의 유통경로를 FCL 화물과 LCL 화물, ICD를 이용한 유통경로로 구분하면 다음의 그림과 같다.

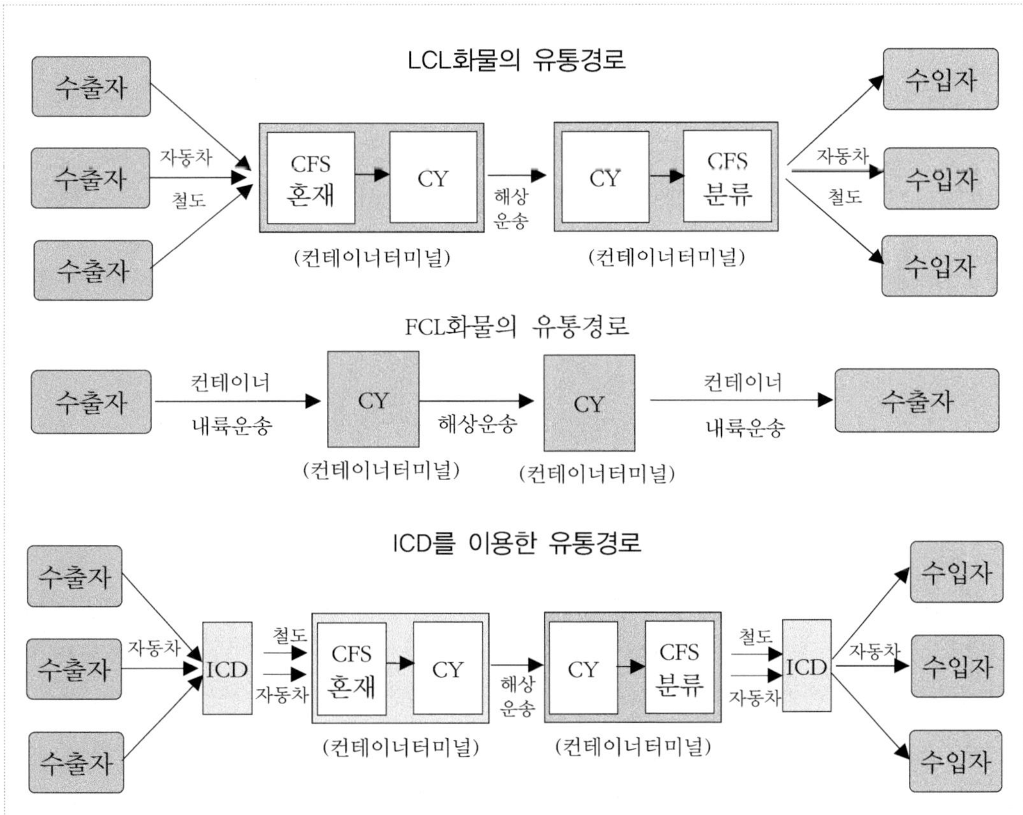

▎컨테이너화물의 유통경로 ▎

4) 국제복합운송

국제복합운송(国际多式联运, International Combined[Intermodal] Transport)은 계약 화물을 국제복합운송인의 단일책임하에서 한 국가의 출발지점에서 다른 국가의 인도지점까지 서로 다른 두 가지 이상의 운송수단에 의해 운송되는 것을 말한다.

즉, 국제복합운송이란 '특정의 화물을 운송인이 전체 운송구간에 대하여 책임을 지고 육(도로·철도)·해(선작)·공(항공기) 가운데 두 가지 이상의 형태를 순차적으로 연결하여 결합하여 송화인의 문전에서 수화인의 문전까지 화물을 운송하는 방식'이라 할 수 있으며, 이와 같은 운송의 일관성을 강조하여 국제복합일관운송이라 부른다. 이러한 일관운송의 전체적인 책임을 지는 주체가 바로 국제복합운송인이며, 국제복합운송인이 발행하는 국제복합운송계약의 증거서류를 국제복합운송증권이라고 한다.

韩中 문장 익히기

- 국제복합운송은 계약 화물을 국제복합운송인의 단일책임하에서 한 국가의 출발지점에서 다른 국가의 인도지점까지 서로 다른 두 가지 이상의 운송수단에 의해 운송되는 것을 말한다.

☞ 国际多式联运是指，在运输途中始终由一方承担责任的前提下，以两种不同的运输方式将货物运送至他国。

이상과 같이 국제복합운송의 요건은 다음과 같다.

① 일관운송책임(Single Carrier's Liability)

국제복합운송이 되기 위한 제1조건은 화주와 국제복합운송계약을 체결한 국제복합운송업자(국제물류주선업자 포함)가 어떤 구간에서 어떤 운송수단을 이용하여 운송서비스를 제공하는가에 상관없이 전 운송구간에 걸쳐 모든 책임을 지는 것이다.

따라서 국제복합운송인은 자기의 명의와 계산으로 송화인을 상대로 국제복합운송계약을 체결한 계약당사자일 뿐만 아니라 전체 운송을 계획하고 여러 운송구간을 적절히 연결하고 통괄하여 운송이 원활하게 이루어지도록 조정하고 감독할 지위에 있으므로 전 구간에 걸쳐 화주에 대해 일관운송책임을 져야 한다.

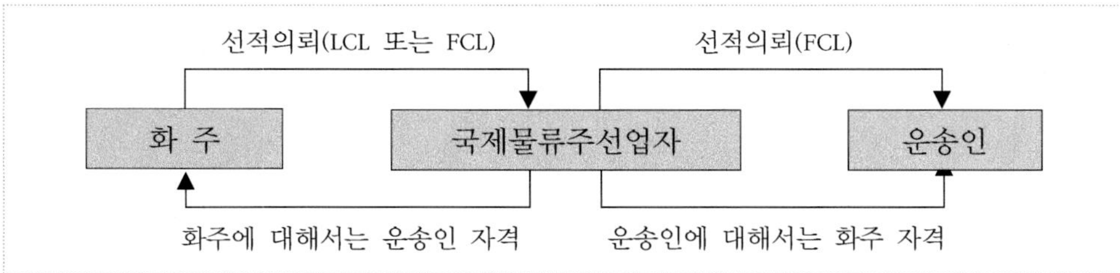

▌국제물류주선업자와 화주 및 운송인과의 관계▐

② 단일운임 적용(Through Rate)

국제복합운송이 되기 위한 제2조건으로 국제복합운송인은 국제복합운송서비스에 따른 운임을 각 운송구간별로 각각 설정하는 것이 아니라, 전 운송구간에 걸친 단일화된 운임을 설정하여야 한다.

이러한 전운송구간을 담보하는 일관운임의 산출은 각 구간운임을 단순히 합산한 것이 아니라 규모의 경제(Scale merit)가 반영되어 산출되므로 화주에게 좀더 합리적인 요율이 제시된다 하겠다.

③ 운송방식(수단)의 다양성(different modes of transport)

국제복합운송이 되기 위한 제3조건으로 화물의 운송업무를 완료하는데, 서로 다른 운송수단이 2개 이상 결합되어 운송행위가 이행되어야 한다. 따라서 단일운송계약을 이행하기 위한 화물의 집하(Pick-up) 및 인도(Delivery)를 위한 이종의 운송수단이 이용된다면 이는 국제복합운송으로 간주되지 않는다.

여기에서는 운송인 수가 문제되는 것이 아니라 육상·해상·항공과 같은 운송방식(수단)이 계약화물을 운송하기 위해 연계되는 결합된 운송방식(수단)이 중요하다. 특히 오늘날에는 화물을 정해진 규격의 컨테이너에 적입하여 컨테이너 단위로 하역 및 운송을 하여 물품을 신속·안전하게 서로 다른 운송방식(수단)을 결합한 국제복합운송서비스를 제공하고 있다.

④ 국제복합운송증권의 발행(MTD; Multimodal Transport Document)

국제복합운송에서는 최초의 내륙운송인에게 화물을 인도하는 시점에서 운송인에게 모든 위험이 이전되어지는데, 이때 국제복합운송계약의 증거서류로서 국제복합운송증권(MTD; Multimodal Transport Document)을 발행하게 된다. 이러한 국제복합운송증권은 국제복합운송인이 화주에 대하여 전 운송구간에 대한 유가증권으로서의 국제복합운송증권이 발행되어야 한다.

韩中 문장 익히기

- 국제복합운송의 요건은 국제복합운송인의 화주에 대한 전 구간에 걸친 일관운송책임과 단일화된 운임 적용, 서로 다른 운송수단이 2개 이상 결합되는 운송방식의 다양성, 전 운송구간에 대한 유가증권으로서의 국제복합운송증권의 발행 등이다.

☞ 国际多式联运要求国际多式联运负责人，即发货人承担运输全过程的责任与费用，使用两种以上不同运输手段相结合的运输方式，负责运输全程中各个区间的有价证券"国际多式联运证券"的发行等。

▎무역 용어 贸易用语 ▎

컨테이너	集装箱	Container
항공화물운송장	空运单; 航空货运单	Air Waybill; AWB
항공기의 항복	飞机货舱	Plane's Space
FCL화물	整箱货	Full Container Load(Cargo)
LCL화물	零担货物	Less than Container Load(Cargo)
컨테이너야적장	集装箱堆场	Container Yard; CY
컨테이너작업장	集装箱货(转)运站	Container Freight Station; CFS

대화하기 7-3

한국 SA무역회사 해외영업부 유민수 부장과 장민재 과장, 그리고 이민서 사원이 점심 식사 후 휴게실에서 커피를 마시면서 수출물품 운송에 대해 이야기를 나누고 있다.

유 부장 : 장 과장, 이번에 중국으로 보낼 물량은 어떻게 됩니까?

장 과장 : 40피트 컨테이너 한 대 분량입니다.

유 부장 : 이번 수출은 CIP DALIAN airport cargo terminal 조건이지요? 운송계약과 보험계약은 체결했나요?

장 과장 : 네, 선진해운과 운송계약을 체결했습니다. 5월 10일 선적예정이고 5월 7일에 저희 회사 순천물류창고로 빈컨테이너가 도착하면 확인하고 적재하면 됩니다. 그리고 보험은 한국손해보험과 ICC(A) 110%로 체결했습니다.

이 사원 : 장 과장님, 혹시 수출물량이 컨테이너 한 대가 안되면 어떻게 합니까?

장 과장 : 먼저 컨테이너 한 대 분량이 안되는 화물을 LCL 화물이라고 해요. 그리고 컨테이너를 꽉 채운 화물을 FCL 화물이라고 하죠. LCL 화물인 경우에는 다른 수출업자의 LCL 화물과 혼재해서 컨테이너 한 대 분량, 즉 FCL 화물로 만들어서 보내게 되죠.

이 사원 : 그럼 그 작업은 어디에서 하는 거죠?

장 과장 : CFS라고 컨테이너작업장이 있습니다. 그곳에서 여러 LCL 화물을 목적지별로 혼재하여 FCL 화물로 만드는 작업을 해요. 이번 수출처럼 FCL 화물은 컨테이너부두에 있는 CY라고 하는 컨테이너야적장으로 직접 보내지고 선적 대기를 합니다.

이 사원 : 장 과장님, 그럼 이번 수출물품 운송은 복합운송방식이에요?

장 과장 : 네, 맞습니다. 우리 회사에서 직접 FCL 화물로 수출할 경우에는 대부분 복합운송을 활용해요. 그래야 신속하고 정확하게 상대방 회사측에 물품을 인도할 수 있으니까요. 그리고 오늘날에는 컨테이너라는 운송용기를 많이 활용하기 때문에 두 가지 이상의 다른 운송수단을 이용한 복합운송이 주요한 운송수단이 되고 있어요.

이 사원 : 가르쳐 주셔서 고맙습니다.

유 부장 : 이민서 씨, 진짜 열심이네요.

이 사원 : 부장님, 아니에요. 아직도 배울 게 많습니다.

유 부장 : 벌써 점심시간이 끝나네요. 오후에도 파이팅 합시다.

对话 7-3

韩国SA贸易公司海外营业部部长刘民秀和科长张民在以及职员李敏书，午餐后在休息室喝着咖啡,谈论着出口物品的运输情况。

刘部长：张科长，这次要运到中国的货量是多少？

张科长：是一台40英尺的集装箱。

刘部长：这次出口的条件是运费和保险费付至机场货运站吧？ 运输合同和保险合同签订了吗?

张科长：是的，已经和先进海运签订了运输合同。预计5月10日装船，5月7日空集装箱到达我们公司顺天物流仓库后确认并装载即可。而且保险与韩国损害保险公司签订了110%的ICC(A)。

李职员：张科长，如果出口量不够一个集装箱怎么办？

张科长：首先，集装箱分量不足的货物叫做零担货物。然后装满集装箱的货物叫做整箱货。如果是零担货物，则与其他出口商的零担货物混合，制成一台集装箱的分量，即整箱货后再开始运输。

李　职：那么这项工作是谁负责呢？

张科长：有个叫集装箱货(转)运站的地方。在那里，将各种零担货物按目的地混合在一起，制作整箱货。像这次出口一样，整箱货直接送到集装箱码头的集装箱堆场，等待装船。

李职员：张科长，那么这次出口物品运输是多式联运吗？

张科长：是的，没错。我们公司直接出口整柜装货物时，大部分采用多式联运。这样才能迅速、准确地向目的公司交货。而且，现在的运输容器多为集装箱。因此利用两种以上不同运输手段的多式联运成为主要的运输手段。

李职员：感谢赐教。

刘部长：李敏书小姐，你真的很认真啊。

李职员：部长，不是的。我还有很多东西要学。

刘部长：好吧。午休已经结束了。让我们下午也加油吧。

Lesson 8

무역대금결제와 신용장

제 1 절 무역대금결제

1. 무역대금결제의 의의

무역대금결제(货款结算, Settlement of the payment)는 매도인의 물품 인도에 대한 매수인의 의무로서 매매계약의 중요한 부분으로 국가간의 거래인 무역계약에서 대금결제는 매매계약에서 합의한 내용과 방식대로 이루어져야 한다.

韩中 문장 익히기

- 무역대금결제는 매도인의 물품 인도에 대한 매수인의 의무로서 매매계약의 중요한 부분으로 국가간의 거래인 무역계약에서 대금결제는 매매계약에서 합의한 내용과 방식대로 이루어져야 한다.
  ☞ 货款结算是卖方交货后，买方应履行的义务，是买卖合同的重要部分。在国家间的贸易合同中，货款结算应按照买卖合同中协议的内容和方式进行。

이는 무역대금결제조건은 거래 상대와 거래 품목에 따라 다르게 나타날 뿐만 아니라 매매당사자들이 무역계약체결시 결제시기(结算时间), 결제방법(结算方法), 결제통화(结算货币), 결제장소(结算地点) 등을 합의한 것으로 조건 내용에 따라 당사자들의 위험 부담이 서로 다르기 때문이다.

무역거래에서 이루어지는 대금결제의 수단에는 크게 현금결제, 환결제 및 환어음결제로 구분되며, 대금결제방식(付款方式)은 무역거래에 따르는 물품대금을 지급하는 방식으로 송금결제방식(汇款方式)과 추심결제방식(托收结算方式), 신용장결제방식(信用证结算方式) 등으로 구분된다.

따라서 매매당사자들은 결제 수단과 결제 시기 등을 고려하여 당해 거래에 가장 적절하다고 판단되는 것을 선택해야 한다.

韩中 문장 익히기

• 무역대금결제조건을 합의할 때에 매매당사자들은 결제 수단과 결제 시기 등을 고려하여 당해 거래에 가장 적절하다고 판단되는 것을 선택해야 한다.

☞ 在协商货款结算条款时，买卖双方应考虑到结算手段和结算时间等条件，从而选择最适合该交易的方式。

오늘날에는 전 세계 무역량이 급증함에 따라 무역업체의 비용절감 필요성과 은행의 업무처리단계 생략으로 인한 시간 절약의 효율성이 부각되면서 종래의 신용장 위주 거래보다 무신용장방식(非信用证结算方式)의 거래비중이 높아지고 있는 추세이다.

韩中 문장 익히기

• 오늘날에는 전 세계 무역량이 급증함에 따라 무역업체의 비용절감 필요성과 은행의 업무처리단계 생략으로 인한 시간 절약의 효율성이 부각되면서 종래의 신용장 위주 거래보다 무신용장방식의 거래비중이 높아지고 있는 추세이다.

☞ 现今，随着全球贸易量的剧增，企业节约费用的必要性、以及银行业务处理阶段的效率性日益重要。与以往以信用证为主的交易相比，无信用证方式的交易比重正在提高。

2. 대금결제방식의 종류

1) 송금방식

송금방식(汇款方式, Remittance이란 은행이 선적서류 송부 및 대금청구에 일체 개입하지 않는 당사자 간의 거래로서 수입업자(买方, Buyer)가 상품의 인도 전, 인도

후 또는 인도와 동시에 수출업자(卖方, Seller)에게 물품대금을 외화로 송금을 하여 지불함으로써 결제를 완료하는 방법이다.

韩中 문장 익히기

- 송금방식이란 은행이 선적서류 송부 및 대금청구에 일체 개입하지 않는 당사자 간의 거래로서 수입업자가 상품의 인도 전, 인도 후 또는 인도와 동시에 수출업자에게 물품대금을 외화로 송금을 하여 지불함으로써 결제를 완료하는 방법이다.
  ☞ 汇款方式是指银行不介入寄送装运单据，及支付货款的当事人之间的交易。是进口商在交货前、交货后或交货的同时，将货款汇给出口商，从而完成结算的方法。

(1) 송금시기에 따른 분류

이 방식에는 물품의 인도(转让, Transfer = 선적(装运, Shipment))를 기준으로 사전송금방식(预付货款, Advance Remittance)과 사후송금방식(后期汇款, Later Remittance)으로 구분한다.

① 사전송금방식(预付货款, Advanced Remittance Before Shipment)

사전송금방식(预付货款)은 계약당사자간의 계약이나 주문만으로 대금결제가 이루어지는 것으로 수입업자가 계약 물품을 받기 전에 물품대금을 미리 송금(지급)하고 수출업자는 계약서상 약정된 기일내에 상품을 인도하는 방식으로 주문지급방식(订货付款, Cash With Order; CWO)이 대표적이다.

주문지급방식(订货付款)은 매수인(수입업자)이 주문과 동시에 상품의 대금을 지급하는 방법으로서 주문상환불(交货付现)이라고도 한다.

韩中 문장 익히기

- 주문지급방식은 매수인(수입업자)이 주문과 동시에 상품의 대금을 지급하는 방법으로서 주문상환불이라고도 한다.
  ☞ 订货付款是指买方(进口商)在订购的同时支付商品货款的方法，也被称为交货付现。

사전송금방식 预付货款 Advanced Remittance Before Shipment

- 사전송금방식(预付货款)은 계약당사자간의 계약이나 주문만으로 대금결제가 이루어지는 것으로 수입업자가 계약 물품을 받기 전에 물품대금을 미리 송금(지급)하고 수출업자는 계약서상 약정된 기일 내에 상품을 인도하는 방식이다.
  ☞ 预付货款方式是仅凭合同当事人之间的合同或订单就进行货款结算的方式。进口商在收到合同物品之前提前汇款(支付)，出口商在合同约定的期限内交货的方式。

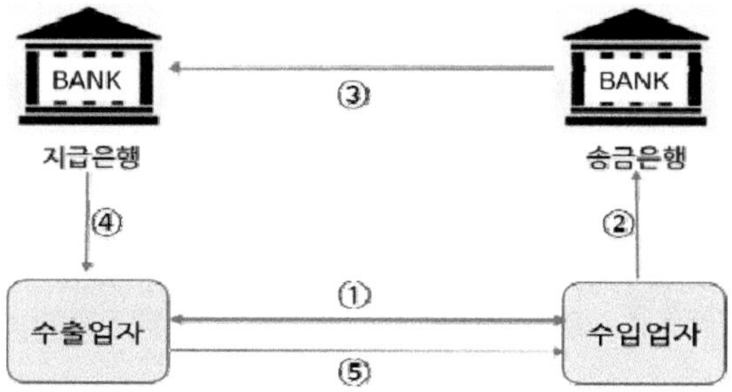

① 매매계약체결(签订合同)
② 송금의뢰(汇款委托)
③ 송금(汇款)
④ 지급(支付)
⑤ 선적 + 서류(装运+ 单据)

② 사후송금방식(后期汇款, Later Remittance After Shipment)

사후송금방식(后期汇款)은 매도인(수출업자)이 물품대금을 받기 전에 계약한 물품을 매수인(수입업자)에게 발송하고, 매수인은 상품을 수령한 후 계약 내용에 따라 약정된 기일내에 대금을 지급하는 방식이다.

사후송금방식은 수입업자가 계약물품을 인수한 후 무역대금을 송금하여 결제하기 때문에 상업위험의 부담을 제거할 수 있지만 수출업자 입장에서는 계약물품을 먼저 선적하기 때문에 대금결제에 대한 신용위험을 부담한다.

사후송금방식 后期付款 Later Remittance After Shipment

- 사후송금방식(后期汇款)은 매도인(수출업자)이 물품대금을 받기 전에 계약한 물품을 매수인(수입업자)에게 발송하고, 매수인은 상품을 수령한 후 계약 내용에 따라 약정된 기일 내에 대금을 지급하는 방식이다.
  ☞ 后期汇款方式是卖方（出口商）在收到货款之前，将合同中的物品发送给买方（进口商），买方在收到商品后，根据合同内容在约定的期限内支付货款。

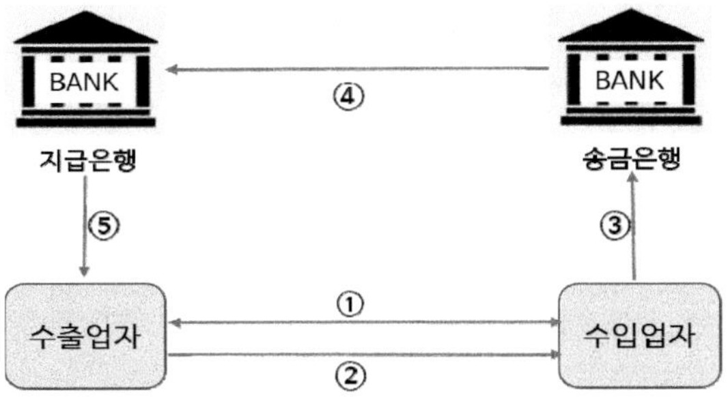

① 매매계약체결(签订合同)
② 선적 + 서류(装运 + 单据)
③ 송금의뢰(汇款委托)
④ 송금(汇款)
⑤ 지급(支付)

전신환송금 표기방법

송금 수단을 전신환으로 할 경우 계약서상의 표기 방법은 다음과 같다.

- 사전송금방식预付货款
  - □ T/T in advanced(预付T/T)
  - □ T/T remittance in advanced(电汇预付款)
- 사후송금방식后期汇款
  - □ T/T within 60 days after the date of B/L(提单日后天内电汇(付款)

위와 같은 사후송금방식은 청산결제(赊账, Open Account; O/A), 현물상환인도방식(货到付款, Cash on Delivery; COD), 서류상환방식(付现交单, Cash against Document; CAD), 지급인도조건(付款交单, Documents against Payment; D/P), 인수인도조건(承兑交单, Documents against Acceptance; D/A) 등이 있다.

청산결제 赊账, Open Account; O/A

- 매매 양당사자가 상호간에 수출입거래를 빈번하게 하는 경우에 각 거래마다 대금을 지급하지 않고 일정기간의 거래에서 발생하는 채권·채무의 총액에 대하여 상계하고 그 잔액을 현금결제 하는 방법을 말한다.

☞ 赊账是指买卖双方相互之间频繁进行进出口交易时，不进行支付货款，而是对一定期间交易中发生的债券、债务总额进行抵消，并对其余额进行现金结算的方法。

(2) 송금방식에 따른 분류

① 수표송금방식(票汇, Demand Draft; D/D)

수표송금방식(票汇)은 매수인(수입업자)이 물품의 대금을 은행에 입금하고 송금수표를 은행으로부터 발급받아 이를 직접 매도인(수출업자)에게 우편으로 송부하면 매도인이 수출국 소재 은행에 가서 송금환수표를 현금으로 바꾸는 방식으로 진행된다.

이 방식은 운송 중의 분실 또는 도난의 위험을 수입업자가 지게 되므로 다소 위험하지만 비용이 저렴하여 주로 개인적으로 소액을 송금하고 물품을 인도받을 경우에 이용하지만 무역거래에서는 거의 이용하지 않는다.

韓中 문장 익히기

- 수표송금방식은 운송 중의 분실 또는 도난의 위험을 수입업자가 지게 되므로 다소 위험하지만 비용이 저렴하여 주로 개인적으로 소액을 송금하고 물품을 인도받을 경우에 이용하지만 무역거래에서는 거의 이용하지 않는다.

  ☞ 票汇方式由进口商承担运输过程中丢失或被盗的危险，虽然有些危险，但费用低廉，主要用于个人小额汇款和提货，在贸易交易中很少使用。

수표송금방식 票汇 Demand Draft; D/D

- 수표송금방식은 매수인(수입업자)이 물품의 대금을 은행에 입금하고 송금수표를 은행으로부터 발급받아 이를 직접 매도인(수출업자)에게 우편으로 송부하면 매도인이 수출국 소재 은행에 가서 송금환수표를 현금으로 바꾸는 방식으로 진행된다.

  ☞ 票汇方式为买方（进口商）将货款存入银行，从银行获得汇款支票后，直接邮寄给卖方（出口商），卖方到出口国所在银行兑换汇款支票。

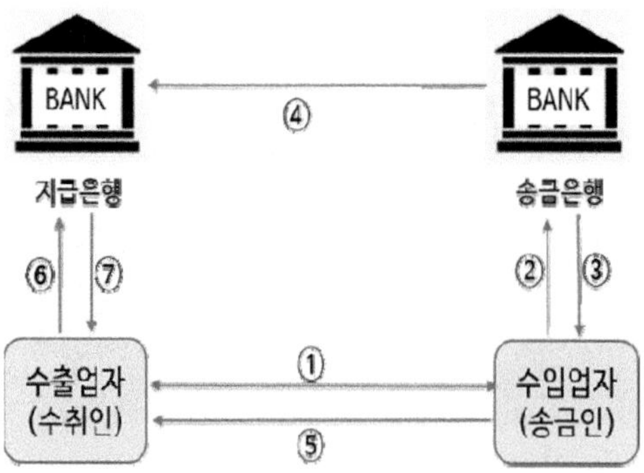

① 매매계약체결(签订合同)
② 송금수표 발행 의뢰(委托发行汇票)
③ 송금수표 발행(发行汇票)
④ 송금수표 발행 통지 및 대금지급 지시(通知汇票发行和付款)
⑤ 송금수표 우송(邮寄汇票)
⑥ 송금수표 제시(交付汇票)
⑦ 송금수표금액 지급(支付)

② 우편환송금방식(信汇, Mail Transfer; M/T)

우편환송금방식(信汇)은 매수인(수입업자)의 요청에 따라 수입지의 송금은행(汇款银行,Remittance Bank)이 수출지의 지급은행(付款银行,Paying Bank) 앞으로 수취인에게 일정 금액을 지급하여 줄 것을 위탁하는 지급지시서(付款通知; 支款凭证, Payment Order; P/O)를 발행하여 송금은행이 직접 우편으로 지급은행에 송부하여 주는 방법이다.

즉, 외국에의 송금은 통상 채무자의 거래은행이 발행한 은행발행 송금수표를 보내는 방법으로 행하여지는데, 우편환송금방식(信汇)의 경우는 수표를 사용하지 않고 우편으로 외국의 은행에 대하여 특정 금액의 지급에 대하여 지시하는 방식이다.

韩中 문장 익히기

- 우편환송금방식(信汇)은 수입업자의 요청에 따라 송금은행이 송금수표를 발행하는 대신에 지급은행에 대하여 일정한 금액을 지급하여 줄 것을 위탁하는 지급지시서에 해당하는 우편환을 발행하여 이를 송금은행이 직접 지급은행 앞으로 우송하는 방식이다.

  ☞ 信汇是汇款人向银行提出申请，并向银行交存一定金额，委托汇出行发行信汇委托书。汇出行将信汇委托书以邮寄方式寄给汇入行，授权汇入行向收款人解付一定金额的一种汇兑结算方式。

지급지시서 付款通知; 支款凭证 Payment Order; P/O

- 지급지시서란 송금환의 일종으로서 일정 금액을 수취인에게 지급하도록 지급은행에 지시하는 것을 말한다.

  ☞ 支付凭证作为汇款的一种，是指示支付银行向收款人支付一定金额的书面凭证。

우편송금환의 특성과 활용은 송금(지급지시서의 우송)에 따른 분실 또는 도난의 위험은 은행이 부담하며, 우송 도중 분실되어도 은행 간의 협력 채널을 통해 쉽게 문제가 해결된다. 은행을 통한 우편환결제방식은 지급지시서의 송부기간이 전신보다는 길기 때문에 긴급을 요하지 않는 송금이나 소액 송금 등에 주로 이용된다.

③ 전신환송금방식(电汇, Telegraphic Transfer; T/T)

전신환송금방식(电汇)은 매수인(수입업자)의 요청에 따라 수입국의 송금은행이 수출국의 지급은행에게 일정 금액을 지급할 것을 지시하는 지급지시서(付款通知; 支款凭证, Payment Order; P/O)를 전신으로 송부하여 지급은행이 수취인(매도인; 수출업자)에게 신속하게 대금을 지급하도록 하는 방식이다.

이 방식은 계좌로 송금을 받을 수 있기 때문에 매우 편리하고 간편한 방법이다. 최근에는 업체간 믿음과 신뢰가 높아지고 장기공급의 수출비중이 높아지면서 신용장(L/C)방식이 줄고 전신환송금방식(T/T)이 확대되고 있는 추세이다.

韩中 문장 익히기

- 최근에는 업체간 믿음과 신뢰가 높아지고 장기공급의 수출비중이 높아지면서 신용장(L/C)방식이 줄고 전신환송금방식(T/T)이 확대되고 있는 추세이다.
  ☞ 最近，随着企业之间的信赖度提高、长期供应的出口比重提高、信用证结算(L/C)方式减少，电汇方式(T/T)正在扩大。

우편환 & 전신환송금방식 信汇和电汇 M/T & T/T

- 우편환송금방식과 전신환송금방식은 매수인(수입업자)의 요청에 따라 수입지의 송금은행이 수출지의 지급은행에게 수취인에게 일정 금액을 지급하여 줄 것을 위탁하는 지급지시서를 발행하여 지급은행에 각각 우편과 전신으로 송부하는 방법이다.
  ☞ 信汇和电汇是根据买方(进口商)的申请，汇款银行通过邮寄或电报、电话传给目的地的分行或代理行（汇入行），指示汇入行向收款人支付一定金额的交款方式。

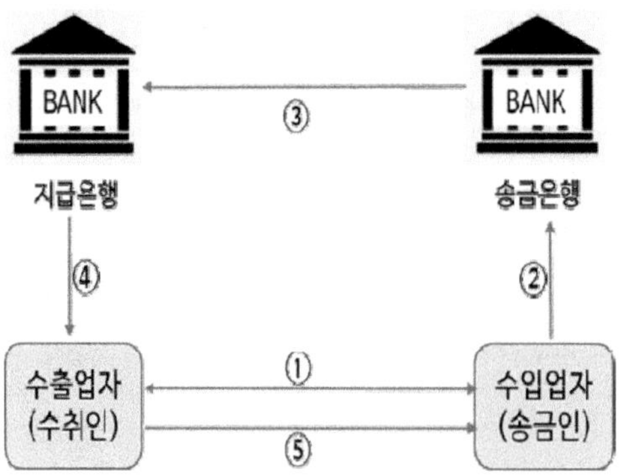

① 매매계약체결(签订合同)
② 송금의뢰& 송금대금입금 (汇款委托 & 汇款到账)
③ M/T 또는T/T에 의한 지급지시 (通知使用M/T或T/T付款)
④ 지급지시에 의한 대금지급(支付)
⑤ 선적(装运)

연습문제

※ 다음 중 오늘날 무역거래에서 가장 많이 쓰이는 송금방식은?

① 은행이 발행한 자기앞 수표의 송부 ② M/T(우편환송금)
③ D/D(보통송금) ④ T/T(전신환송금)

☞ ④ • 전신환송금(T/T ; Telegraphic Transfer)은 송금인의 의뢰에 따라 은행이 은행의 책임하에 지급지 은행에 지급지시서를 보내는 것이 우편송금(M/T)과 같지만 지시방법이 우편이 아닌 전신이라는 점이 우편송금과 다르다. 이 방식은 전신료 부담에 다른 비용이 많이 든다는 단점도 있지만 신속, 정확, 안전이라는 장점이 있다.
• 이에 따라 오늘날과 같이 시간을 중요시 여기는 무역대금의 결제와 대규모의 무역거래에 주로 전신환송금을 많이 이용한다.

2) 추심방식

추심방식(托收方式, Collection Arrangement)은 무신용장 결제방식으로 수출업자가 물품을 송부한 후 물품대금에 대한 환어음(汇票, Bill of Exchange; B/E)을 발행하여 은행에 추심의뢰를 하여 수출대금을 회수하는 방식을 말한다.

환어음 汇票, Bill of Exchange; B/E

• 환어음이란 채권자인 수출자가 발행인(Drawer)이 되고 채무자인 수입자 또는 은행을 어음의 지급인(Drawee)으로 발행되는 무역결제에 사용되는 어음을 말하고 Bill 또는 Draft라고도 부른다.

☞ 汇票是指出口商(债权人)作为发行人，进口商（债务人）或银行作为汇票支付人发行的用于贸易结算的汇票，也称为Bill或Draft。

• 신용장결재의 경우에도 D/P 또는 D/A 어음결제의 경우와 마찬가지로 이 환어음에 선적서류를 첨부한 화환어음으로서 수출지의 은행에 제시하여 수출대금을 지급 받는다.

☞ 信用证结算时，与D/P或D/A汇票结算时一样，向出口地银行出示附有装运单据的汇票并领取货款。

추심결제방식에서 수출업자는 환어음을 발행해야 하며 또한 은행을 통하여 수출대금을 회수해야 한다. 다만 수입업자의 은행인 추심은행은 대금지급을 약속하지 않고 단순히 어음추심업무만 수행한다. 또한 이 방식은 결제기간에 따라 지급인도조건(付款交单, D/P)과 인수인도조건(承兑交单, D/A)으로 나누어진다.

韓中 문장 익히기

- 추심결제방식에서 수출업자는 환어음을 발행해야 하며 또한 은행을 통하여 수출대금을 회수해야 한다. 다만 수입업자의 은행인 추심은행은 대금지급을 약속하지 않고 단순히 어음추심업무만 수행한다.
  ☞ 在托收结算方式下，出口商应开具汇票，并通过银行收回货款。但是进口商的托收银行不承诺支付货款，只是单纯地执行票据托收业务。
- 따라서 추심은행이나 추심의뢰은행들은 모두 환어음과 그 선적서류를 심사하여야 할 의무가 없으며, 대금결제에 대한 책임을 부담하지 않는다.
  ☞ 因此、托收银行没有义务审查汇票及其装运单据、也不承担结算货款的责任。

(1) 지급인도조건

지급인도조건(付款交单, Document against Payment; D/P)은 수출업자가 계약물품을 선적한 후 일람출급환어음(Bill of Exchange at Sight; 即期汇票)을 발행하여 선적서류를 첨부하여 추심방식으로 수입업자가 대금을 결제하는 방식으로 수입국의 추심은행(托收银行, Collecting Bank)은 환어음 대금을 받고 수입업자에게 선적서류를 교부한다. 즉, 선적서류 인도시 수입업자가 선적서류 인도와 동시에 대금을 지급하는 거래를 말한다.

이 결제방식에서 유의할 점은 추심거래에 참여하는 모든 은행은 수출업자의 추심대리인으로서 대금의 추심이나 추심의뢰 업무만 수행한다는 점이다. 따라서 추심은행이나 추심의뢰은행들은 모두 환어음과 그 선적서류를 심사하여야 할 의무가 없으며, 대금결제에 대한 책임을 부담하지 않는다.

지급인도조건 付款交单 Document against Payment; D/P

- 지급인도조건은 수출업자가 계약물품을 선적한 후 일람출급환어음을 발행하여 선적서류를 첨부하여 거래은행을 통하여 수입국의 추심은행 앞으로 어음대금을 추심의뢰하면 추심은행은 수입상에게 어음을 제시하여 수입대금의 일람지급과 동시에 운송서류를 인도하는 거래방식을 말한다.
  ☞ 付款交单是指出口商装运合同货物后，开具即期汇票，并附上装运单据。通过交易银行委托进口国汇入行追收汇票，汇入行向进口商出示汇票后，在支付进口货款的同时交付装运单据的交易方式。

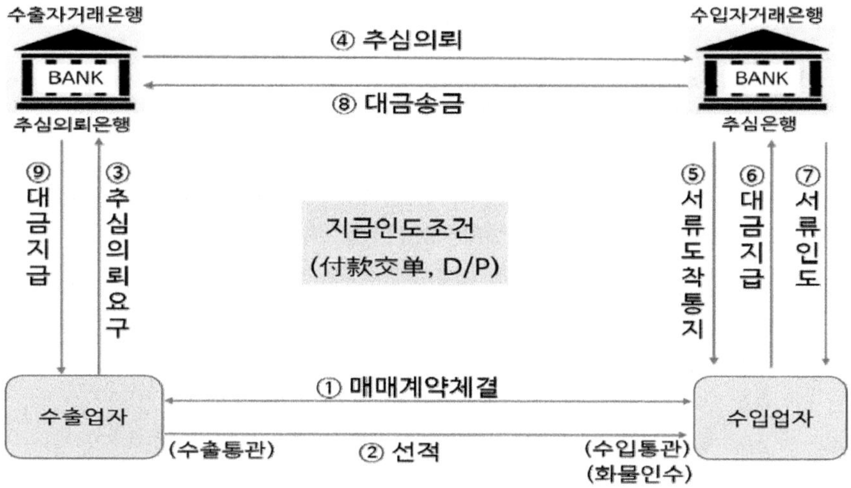

① 签订合同, ② 装运, ③ 请求托收, ④ 托收 , ⑤ 通知收到文件
⑥ 支付货款, ⑦ 装运单据交货, ⑧ 货款汇款, ⑨ 支付货款

(2) 인수인도조건

인수인도조건(承兑交单, Document against Acceptance; D/A)은 수출업자가 매매계약에 따라 물품을 선적한 후, 관련 서류가 첨부된 기한부환어음(远期汇票, Usance Bill)을 발행하여 자신의 거래은행인 추심의뢰은행(汇出行, Remitting Bank)에 추심을 의뢰하면, 수입업자의 거래은행인 추심은행(汇入行, Collecting Bank)은 그 환어음의 지급인인 수입업자로부터 어음의 인수를 받으며 서류를 인도하고, 어음의 만기일에 대금을 지급받아 추심을 의뢰하여 온 수출업자의 거래은행으로 송금하여 결제하는 방법이다.

인수인도조건 承兑交单 Document against Acceptance; D/A

- 인수인도조건은 추심은행이 기한부 화환어음을 송부받아 어음지급인에 대하여 어음의 인수와 동시 운송서류를 인도하는 조건을 말한다.
  ☞ 承兑交单是指代收行（汇入行）收到出口方开具的远期汇票，在进口方对远期汇票加以承兑后，将货运单据交给进口商。

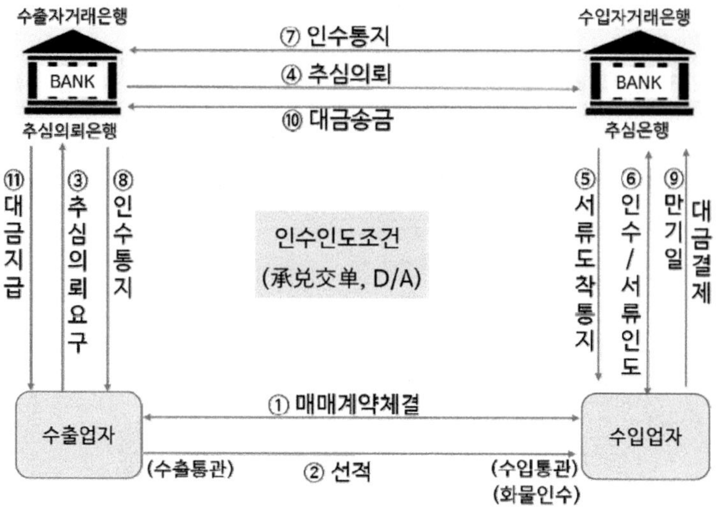

① 签订合同 ② 装运 ③ 请求托收 ④ 托收 ⑤ 通知收到文件
⑥ 接收/交付装运单据 ⑦ 接收通知 ⑧ 接收通知
⑨到期日/货款结算 ⑩ 货款汇款 ⑪ 支付货款

연습문제

※ D/P조건에 관한 설명으로서 적합하지 못한 것은?

① D/P조건 거래는 추심결제방식에 의한다.
② D/P는 지급인도조건이다.
③ D/P조건거래의 경우에는 신용장을 발행하지 아니한다.
④ D/P조건거래의 경우에는 은행이 어음대금의 지급을 받지 않고 선적서류를 인도한다.

☞ ④ D/P조건이란 화환어음의 지급인(수입상)이 수출상이 발행한 일람출급환어음 대금을 결제하여야만 관련된 운송서류가 인도되는 지급인도조건을 말한다.

※ D/A조건에 관한 설명으로서 적합하지 못한 것은?

① D/A조건에 의한 거래는 인수인도조건이다.
② D/A조건거래시에는 은행은 어음대금의 지급을 받고 선적서류를 인도한다.
③ D/A조건거래시에는 신용장의 보증 없이 화물이 직송된다.
④ D/A조건거래는 추심결제방식의 하나이다.

☞ ② D/A조건이란 수출상이 발행한 기한부어음을 일람지급하지 않고 단지 운송서류를 인수하는 인수인도조건을 말한다.

이상과 같이 추심결제방식은 국제상업회의소(国际商会, The International Chamber of Commerce; ICC)에서 1956년에 제정하고 1967년, 1978년에 이어 1995년에 3차 개정하여 1996년 1월 1일부터 시행되고 있는 "추심에 관한 통일규칙(跟单托收统一规则522号, ICC Uniform Rules for Collection(1995 Revision), ICC Publication No.522)"에 따라서 절차를 진행시켜야 하며, 다음과 같은 특징이 있다.

첫째, 은행을 통한 선적서류의 송부이다.

둘째, 은행을 통한 대금의 추심이다.

셋째, 수출업자가 환어음을 발행한다.

연습문제

※ 추심방식결제인 D/P, D/A거래에 관한 설명 중 그 내용이 틀린 것은?

① 대금결제 기간이 연지급(延期支付)으로 거래된다.

② 수입상의 입장에서 볼 때 유리한 결제조건이다.

③ 신용장(L/C)과 같은 은행의 지급확약이 없이 이루어지는 거래이다.

④ 대금결제는 은행을 통해서 이루어진다.

☞ ① 추심결제방식이란 수출상(채권자)이 먼저 계약 물품을 선적한 후 수출지에 있는 거래 외국환은행을 통하여 수입상(채무자)에게 대금을 청구하고 수입지에 있는 추심은행을 통하여 수출 대금을 회수하는 무역방식으로 일람불거래 방식인 지급인도(D/P, Document Against Payment, 付款交单)와 기한부거래 방식인 인수인도(D/A, Document Against Acceptance, 承兑交单)가 있다.

※ 다음 중 D/P, D/A와 같은 추심결제방식에 대한 설명 중 잘못된 것은?

① 대금결제 기간은 항상 기한부(Usance)이다.

② 매수인측에게 유리한 결제조건이라고 볼 수 있다.

③ 수입업자의 거래은행에 신용한도가 부족할 경우나 수출업자와의 거래관계가 돈독할 경우에 일반적으로 이용된다.

④ 은행이 대금지급에 대한 보증은 없다.

☞ ① 지급인도조건(D/P)은 일람불결제, 인수인도조건(D/A)은 기한부결제조건이다.

3) 동시결제방식(同时支付方式, 상환지급방식)

동시결제방식(同时付款, Concurrent Payment)은 물품 또는 선적서류의 인도와 동시에 대금 회수가 이루어지는 결제방식이다.

(1) 현물상환인도방식(货到付款, Cash on Delivery; COD)

현물상환방식(货到付款)은 매도인(수출업자)이 매수인(수입업자)에게 물품을 인도하여 매수인(수입업자)이 계약 상품과의 일치 여부를 확인한 후 현금으로 대금결제가 이루어지는 방식이다(예 : 보석류, 귀금속 등).

韩中 문장 익히기

- 현물상환방식은 매도인(수출업자)이 매수인(수입업자)에게 물품을 인도하여 매수인(수입업자)이 계약 상품과의 일치 여부를 확인한 후 현금으로 대금결제가 이루어지는 방식이다.

☞ 货到付款是卖方(出口商)向买方(进口商)交货，买方(进口商)确认是否与合同商品一致后，用现金进行货款结算的方式。

COD 거래 절차

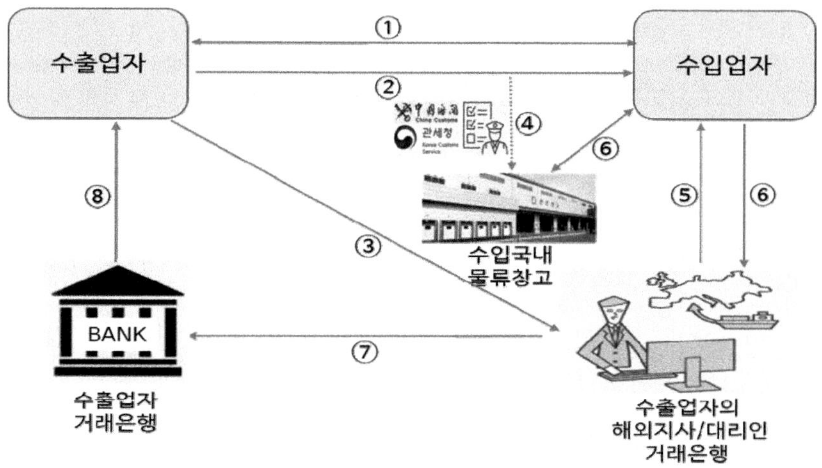

① COD조건 매매계약 체결(签订合同)
② 선적(装运)
③ 선적서류 송부(寄发装运单据)
④ 수입국에 있는 수출업자 대리인이 수입통관 후 창고에 입고(进口报关后入库)
⑤ 수입업자에게 서류 제시 및 물품확인 요청(出示装运单据后、请求确认货物)
⑥ 수입업자의 상품검사 후 대금결제와 물품인도(商品检查后付款和交货)
⑦ 대금송금(货款汇款)
⑧ 대금지급(支付货款)

연습문제

※ 현물상환인도방식(货到付款 Cash on Delivery; COD)을 잘못 설명한 것은?

① 수입자가 소재하는 국가에 수출자의 지사나 대리인이 있는 경우 사용한다.
② L/C나 D/A, D/P와는 달리 수출자가 물품을 수입자에게 인도하면서 수출대금을 수취하는 방식을 말한다.
③ 주로 귀금속 등 고가품으로서 직접 물품을 검사하기 전에는 품질 등을 정확히 파악하기 어려운 경우에 많이 활용한다.
④ 수출자의 대금회수 위험부담이 상대적으로 낮다.

☞ ④ 선적후 후지급 개념으로 수출자의 대금회수 위험부담이 상대적으로 높다.

(2) 서류상환방식(付现交单, Cash against Document; CAD)

서류상환방식(付现交单)은 매도인이 선적을 한 후 선하증권(提单, Bill of Lading) 등의 선적서류를 수출국에 소재하는 매수인의 대리인에게 제시하면 현금으로 대금결제가 이루어지는 방식이다. 다만 이 방식은 수출업자 입장에서는 사후결제방식, 수입업자 입장에서는 사전결제방식으로 인식된다.

韩中 문장 익히기

- 서류상환방식(付现交单)은 매도인이 선적을 한 후 선하증권(B/L) 등의 선적서류를 수출국에 소재하는 매수인의 대리인에게 제시하면 현금으로 대금결제가 이루어지는 방식이다.
  ☞ 付现交单是卖方装船后，向出口国的买方代理人出示提单(B/L)等装运单据，并用现金结算的方式。
- 다만 이 방식은 수출업자 입장에서는 사후결제방식, 수입업자 입장에서는 사전결제방식으로 인식된다.
  ☞ 从出口商的立场来看，这种方式被认为是货到付款方式，但从进口商的立场来看，则被认为是预付货款方式。

CAD 거래 절차

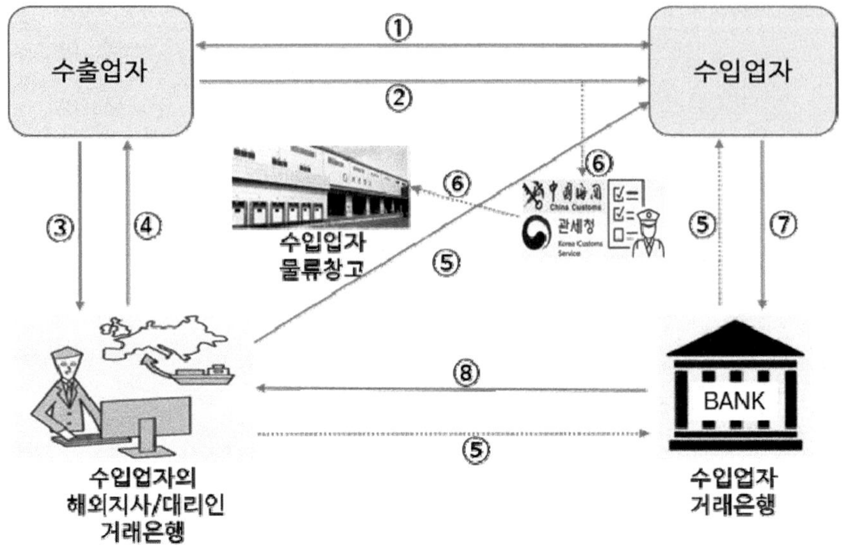

① CAD조건 매매계약 체결(签订合同)
② 수출업자는 수출국에 있는 수입업자의 대리인 등에 의해 계약 상품의 품질검사 후 수출통관한 후 선적(装运)
③ 선적서류 제시(出示装运单据)
④ 서류인도 & 대금지급(交付装运单据和付款)
⑤ 선적서류 송부(寄发装运单据)
⑥ 수입업자의 수입통관 후 자사의 물류창고에 입고(进口报关后入库)
⑦ 수입업자의 거래은행에 대금지급(支付货款)
⑧ 수출국에 있는 수입업자 거래은행에 대금송금(货款汇款)

연습문제

※ 서류상환방식(付现交单, Cash against Document; CAD)을 잘못 설명한 것은?

① 수출자가 물품을 선적하고 수입자 또는 수출국에 소재하는 수입자의 대리인이나 지사에게 선적서류를 제시하면 서류와 상환하여 대금을 결제하는 방식의 거래이다.

② 수입자의 지사나 대리인등이 수출국내에서 물품의 제조과정을 점검하고 수출물품에 대한 선적전검사를 진행한다.

③ CAD방식에서는 은행이 거래에 개입하지 않으므로 수출자의 입장에서 보면 그만큼 더 수출대금 회수에 있어서 위험을 부담하게 된다.

④ 수출국에 수입자의 지사나 대리인이 없는 경우에는 은행을 통하여 수입자에게 서류를 제시할 수 있으며 이 경우 환어음을 발행해야 한다.

☞ ④ 서류상환방식은 환어음을 발행하지 않는다.

▌무역 용어 贸易用语▐

송금방식	汇款方式	Remittance
추심방식	托收方式	Collection Arrangement
추심은행	汇入行, 托收银行	Collecting Bank
송금은행	汇出行, 汇款银行	Remittance Bank
수표	支票	Check; Cheque
송금수표	汇票	Demand Draft; D/D
우편환	邮政汇兑	International Postal Remittance
우편환송금	信汇	Mail Transfer; M/T
전신환	电汇	Telegraphic Transfer; T/T
주문지급방식	订货付款	Cash With Order; CWO
환어음	汇票	Bill of Exchange; B/E
지급인도조건	付款交单	Document against Payment; D/P
인수인도조건	承兑交单	Document against Acceptance; D/A
일람출금환어음	即期汇票	Bill of Exchange at Sight
기한부어음	远期汇票	Usance Bill
현물상환인도방식	货到付款	Cash on Delivery; COD
서류상환방식	付现交单	Cash against Document ; CAD

대화하기 8-1

중국 신신통상 손문걸(孙文杰) 사장은 '완도 김' 수입계약을 위해 한국 청해진물산을 방문하여 최은호 사장과 협의하고 있다.

최 사장 : 손 사장님, 어서 오세요. 저희 회사 방문을 환영합니다.

손 사장 : 최 사장님, 안녕하세요. 반갑습니다.

최 사장 : 오시느라 수고 많으셨습니다.

손 사장 : 청해진물산에서 시식 샘플로 보내 준 '완도 김'을 저희가 운영하고 있는 백화점 매장에서 손님들을 대상으로 시식한 결과 많은 호평을 받았습니다. 그래서 이번 기회에 최 사장님도 뵙고 '완도 김' 생산공정도 보고 싶어서 방문하게 되었습니다.

최 사장 : 저희가 생산하는 '완도 김'이 호평을 받았다니 기분이 좋습니다. 물론 직접 방문을 해 주신 손 사장님께도 감사를 드립니다.

손 사장 : 최 사장님, 이번 첫 거래는 미리 연락한대로 각 품목별로 3,000 상자씩, 모두 12,000상자를 수입하고자 합니다.

최 사장 : 네, 해외영업팀으로 보고받아 알고 있습니다. 생산과 인도에 차질 없이 준비하도록 하겠습니다.

손 사장 : 최 사장님, 대금결제는 L/C방식을 원한다고 하셨는데 혹시 D/A나 D/P방식으로 지급할 수 없습니까?

최 사장 : 유감스럽지만 대금은 L/C(일람불 취소불능신용장)로 해야 합니다. 손 사장님을 믿지 못해서가 아니라 우리 회사는 처음 거래하는 경우에는 L/C방식을 원칙으로 하고 있습니다.

손 사장 : L/C방식으로 하면 복잡하고 추가적으로 개설수수료, 보증금 등 여러 비용이 발생하기 때문에 그렇습니다.

최 사장 : 손 사장님의 말씀 이해합니다. 하지만 이번 첫 거래는 L/C방식으로 하시고, 다음 거래부터는 농수산물거래 결제방식으로 많이 사용하는 T/T 송금방식으로 선적 전 50%, 선적 후 50%로 하시죠. 어떻습니까?

손 사장 : 좋습니다. 첫 거래인만큼 L/C로 하시죠.

최 사장 : 이해해 주셔서 감사합니다. 양사간 지속적 거래와 신뢰가 더 쌓이면 그때 가서 결제조건을 다시 협의하도록 하시죠.

손 사장 : 네, 그렇게 하시죠.

최 사장 : 감사합니다.

对话 8-1

中国欣欣商业的总经理孙文杰为签订"莞岛海苔"进口合同，正在访问韩国清海镇物产，与崔恩浩社长进行协商。

崔 社 长：孙总，欢迎光临我们公司。

孙总经理：崔社长，您好。很高兴见到你。

崔 社 长：您一路辛苦了。

孙总经理：我们经营的百货商店大卖场，顾客们对试吃品尝的清海镇物产--"莞岛海苔"，很是满意欢迎。所以想借此机会拜见下崔社长，也想看"莞岛海苔"的生产流程。

崔 社 长：很开心我们生产的"莞岛海苔"能够受到好评。当然也感谢亲自来访的孙总您。

孙总经理：崔社长，这次是我们的第一次交易，按照事先谈好的那样，每个品种进口3000箱，共进口12000箱。

崔 社 长：是的，海外营业部通知我们了。 我们会认真准备生产和交货的。

孙总经理：崔社长，您说货款结算想要L/C方式、请问不能用D/A或D/P方式支付吗？

崔 社 长：不好意思孙总，货款必须使用L/C（即不可撤销信用证）。不是不相信孙总，而是我们公司第一次交易时必须以L/C方式为原则。

孙总经理：如果采用L/C方式，会比较复杂。还会追加产生产生的手续费、保证金等各种费用。

崔 社 长：我理解孙总的意思。但是这次第一次交易需以L/C方式进行，下次交易开始以农水产品交易结算方式常用的T/T汇款方式进行，装船前50%、装船后50%。怎么样？

孙总经理：好的。那就按照贵公司的意思办吧。

崔 社 长：谢谢您的理解。如果我们两家公司接下来能够持续交易，互相更加信赖之后，再重新协商结算条款吧。

孙总经理：好的，就这么办吧。

崔 社 长：谢谢。

제2절 신용장

1. 신용장의 의의

신용장(信用证, Letter of Credit; L/C)이란 신용장 개설의뢰인(开证申请人, Applicant)의 요청과 지시에 의하여 개설은행(开证银行, issuing bank)이 발행하고, 신용장에서 약정한 내용의 모든 조건과 일치하는 서류를 제시하여야 신용장 개설은행이 수익자(受益者, Beneficiary)에게 대금을 지급할 것을 약속하는 개설은행의 '조건부 지급확약서(支付承诺书)'이다.

韩中 문장 익히기

- 신용장이란 신용장 개설의뢰인의 요청과 지시에 의하여 개설은행이 발행하고, 신용장에서 약정한 내용의 모든 조건과 일치하는 서류를 제시하여야 신용장 개설은행이 수익자에게 대금을 지급할 것을 약속하는 개설은행의 '조건부 지급확약서'이다.
  ☞ 信用证(L/C)是指根据信用证开证申请人的要求和指示，由开证银行发行，并出示与信用证中所有规定内容一致的文件后，信用证开证银行承诺向受益人支付货款的"支付承诺书"。

A+ 연습문제

※ 무역계약서의 다음 조건 중 신용장 개설의 직접적인 근거가 되는 조건은?

① 가격조건　② 수량조건　③ 품질조건　④ 결제조건

☞ ④ 신용장이나 무역대금결제에 관련된 내용은 대금결제조건에 기재되어야 한다.

2. 신용장의 필요성

신용장의 발행은행이 수입업자를 대신하여 대금지급을 확약함으로써 수출업자의 대금회수 불능에 대한 위험을 방지할 수 있다.

수입업자는 신용장조건과 일치하는 서류를 인도받으면서 발행은행에 대금을 지급하므로 상품 불인도에 대한 위험을 방지할 수 있다.

이와 같이 신용장방식에서 수출자에 대한 대금지급의 책임자는 개설은행이며, 수출업자는 대금회수를 하기 위해서는 신용장에 기재된 조건에 일치하게 작성된 서류를 제시하여야 한다.

韩中 문장 익히기

- 신용장의 발행은행이 수입업자를 대신하여 대금지급을 확약함으로써 수출업자의 대금회수 불능에 대한 위험을 방지할 수 있다.
  ☞ 信用证的发行银行可以承诺替进口商付款，以防止出口商无法收回货款。
- 수입업자는 신용장 조건과 일치하는 서류를 인도받으면서 발행은행에 대금을 지급하므로 상품 불인도에 대한 위험을 방지할 수 있다.
  ☞ 进口商在领取与信用证条款一致的文件的同时，向发行银行支付货款，可以规避对方不交货时的风险。
- 이와 같이 신용장방식에서 수출자에 대한 대금지급의 책임자는 개설은행이며, 수출업자는 대금회수를 하기 위해서는 신용장에 기재된 조건에 일치하게 작성된 서류를 제시하여야 한다.
  ☞ 在信用证方式上，对出口商付款的负责人是开证银行。出口商要想收回货款，必须出示符合信用证规定的条件的文件。

3. 신용장의 독립추상성

1) 독립성의 원칙(独立性原则, Principle of Independence)

신용장은 그 발행의 근거가 되는 수출업자와 수입업자 간의 매매계약과는 별개의 거래로 신용장이 발행되면 신용장의 수익자(수출업자)와 신용장 개설은행간에 이루어지는 독립된 별도의 법률관계가 형성된다.

韩中 문장 익히기

- 신용장은 그 발행의 근거가 되는 수출업자와 수입업자 간의 매매계약과는 별개의 거래로 신용장이 발행되면 신용장의 수익자(수출업자)와 신용장 개설은행간에 이루어지는 독립된 별도의 법률관계가 형성된다.
  ☞ 信用证与作为其发行依据的出口商和进口商之间的买卖合同是不同的交易。如果发行信用证，就会形成信用证的受益者（出口商）和信用证开证银行之间独立的法律关系。

연습문제

※ 다음 중 신용장의 특성 중에서 독립성에 대한 설명은?

① 신용장(L/C)이라 하더라도 개설은행의 파산이나 정교한 위조서류는 예방할 수 없는 한계가 있다.

② 신용장(L/C)과 매매계약서의 내용이 상이할 경우 은행은 매매계약서를 무시하여야 한다.

③ 신용장(L/C)상 요구하는 서류의 내용과 실제 물품의 내용이 상이할 경우 은행은 오로지 서류에 근거하여 대금결제 여부를 결정하여야 한다.

④ 신용장(L/C)은 다른 대금결제방식보다 안전하여 대금회수불능 위험이 적다.

☞ ② • 신용장의 독립성은 '비록 신용장이 매매계약서와 다른 경우 은행은 매매계약서를 무시하여야 한다'라고 하여 신용장은 매매계약과는 별개의 독립된 법률관계를 형성한다.
• ③항은 신용장의 '추상성'을 설명한 것이다.

※ 신용장거래에서 독립성의 원칙을 올바르게 설명한 것은?

① 신용장거래는 매매계약에 따라 영향을 미친다.

② 신용장거래는 선적된 상품에 따라 영향을 받는다.

③ 신용장거래는 매매계약과는 별개의 거래이다.

④ 신용장거래는 발행신청인의 지시에 따라 영향을 받는다.

☞ ③ 신용장은 그 발행의 근거가 되는 수출업자와 수입업자 간의 매매계약과는 별개의 거래로 신용장이 발행되면 신용장의 수익자(수출업자)와 신용장 개설은행간에 이루어지는 독립된 별도의 법률관계가 형성된다.

2) 추상성의 원칙(抽象性原则, Principal of Abstraction)

신용장은 은행이 신용장에 첨부된 서류만으로 모든 것을 판단한다는 것으로 서류거래원칙이다. 즉, 매매계약에서의 물품과 신용장 서류상의 내용이 일치하지 않을 경우에 은행은 신용장 서류상의 조건에 따라서 대금 지급 여부를 판단한다.

韩中 문장 익히기

• 신용장은 은행이 신용장에 첨부된 서류만으로 모든 것을 판단한다는 것으로 서류거래원칙이다. 즉, 매매계약에서의 물품과 신용장 서류상의 내용이 일치하지 않을 경우에 은행은 신용장 서류상의 조건에 따라서 대금 지급 여부를 판단한다.

☞ 信用证是银行判断一切的唯一文件依据。即，买卖合同中的物品和信用证文件上的内容不一致时，银行根据信用证文件上的条款判断是否支付货款。

연습문제

※ 신용장의 기본 성질인 '추상성의 원칙'과 관련하여 은행이 서류심사를 할 때 반드시 확인하여야 하는 사항은?

① 서류 송달과정에서 발생한 상황 ② 송화인, 운송인 등의 성실성
③ 상품의 실제 여부 ④ 서류와 신용장조건과의 일치 여부

☞ ④ 신용장의 추상성 원칙은 현물거래가 아닌 서류상의 거래이다. 따라서 은행이 서류를 심사할 때 서류가 신용장의 조건과 엄밀히 일치하고 있는가를 확인하여 수리하여야 한다.

※ 수입업자의 입장에서 보아 신용장거래는 "목적상품이 제대로 인도된다는 것이 보장되지 않는다." 이와 같은 신용장의 특성은?

① 취소불능성 ② 추상성 ③ 한계성 ④ 독립성

☞ ③ • 신용장거래는 상품의 거래가 아니고 서류의 거래이기 때문에 서류상으로만 신용장의 조건을 충족시키면 수입업자는 대금을 지급해야 한다.

• 따라서 수출업자가 신용이 없어 나쁜 물품을 선적한다 해도 신용장의 조건과 일치한다면 대금을 지급해야 하는 것은 신용장거래에 있어서 가장 큰 한계성이다.

4. 신용장거래 절차

신용장거래 절차를 자유매입화환신용장을 중심으로 매매계약부터 대금결제까지 살펴보면 다음과 같이 진행된다.

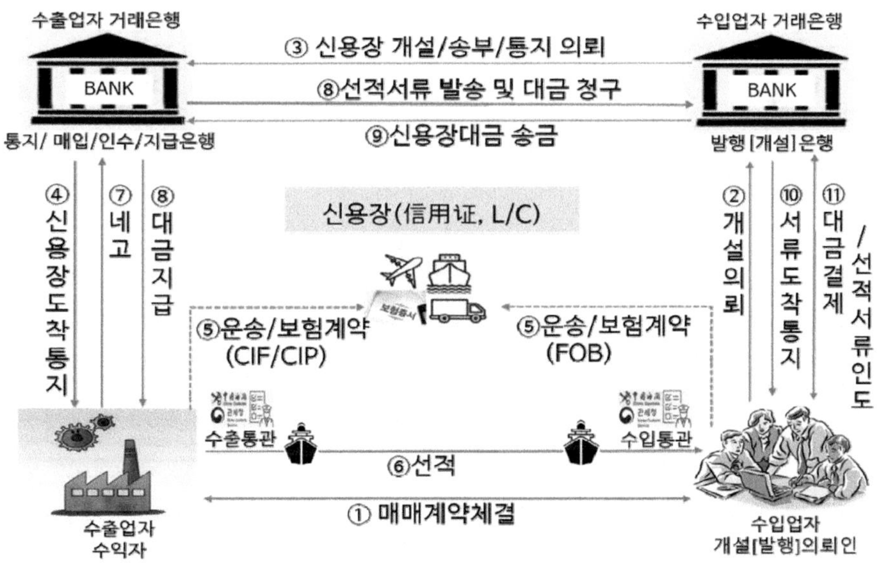

| 신용장 거래 절차 |

1) 계약체결 및 신용장에 의한 대금지급 합의

매수인인 수입업자(신용장발행의뢰인)는 외국의 수출업자인 매도인과 매매계약을 체결하면서 일반거래조건협정서(一般交易条款协议, Agreement on the General Terms and Conditions of Business)나 매매계약서에 대금결제방법으로서 신용장에 의한 대금지급이 이루어지도록 합의한다.

韓中 문장 익히기

• 매수인인 수입업자(신용장발행의뢰인)는 외국의 수출업자인 매도인과 매매세약을 체결하면서 일반거래조건협정서(一般交易条款协议)나 매매계약서에 대금결제방법으로서 신용장에 의한 대금지급이 이루어지도록 합의한다.

☞ 进口商(信用证发行委托人)与外国出口商签订买卖合同时，通常会协商通过信用证支付货款方式作为一般交易条款协议或买卖合同中的货款结算方法。

2) 수입신용장 개설의뢰

수입업자는 자기 거래은행을 통하여 매도인 앞으로 수입신용장을 발행해 주도록 의뢰한다. 이때 수입업자는 신용장발행의뢰인(信用证申请人, Applicant for the Credit)이며, 수입업자는 발행될 신용장의 조건 내용을 신용장발행신청서(不可撤销跟单信用证申请, Application for Irrevocable Documentary Credit)에 명확하게 기재하여야 한다.

신용장발행의뢰인 信用证申请人, Applicant

• 신용장발행의뢰인은 무역계약조건에 따라 자신의 거래은행에 수출업자를 수익자(beneficiary)로 하여 신용장 발행을 의뢰하는 수입업자를 말한다.

☞ 信用证申请人是指根据贸易合同，向规定的交易银行以出口商为受益人，委托开立信用证的人，即进口商。

일반적으로 은행을 통한 신용장 발행신청서는 다음과 같은 절차를 밟는다.

① 수입업자가 수출업자와 매매계약에서 정한 사항을 기초로 하여 작성되는 서류,

② 신용장의 조건이 기재되는 중요한 서류,

③ 이 서류는 발행의뢰인이 발행은행에게 지시하는 신용장에 기재할 모든 사항을

적은 서류로서 대부분의 은행은 이 서류의 인쇄된 양식을 구비하고 있기 때문에 고객은 이 양식에 맞추어 필요 사항을 기재하면 된다.

④ 수입업자는 매매계약과 일치하는 상품의 입수에 집착한 나머지 신용장에 지나치게 상세한 사항의 기재를 원하는 경향이 있으나 발행은행은 수입업자의 이와 같은 요구가 있을 때 잘 설득하여 기재 사항이 간단명료하고 정확한 서류의 입수가 되도록 지도하여야 한다.

연습문제

※ 매수인이 신용장을 약정기간 내에 개설하지 못하는 경우에 매도인은?

① 매매계약을 이행하여야 한다. ② 매매계약을 해제할 수 없다.
③ 매매계약을 해제할 수 있다. ④ 신용장 개설 때까지 기다려야 한다.

☞ ③ • 매매계약은 당사자의 권리와 의무를 부과하고 있다. 따라서 매매계약시 대금결제를 신용장방식으로 합의했다면 제일 먼저 수입업자는 약속한 기일내에 신용장을 개설하여 수출업자에게 보내야 한다.
• 하지만 약정기간 내에 신용장을 개설하지 못하였다면 수출업자는 매매계약의 해제와 함께 그에 따른 손해배상을 청구할 수 있다.

3) 신용장 발행, 송부, 통지의뢰

신용장발행을 의뢰받은 수입업자 국가의 외국환은행(신용장발행은행; 信用证开证银行; Issuing Bank; Opening Bank)은 발행의뢰인의 지시를 준수하여 신용장 수익자(信用证受益人, Beneficiary)앞으로 신용장을 발행하여 수출업자가 소재하고 있는 거래은행에 신용장을 송부하여 신용장의 통지를 요청한다. 이때 신용장 통지를 하는 은행을 통지은행(通知银行; 通知行, Advising Bank)이라 한다.

신용장발행은행 信用证开证银行 Issuing Bank; Opening Bank

• 신용장발행은행이란 발행의뢰인의 요청과 지시에 따라 수출업자 앞으로 신용장을 발행하는 은행을 말한다. 여기에서 은행은 수입국내에 있는 수입업자의 거래은행이 일반적이다.

☞ 开证银行是指根据开证委托人的要求和指示向出口商开证的银行。一般是进口商在进口国的交易银行。

신용장수익자 信用证受益人, Beneficiary

- 신용장수익자란 발행은행이 발행한 신용장에 의거하여 대금지급을 받아 이익을 받게 되는 수출업자이며, 매매계약서상에는 매도인(seller)이다.
  ☞ 信用证受益人是指开证行发行的信用证中获得货款利益的出口商，买卖合同上为卖方(seller)。

통지은행 通知银行; 通知行, Advising Bank

- 통지은행이란 신용장개설은행이 신용장을 개설하면서 수익자에게 신용장이 개설된 사실과 그 신용장의 내용을 통지하도록 지시받은 수출지의 은행을 말한다.
  ☞ 通知银行是指开证银行在开证时，被委托向受益人通知开证事实及其信用证内容的出口地银行。

4) 신용장 도착 통지

수익자(受益人) 소재지의 통지은행(通知银行; 通知行, Advising Bank)은 신용장의 외관상의 진정성(真实性)을 확인하여 수출업자에게 신용장 도착을 통지한다. 이 경우 통지은행(通知银行; 通知行)이 발행은행(开证银行; 开证行)으로 부터 추가 확인 요청을 받은 경우에는 별도의 확약 문언을 기재한 통지은행(通知行) 양식의 신용장을 통지한다.

韓中 문장 익히기

- 수익자 소재지의 통지은행은 신용장의 외관상의 진정성을 확인하여 수출업자에게 신용장 도착을 통지한다.
  ☞ 受益人所在地通知银行确认信用证的外观真实性，并通知出口商信用证已到达。

5) 신용장 내용 확인 및 운송+보험계약 체결

신용장을 수취한 수출업자(수익자)는 통지은행(通知行)으로부터 신용장을 받은 후 신용장조건이 매매계약조건과 일치하는가를 반드시 확인하고, 수출승인이 필요한 경우에는 신용장을 토대로 관계행정기관의 장에게 수출승인을 신청하여 수출승인서(出口许可证, Export License; E/L)를 교부받는다.

韩中 문장 익히기

- 수출을 효율적으로 관리하기 위하여 수출승인품목에 대해서는 해당승인기관을 통하여 수출에 따른 승인을 받도록 하고 있다. 수입 시에도 수입승인품목에 대하여는 수입승인을 당해 승인기관에서 얻어야 한다.
  ☞ 为有效管理出口，出口的项目需经有关审批机关审批。进口的项目，也应当经有关审批机关审批。

한편, 운송계약은 FOB조건인 경우에 수입업자가 운송계약을 체결하여야 하며, CIF조건인 경우에는 수출업자가 화물을 목적항까지 운송할 선박회사와 운송계약을 체결하여야 한다. 그리고 보험계약은 CIF조건인 경우에 수출업자가 보험회사와 보험계약을 체결하고 보험료를 납부해야 한다.

韩中 문장 익히기

- 운송계약은 FOB조건인 경우에는 수입업자, CIF조건인 경우에는 수출업자가 화물을 목적항까지 운송할 선박회사와 운송계약을 체결하여야 한다.
  ☞ 运输合同在FOB条件时，应由进口商与将货物运输至目的港的船舶公司签订运输合同。CIF条件时，应由出口商签订运输合同。
- 보험계약은 CIF 혹은 CIP조건인 경우에는 수출업자가 보험회사와 보험계약을 체결하고 보험료를 납부해야 한다.
  ☞ 保险合同是CIF或CIP条件的，出口商应与保险公司签订保险合同并缴纳保费。

6) 선적

수익자인 수출업자는 계약물품을 제조 및 가공하거나 완제품을 공급받아 수출통관을 마친 뒤 지정운송인(Carrier)에게 물품을 인도완료하거나 선적하고 선박회사로부터 운송서류(Transport Documents)를 발급받는다.

韩中 문장 익히기

- 수익자인 수출업자는 계약물품을 제조 및 가공하거나 완제품을 공급받아 수출통관을 마친 뒤 지정운송인(Carrier)에게 물품을 인도완료하거나 선적하고 선박회사로부터 운송서류(Transport Documents)를 발급받는다.

☞ 作为受益人的出口商制造、加工交易商品或直接获得成品，完成出口通关后，向指定运输人交货或装船，并从船舶公司获得装运文件。

7) 환어음 매입 의뢰(Nego)

신용장을 받은 수출업자(신용장 수익자)는 물품을 제조하거나 집하하여(集货) 선적한 후, 신용장에서 요구한 선적서류와 환어음을 준비하여 신용장에서 지정된 지급은행(付款银行; 付款行, Paying Bank), 인수은행(承兑银行; 承兑行, Accepting Bank) 또는 매입은행(议付银行; 议付行, Negotiating Bank) 또는 자유매입신용장의 경우에는 자신에게 유리한 은행에 이를 제시한다.

韩中 문장 익히기

- 신용장을 받은 수출업자(신용장 수익자)는 물품을 제조하거나 집하하여 선적한 후, 신용장에서 요구한 선적서류와 환어음을 준비하여 신용장에서 지정된 지급은행, 인수은행 또는 매입은행에게 환어음매입의뢰를 한다.

☞ 收到信用证的出口商(信用证受益人)制造或装运货物后，准备信用证要求的装运文件和汇票，委托信用证指定的付款行、承兑行或议付行交付汇票。

- 신용장이 자유매입신용장인 경우에는 수익자(수출업자) 자신에게 유리한 은행에 환어음매입의뢰를 한다.

☞ 信用证为自由议付信用证时，委托有利于受益人(出口商)的银行议付汇票。

환어음 汇票 Bill of Exchange

- 환어음은 채권자가 채무자로 하여금 특정한 만기일에 특정한 장소에서 어음상에 표시된 채권 금액을 자신이 지정한 제3자 또는 어음소지인에게 무조건 지급해주도록 위탁하는 요식증권으로 일정한 요건을 구비해야만 법률적 효력이 인정되며, 금융시장에서 매매될 수 있는 유가증권이다.

☞ 汇票是债权人委托债务人在特定到期日、特定场所无条件支付票据上标示的债券金额给自己指定的第三方或票据持有人的书面凭证。只有具备一定条件，法律效力才能得到认可，是在金融市场可以买卖的有价证券。

참고. 환어음의 표준양식과 기재사항

BILL OF EXCHANGE①

NO__________②__________ Date__________③__________

For__________④__________ Place__________⑤__________

At__________⑥__________ sight of this First Bill of Exchange(Second of the same tenor and date being unpaid) pay to __________⑦__________ or order the sum of __________⑧__________

Value received and charge the same to account of __________

__________⑨__________

Drawn under __________⑩__________

L/C No __________⑪__________ dated __________⑫__________

To __________⑬__________ __________⑭__________

__________ __________

① 환어음 문언 : 어음 문언 중에 환어음(BILL OF EXCHANGE) 표시가 있어야 한다.

② 환어음 번호 : 특별한 의미는 없고 업무상 편의와 관리용으로 발행인이 임의로 붙인다.

③ 환어음 발행일 : 어음 발행일은 어음과 함께 제시된 운송서류(선적서류)를 외국환은행이 매입한 날짜이며 반드시 신용장 유효기일(Expiry Date) 및 서류제시 유효기일 이내이어야 한다.

④ 환어음 숫자금액 : 원칙적으로 상업송장 금액과 일치해야 한다. 그러나 특별한 문구가 있다면 그에 따른다. 즉 '~ available by your draft at sight on us for 95% of invoice value'와 같은 문구가 있다면 송장 금액의 95%에 해당하는 금액으로 발행을 한다. 또한, 신용장상에 화물의 수량을 5%까지 초과해서 선적했을 경우에 송장 금액은 신용장 금액을 초과하지만 환어음은 신용장 금액까지만 발행해야 한다. 그러나 '5% More or less on quantity and amount to be acceptable' 조항이 있으면 신용장 금액의 5%를 초과해서 발행할 수 있다.

⑤ 환어음 발행지 : 환어음의 효력은 행위지의 법률이 적용되므로 발행지를 반드시 표기해야 한다. 'Gwangju Korea'와 같이 기재하며 존재하지 않는 도시명이 기재되었으면 무효다.

⑥ 환어음 지급조건(지급만기일의 표시) : 어음상의 문언중 'at ~ sight of'의 'at' 다음에 기재되는 것이 바로 어음만기일(Tenor)의 표시이다. 일람출금어음(Sight Bill)의 경우 'at xx sight of'와 같이 표기되고, 기한부어음(Usance or Time Bill)의 경우 'at 60days after sight', 'at 30days after B/L date', 'on a fixed date'로 기재한다. 추심방식의 경우 D/A or D/P를 이곳에 표기하며, 무표기시는 D/P로 간주 된다.

⑦ 환어음 수취인 : 환어음의 금액을 지급받는 수취인(Payee)은 기명식(payable to a specified person), 지시식(payable to the order of a specified person or payable to order), 무기명식(payable to bearer) 등으로 표시한다. 신용장 거래에서 통상 환어음 수취인은 어음상의 문언 중 '~pay to' 다음에 기재되는데 매입은행이 여기에 기재된다.

⑧ 환어음 문자금액 : 어음금액을 아라비아 숫자가 아닌 문자로 표시하는 곳이다. 송장 금액이 미화 12,345.67이라면 'SAY US DOLLARS TWELVE THOUSAND THREE HUNDRED FORTY FIVE AND SENTS SIXTY SEVEN ONLY'라고 기재한다. SAY는 일금(一金), ONLY는 정(整)의 뜻이며 SAY는 생략할 수 있지만 ONLY는 생략할 수 없다. 그리고 환어음 숫자금액과 차이가 나면 문자로 표시된 금액을 어음금액으로 간주한다. 또한, 통화종류의 표시는 정확하고도 완전하게 기재되어야 한다.

⑨ 금액청구지시 문언 : 발행인이 지급인에게 지시하는 것으로 그 지시내용은 당해 환어음이 지급인에 의하여 지급되면 그 자금은 'account of ~' 뒤에 기재되어 있는 자로부터 징구하라는 의미이다. 즉 신용장 발행의뢰인(Applicant)이 기재되는데 이를 채무자(Accountee)라고 한다. 한편 D/A와 D/P의 경우에는 어음지급인이 수입자가 되므로 이때에는 공란으로 비워둔다. 이는 법적 필수 문구는 아니나 오랜 상관습상 계속 사용되고 있다.

⑩ 신용장 발행은행 : 'Drawn under ~' 뒤에는 신용장 발행은행(issuing bank)을 기재한다. 그러나 D/A와 D/P의 경우 실제 환어음의 지급인인 수입자를 기재하거나 계약서상의 지정은행을 기재하거나 공란으로 비워둔다.

참고. 신용장 번호 표기 방법

M D1 NY 2 04 N S 0001 8
❶ ❷ ❸ ❹ ❺ ❻ ❼ ❽ ❾

❶ 수입신용장의 표시번호 (M : Master L/C, L : Local L/C)
❷ 은행고유번호 (D1 : 우리은행, 42 : 신한은행 등)
❸ 개설은행 지점번호 (D1Y : 우리은행/트윈타워)
❹ 개설년도의 끝자리 수
❺ 개설월 표시
❻ 수입용도 구분번호 : N : Nomal 일반재 내수용 물자 E : Export 수출용 원자재
❼ 대금결제방법 기호 : S : Sight L/C U : Usance L/C A : D/A P : D/P
R : 단순송금방식
❽ 신용장 일련번호
❾ Check digit number : 은행별 확인번호

⑪ 신용장 번호 : 신용장 번호를 기재하며, D/A나 D/P의 경우 계약서 번호를 기재한다. 두 개의 신용장을 근거로 하나의 환어음을 발행해도 좋다는 문구(combined shipment with other credits are acceptable)가 있다면 'Drawn under L/C No. ~ for US$~ and Drawn under L/C No. ~ for US$ ~'와 같이 표기한다.

⑫ 신용장 개설일자 : 어음 발행의 근거가 되는 신용장상의 개설일자를 기재한다.

⑬ 지급인과 지급지 : 지급인과 지급지를 기재하는 곳으로 신용장상에 별도의 명시가 없는 한 도시명의 기재만으로도 충분하다. D/A와 D/P의 경우에는 어음지급인(Drawee)은 수입자이나 신용장방식에서 지급인은 개설은행이나 확인은행 또는 다른 제3의 지정은행이 될 수 있다. 통상적인 문구는 'Documentary credit which is available by negotiation of your draft at sight drawn on ~'인데 'on ~' 뒤에 기재되는 자가 바로 환어음의 지급인이 된다.

즉 'on us'이면 개설은행이, 'on buyer' 또는 'on accountee' 경우 개설의뢰인이 지급인이 된다. 그러나 'on ~' 뒤에 개설은행이 아니고 다른 은행일 경우 그 은행이 지급인이 된다.

⑭ 발행인의 기명날인 : 'To' 이하에는 환어음 발행인이 반드시 기명날인(記名捺

印, sign and seal)해야 한다. 발행인은 신용장상의 수익자(beneficiary) 또는 양도된 신용장은 양수인(Transferee)이 되며 서명날인은 화환어음 약정시 은행에 등록된 서명(Authorized Signature)과 일치해야 한다.

지급은행, 인수은행, 매입은행 付款银行, 承兑银行, 议付银行
Paying Bank, Accepting Bank, Negotiating Bank

- 지급은행이란 발행은행과 예치환거래 계약을 체결하여 자행에 발행은행 명의의 예금계정을 설치하여 두고 신용장의 조건과 일치되는 서류가 제시될 때 또는 그러한 서류가 첨부된 환어음(일람출급)이 자행을 지급인으로 하여 제시될 때 발행은행의 예금계정에서 차감하면서 지급을 이행하는 은행이다.

  ☞ 付款行是指，与开证行签订预存款交易合同，在本行以开证行名义开设存款账户，在出示与信用证条件一致的文件、或以本行为支付人并附有与信用证条件一致的文件的汇票(即期付款)时，从开证行的存款账户中扣除货款、履行支付的银行。

- 인수은행이란 신용장거래에서 인수은행은 신용장의 조건과 일치되는 서류가 첨부된 기한부환어음(time bill or usance bill)을 발행하여 은행에 제시하면, 이 기한부환어음을 인수하도록 수권된 은행이다. 자행 앞으로 발행된 기한부환어음을 인수한 경우에는 그 어음의 만기일에 반드시 지급할 의무를 지게 되므로 인수은행은 어음의 만기일에 가서는 지급은행이 된다.

  ☞ 承兑银行是指在信用证交易中，承兑银行开具附有与信用证条件一致文件的远期汇票，向银行出示后，授权承兑该远期汇票的银行。如果承兑本行发行的远期汇票，则在该汇票到期日必须承担支付义务。即，承兑银行在汇票到期日成为付款行。

- 매입은행이란 매입신용장이 발행된 경우 발행은행 앞으로 발행된 환어음이나 서류를 매입하도록 수권된 은행이다.

  ☞ 议付银行是指发行议付信用证时，被授权议付开证行发行的汇票或文件的银行。

A+ 연습문제

※ 수출업자의 요구에 의하여 환어음을 첨부한 선적서류를 매입해 주는 은행은?

① 상환은행 ② 지급은행 ③ 매입은행 ④ 인수은행

☞ ③ 매입은행이란 매입신용장이 발행된 경우 발행은행 앞으로 발행된 환어음이나 서류를 매입하도록 수권된 은행이다.

8) 선적서류 발송 및 대금 지급 청구

수출지의 매입은행(议付行)은 환어음 및 제시 서류와 교환으로 수출업자에게 환어음대금을 지급한다. 이후 매입은행(议付行)은 수출업자에게 지급한 환어음대금을 결제받기 위해 신용장 발행은행(开证行)에 환어음 및 서류를 송부하여 대금을 청구한다.

연습문제

※ 화환어음이란 다음 사항 중 어느 것인가?

① 환어음에 선하증권과 보험증권이 첨부된 것
② 환어음에 선적서류가 첨부된 것
③ 약속어음에 선적서류가 첨부된 것
④ 환어음에 선하증권과 신용장이 첨부된 것

☞ ② • 화환어음(跟单汇票)이란 환어음과 수출업자가 수출물품을 선적했다고 증명하는 선하증권을 비롯한 상업송장, 보험증권, 포장명세서 등의 선적서류를 포함한 것을 말한다.
• 또한 화환신용장은 환어음+선적서류+신용장이 첨부된 것을 말한다.

9) 신용장 대금 송금

매입은행(议付行)은 환어음대금을 발행은행(开证行)에 상환청구하여 수출대금을 상환 받는다. 상환은행(偿付行, Reimbursing Bank)이 별도로 있을 경우에 매입은행(议付行)은 선적서류를 발행은행(开证行) 앞으로 송부하고 상환은행(偿付行)에 대금을 청구하여 수출대금을 상환 받는다.

韩中 문장 익히기

• 매입은행은 환어음 대금을 발행은행에 상환청구하여 수출대금을 상환받는다. 상환은행이 별도로 있을 경우에 매입은행은 선적서류를 발행은행 앞으로 송부하고 상환은행에 대금을 청구하여 수출대금을 상환받는다.

☞ 议付银行向开证行申请交付汇票货款，以支付货款。另有偿付行时，收购银行将装运单据寄给开证行，并向偿付行索要货款，以支付货款。

상환은행(偿付行)은 대금을 결제한다는 의미에서 결제은행(结算银行; 结算行, Settling Bank), 어음에 대하여 지급을 하는 은행이라는 점에서 어음지급은행(付款银行; 付款

行, Drawee Bank; Paying Bank)이라고도 하며 Banker's Usance의 경우 인수은행(承兑行, Accepting Bank)이라고 불린다.

상환은행 偿付行, Reimbursing Bank

- 상환은행이란 신용장에서 지급·인수 또는 매입은행에 대한 상환을 발행은행의 본·지점 또는 제3의 은행으로 청구하게 하는 경우, 발행은행을 대신하여 상환 업무를 수행하는 은행이다.
  ☞ 偿付行是指在信用证中要求开证行总行、分行或第三方银行进行偿还支付、承兑或议付时，代替开证行履行交付货款业务的银行。

10) 운송서류 도착 통지 및 인도

발행은행(开证行)은 매입은행(议付行)으로부터 운송서류와 환어음이 도착하면 수입업자에게 운송서류 도착을 통지한다. 발행은행(开证行)은 수입업자로부터 수입대금을 결제받고 운송서류를 인도한다.

韩中 문장 익히기

- 발행은행은 매입은행으로부터 운송서류와 환어음이 도착하면 수입업자에게 운송서류 도착을 통지한다.
  ☞ 开证行在收到议付银行的装运单据和汇票时，通知进口商装运单据已到达。
- 발행은행은 수입업자로부터 수입대금을 결제받고 운송서류를 인도한다.
  ☞ 开证行从进口商处收取进口货款，并交付装运单据。

만일 수입업자가 발행은행(开证行)에 대금을 지급하지 않고 선적서류를 먼저 인수하고자 한다면 발행은행(开证行)에 수입담보화물보관증(进口担保货物保管证)의 성격을 가지고 있는 수입화물대도(信托收据, Trust Receipt; T/R)를 제공한다.

수입화물대도 信托收据, Trust Receipt; T/R

• 신용장 방식으로 거래할 경우 신용장 개설은행이 수입상에게 서류 도착 사실을 알렸으나 수입상이 대금을 결제할 자금이 없을 경우 서류와 화물을 찾을 수 없다.

☞ 以信用证方式交易时，信用证开证行向进口商告知文件到达事实。但如果进口商没有资金结算货款，则无法领取文件和货物。

• 수입화물대도는 화물의 소유권은 은행이 보유하는 대신 화물의 점유권을 수입상에게 넘겨줌으로써 수입상은 수입대금을 결제하지 않고도 선적서류를 은행으로부터 넘겨받아 화물을 찾은 후에 이 화물을 처분한 대금으로 신용장 대금을 결제할 수 있도록 한 방법이다.

☞ 信托收据是指，货物的所有权由银行拥有。而将货物的占有权交给进口商，进口商无需结算进口货款，也可以从银行接收装运单据，在取货后用处理该货物的货款结算信用证货款的方法。

연습문제

※ 수입화물대도(T/R: Trust Receipt)에 대한 설명으로 잘못된 것은?

① 신용장에 의거하여 발행된 화환어음은 수입자가 그 어음의 대금을 지급하지 않고는 그 어음의 담보로 첨부되어 있는 선적서류를 입수할 수 없다.

② 무신용장의 D/P도 그 어음의 대금을 지급하지 않고서는 선적서류를 입수할 수 없다.

③ 신용장의 유무와 관계없이 결제자금을 은행으로부터 차입하여 수입대금을 결제하는 경우에도 결제전까지는 선적서류는 은행의 담보물이다.

④ 수입자는 선적서류가 없이 수입통관신고를 하며 또한 운송인으로부터 수입화물을 인도받을 수 있다.

☞ ④ 수입자는 선적서류가 없이는 수입통관신고를 할 수가 없고 또한 운송인으로부터 수입화물을 인도 받을 수 없어 거래상 불편이 많다.

11) 수입업자의 화물수령 및 물품 확인

수입업자는 화물도착통지를 받은 후 수입물품 대금을 지급하고 선하증권을 비롯한 서류들을 인도받은 후에 서류 중 특히 선하증권을 선사에 제출하고 물품을 인도받는다. 이때 물품은 이미 도착하였으나 선적서류가 도착하지 않았을 경우에는 발행은행으로부터 수입화물선취보증서(保函; 保证书, Letter of Guarantee; L/G)을 발급받아 운송인으로부터 미리 물품을 수령할 수 있다.

韩中 문장 익히기

- 수입업자는 화물도착 통지를 받은 후 대금을 지급하고 선적서류들을 받아 서류 중 선하증권을 선사에 제출하고 물품을 인도받는다. 그러나 물품은 이미 도착하였으나 선적서류가 도착하지 않았을 경우에는 발행은행으로 부터 수입화물선취보증서를 발급받아 운송인으로부터 미리 물품을 수령할 수 있다.
  ☞ 进口商在接到货物到达通知后支付货款、收回装运单据后，向船舶公司提交文件中的提单，并交货。但物品已经到达，装运单据尚未到达时，可以从开证行处拿到保证书，提前从承运人处领取货物。

이후 수입업자는 물품이 계약과 일치하는지의 여부를 검사하여야 하며 만약 물품이 계약의 내용에 부적합할 때에는 계약서에서 약정한 기일 내에 클레임(索赔, Claim)을 제기해야 한다.

韩中 문장 익히기

- 물품을 인도받은 수입업자는 물품이 계약과 일치하는지의 여부를 검사하여야 하며 만약 물품이 계약의 내용에 부적합할 때에는 계약서에서 약정한 기일 내에 클레임을 제기해야 한다.
  ☞ 收到货物的进口商应当检查货物是否与合同一致，如果货物不符合合同内容，应当在合同约定的期限内提出索赔。

수입화물선취보증서 保函; 保证书 Letter of Guarantee; L/G

- 수입화물선취보증서란 수입화물이 수입지에 이미 도착하였음에도 불구하고 운송서류가 도작하지 않아 수입업자가 화물의 인수가 불가능할 때 동화물의 인수가 가능하도록 운송서류 원본을 제시하지 않고서도 화물을 인수하는 것과 관련한 모든 책임을 은행이 진다는 내용의 보증서이다.
  ☞ 保证书是指进口货物已经到达进口地，但由于装运单据未到达，进口商无法接收货物时，为了能够接收到货物，即使不出示装运单据原件，银行也承担与接收货物相关的所有责任的书面凭证。

- 수입화물보증서의 발급은 운송서류의 원본을 인도하는 것과 동일한 효과를 가져오며 신용장조건과 일치하지 않는 서류가 내도하여도 화물이 수입업자에게 인도된 후이므로 수입업자는 매입은행에 대하여 수입어음의 인수 또는 지급을 거절할 수 없다.

☞ 保证书具有与装运单据原件相同的效果。即使是与信用证条件不符的文件，在货物交付给进口商后，进口商也不得拒绝向议付银行承兑或支付进口票据。

| 무역 용어 贸易用语 |

신용장	信用证	Letter of Credit; L/C
개설의뢰인	开证申请人	Applicant
개설[발행]은행	开证[发行]银行,	Issuing[Opening] Bank
수익자	受益人, 受益者	Beneficiary
통지은행	通知银行; 通知行	Advising Bank
상환은행	偿付银行; 偿付行	Reimbursing Bank
결제은행	结算银行; 结算行	Settling Bank
인수은행	承兑银行; 承兑行	Accepting Bank
지급은행	付款银行; 付款行	Drawee Bank; Paying Bank
매입은행	议付银行; 议付行	Negotiating Bank
독립성의 원칙	独立性原则	Principle of Independence
추상성의 원칙	抽象性原则	Principal of Abstraction
수입화물대도	信托收据	Trust Receipt; T/R
수입화물선취보증장	保函; 保证书	Letter of Guarantee; L/G

대화하기 8-2

한국 청해진물산 해외영업팀 신주현 부장이 중국 신신통상과의 '완도 김' 수출 건과 관련된 신용장을 받고 최은호 사장에게 보고하고 있다.

신 부장 : 사장님, 중국으로부터 신신통상 수출 건 관련 신용장이 왔습니다.

최 사장 : 그래요? 중국 어느 은행에서 발행되었습니까?

신 부장 : 중국 교통은행입니다.

최 사장 : 신용장 조건은 어떻습니까?

신 부장 : 네, 일람지급신용장으로 지급은행은 교통은행 서울지점입니다.

최 사장 : 일람지급신용장이면 환어음은 필요없겠네요. 다른 조건들은 뭐가 있어요?

신 부장 : 유효기일은 11월 25일까지이고 최종 선적일은 명시되지 않았습니다.

최 사장 : 그럼 유효기일내에 선적하면 되겠네요.

신 부장 : 또한, 선하증권, 상업송장, 보험증권. 포장명세서, 해썹(HACCP)인증서 사본 등을 첨부할 것을 요구하고 있습니다.

최 사장 : 중국 신신통상 일처리가 매우 깔끔하네요. 그에 보답하기 위해서라도 품질공정에 세심한 주의가 더 필요합니다.

신 부장 : 네, 생산팀에 사장님 지시사항을 전하겠습니다.

최 사장 : 그리고 11월 25일이면 일요일이니까 11월 26일 월요일까지 교통은행 서울지점에 서류를 반드시 제출해야 합니다. 물론 그렇다고 최종 선적일도 11월 26일까지 연기되는 것이 아닙니다. 알고 계시죠?

신 부장 : 네, 잘 알고 있습니다. 걱정마십시오.

최 사장 : 그럼 수고하세요.

对话 8-2

韩国清海镇物产海外营业组部长申周贤收到与中国欣欣通商出口"莞岛海苔"相关的信用证后，正在向崔恩浩社长报告。

申部长：社长，中国发来了关于欣欣通商出口的信用证。

崔社长：是吗？ 在中国哪家银行发行的？

申部长：中国交通银行。

崔社长：信用证条件呢？

申部长：是即期不可撤消信用证，支付银行是交通银行首尔分行。

崔社长：如果是即期不可撤消信用证，就不需要汇票了。还有什么其他条件?

申部长：有效期至11月25日，未注明最终装船日期。

崔社长：那在有效期内装船就行了。

申部长：还有提单、商业发票、保险单。以及附上包装明细单、HACCP认证（危害分析的临界控制点）复印件等。

崔社长：既然中国欣欣通商办事干净利落，那我们也需要予以回应，应更加注重生产质量。

申部长：好的，我会向生产组传达社长的指示事项。

崔社长：还有11月25日是周日，所以必须在11月26日星期一之前向交通银行首尔分行提交文件。当然，最终装船日期也不能推迟到11月26日。知道吧？

申部长：是的，我很清楚。您放心吧。

崔社长：那就辛苦你了。

Lesson 9

보험조건

제 1 절 보험조건의 개요

1. 해상보험의 의의

해상보험(海上保险, Marine Insurance)은 항해에 관한 사고에 기인하여 발생하는 손해를 보상하는 손해보험제도(损害保险制度)이다. 보험자(보험업자; 보험회사, 保险公司, Insurer; Assurer; Underwriter)가 물품의 해상수송 중에 발생하는 위험을 인수하고 이들 위험에 기인한 손해가 발생하였을 경우 피보험자(被保险人, the Insured, the Assured)에게 그 손해액을 보상할 것을 계약하고, 그 보수로서 보험계약자(投保人; 保单持有人, Policy Holder)로부터 보험료(保费; 保险费, Insurance Premium)를 지급받는다.

韩中 문장 익히기

- 해상보험은 항해에 관한 사고에 기인하여 발생하는 손해를 보상하는 손해보험제도로 보상원칙은 실제로 입은 손해만을 보상하는 '실손보상의 원칙'이다.
  ☞ 海上保险是补偿因航海相关事故而造成的损失的"损失保险制度"，遵循只补偿实际损失的"实损补偿原则"。

연습문제

※ 해상보험의 보상원칙은?

① 실손보상(实损补偿)의 원칙　② 최소보상의 원칙
③ 이익보상의 원칙　④ 증액보상의 원칙

☞ ① 해상보험계약은 실손보상을 목적으로 하는 계약이다. 여기에서 실손보상이란 손해를 입은 피보험자를 보험사고 직전과 같은 금전상의 상태(pecuniary position)로 복귀시키자는 것이다.

※ 인코텀스 2020에서 수출자가 의무적으로 적하보험에 가입해야할 필요는 없지만 자신의 위험을 방지하기 위하여 보험계약을 체결하는 조건으로만 기재된 것을 고르시오.

① CFR, CIF, DAP　② CIF, CPT, DAP
③ FCA, CFR, CPT, DDP　④ DAP, DPU, DDP

☞ ④ 인코텀즈 2020의 11개 조건중에서 수출자가 보험계약 의무가 있는 조건은 CIF와 CIP이며, 나머지 조건은 수출업자의 보험계약 선택사항이다.

일반적으로 무역과 관련된 보험계약의 내용을 살펴보면 인코텀즈의 FOB조건이나 CFR조건의 경우 보험계약자와 피보험자가 동일인이지만 CIF조건의 계약에서는 수출자가 보험계약자, 수입자가 피보험자이다. 또한, 보험계약에 의하여 보험자가 위험을 인수하는 것을 '위험을 담보한다(风险担保)'라고 말하고, 이와 같이 인수한 위험에 기인하여 발생한 손해액을 보상하는 것을 '손해를 보상한다(补偿损失)'라고 한다.

韩中 문장 익히기

• 보통 보험계약자와 피보험자는 동일인이 된다. 하지만 CIF와 CIP조건에서는 보험계약자는 매도인(수출업자), 피보험자는 매수인(수입업자)이다.

☞ 一般投保人与被保险人为同一人。但在CIF和CIP条件下，投保人是卖方（出口商）、被保险人是买方（进口商）。

한편, 해상보험의 대상에는 선박보험(船舶保险, Hull Insurance)과 적하보험(货物保险, Cargo Insurance)으로 구분되는데 무역에서 취급하는 보험은 통상적으로 해상보험 중 적하보험을 말한다.

2. 해상보험용어

1) 위험

해상보험에서 위험은 손해발생의 원인, 보험사고, 피보험위험 또는 피보험위험 발행의 가능성을 가져오게 하는 위험 상태 등 여러 가지 뜻으로 사용되고 있으며, 이를 해상위험이라고 한다.

해상위험(海上风险, Marine Peril)은 항해에 기인 또는 부수되는 모든 위험으로 해상고유의 위험(海难, Perils of the seas)은 물론 화재(火灾, Fire; Burning), 투하(投弃, Jettison) 등 보험증권에 의해 정해진 기타의 위험을 포함하고 있으며, 보험자는 이러한 위험에 의해 보험목적물의 손해가 발생된 경우에 보상책임을 지게 된다.

韩中 문장 익히기

- 해상위험은 항해에 기인 또는 부수되는 모든 위험으로 해상고유의 위험은 물론 화재, 투하 등 보험증권에 의해 정해진 기타의 위험을 포함하고 있으며, 보험자는 이러한 위험에 의해 보험목적물의 손해가 발생된 경우에 보상책임을 지게 된다.

  ☞ 海上风险是指航海中的所有风险。不仅包括海上固有的风险，还包括火灾、掉落等保单规定的其他风险。因这种风险造成货物损失时，承保人将承担赔偿责任。

2) 손인

손인(损因, peril)이란 손해의 원인(损害的原因)으로 좌초, 충돌, 화재 등 사고가 발생한 구체적인 원인을 말한다. 해상보험에서 손인은 근인주의원칙(近因原则, Principle of Causa Proxima)을 택하고 있다.

근인주의 近因主义 Principle of Causa Proxima

- 근인주의는 여러 가지 원인에 의해 손해가 발생한 경우 가장 관계가 있는 원인에 의해서 발생한 손해만을 보험자가 보상한다는 원칙이다. 여기에서 가장 가깝다는 것은 시간적, 장소적으로 가깝다는 의미가 아니고 발생의 효과와 가장 관계가 있는 원인을 말한다.

  ☞ 近因原则指如果因各种原因造成损失，投保人只补偿由最有关联的原因造成的损失。这里不是指时间和地点，而是指与结果最有关联的原因。

3) 보험계약의 당사자

(1) 보험자

보험자(承保人; 保险公司, Insurer; Assurer; Underwriter)는 보험료를 받아 해상위험을 부담하는 자이고, 보험계약을 인수한 자로서 보험계약자로부터 보험료를 대가로 하여 보험기간 중 발생하는 보험사고로 인한 손실을 보상하기 위하여 보험금을 지급할 의무를 지는 자, 즉 '보험회사(保险公司)'를 말한다.

韓中 문장 익히기

- 보험자는 보험계약자로 부터 보험료를 받아 그 대가로 해상위험을 부담하는 자로 보험기간 중 보험사고가 발생한 경우 보험금을 지급할 의무를 지닌 자, 즉 보험회사를 말한다.

  ☞ 承保人是指从投保人处收取保险费来作为代价，承担海上危险的人。在保险期间发生保险事故时，有义务支付保险金的一方，即保险公司。

(2) 보험계약자

보험계약자(投保人; 保单持有人, Policy Holder)는 자기 명의로 보험회사와 보험계약을 체결하고 보험료(保费; 保险费,Insurance Premium)를 지불할 의무가 있는 당사자이다. 그리고 보험계약의 청약자이며 보험료지급의무, 주요 사항 고지의무 및 위험변경 증가의 통지의무 등을 부담하는 자를 말한다.

韓中 문장 익히기

- 보험계약자는 보험자와 보험계약을 체결하고 보험료를 지급하기로 약속한 자로 통상 피보험자와 동일한 사람이 되나 그렇지 않은 경우도 있다.

  ☞ 投保人是指与承保人签订保险合同，并约定支付保险费的一方。通常与被保险人为同一方，但也有不是的情况。

한편, 물품운송에 대한 위험의 이전 분기점이 가격조건에 따라 달리하므로 위험을 감수하게 되어 보험을 부보해야 할 보험계약자도 이에 따라 달라진다. 즉, 주 운송에 대한 보험계약과 관련한 법적 의무는 인코텀즈 2020의 11개 조건 중 CIF와 CIP조건만이 해당되며, 이 경우 매도인은 매수인을 위해 보험계약을 체결하고 보험료를 납부해야 할 의무를 지니고 있다.

(3) 피보험자

피보험자(被保险人; 受保人, Insured; Assured)는 피보험이익(可保利益, Insurable Interest)의 주체로서 보험사고의 발생으로 인하여 피보험목적물(可保财产, Insurable Property)에 손해가 발생하면 보험자로부터 보상받을 권리를 갖는 자를 말한다. 여기서 보험계약자와 피보험자는 매매계약의 형태에 따라서 동일인이 될 수도 있다.

韩中 문장 익히기

- 피보험자는 피보험이익의 주체로서 보험사고의 발생시 보험자로부터 손해의 보상으로 보험금을 받는 자를 말한다.

  ☞ 被保人是指作为可保利益的主体，在发生保险事故时，可以从承保人那里得到保险金作为损失赔偿的人。

A+ 연습문제

※ 보험계약자와 피보험자가 서로 다른 무역조건은?

① FOB ② CFR ③ CIP ④ DDP

☞ ③ CIF와 CIP조건하에서 해상보험은 매도인(수출업자)이 매수인(수입업자)을 위하여 보험자와 보험계약을 체결하고 보험료를 부보하고 있다. 따라서 보험계약자는 매도인(수출업자)이고 피보험이익자는 매수인(수입업자)이다.

4) 보험계약의 기본 용어

(1) 보험료·보험금·보험목적물

① 보험료

보험료(保费; 保险费, Insurance Premium)는 보험자의 위험부담에 대한 대가로서 보험계약자 또는 피보험자가 보험자에게 지불하는 금액이다. 보험료율(保险费率, Premium Rate)은 보험(가입)금액에 대하여 백분율(%)로 표시되며, 보험료는 보험금액(일반적으로 CIF value × 110%)에 보험료율(Premium Rate)을 곱해서 산출된다.

韩中 문장 익히기

• 보험료는 보험자의 위험부담에 대한 대가로서 보험계약자 또는 피보험자가 보험자에게 지불하는 금액이다.

☞ 保险费是投保人或受保人支付给承保人，让其承担风险的费用。

② 보험금

보험금(保险金; 保险赔偿, Insurance Benefit)은 보험자가 담보위험으로 피보험자가 입은 재산상의 손해에 대해 지급하는 보상금을 말한다.

韩中 문장 익히기

• 보험금은 보험자가 피보험자가 입은 재산상의 손해에 대해 지급하는 보상금을 말한다.

☞ 保险金是指承保人支付给被保人遭受损失的赔偿金。

③ 보험목적물

보험목적물은 해상보험에서 보험을 통하여 보호되는 객체로서 피보험목적물(保险标, Subject Matter Insured)이라고 하며, 위험 발생의 객체로서 해상보험을 통하여 보호되는 객체인 적하(화물; 货物, Cargo)와 선박(船舶, Hull)과 함께 운임(货运, Freight), 선임(임금; 工钱, Wages) 등을 그 대상으로 하고 있다.

韩中 문장 익히기

• 보험목적물은 위험 발생의 객체로서 피보험목적물이라고 하며, 해상보험에서 보험목적물은 화물인 경우의 적하보험 이외에 선박회사가 선박에 대해서 부보하는 선박보험이 있다.

☞ 保险目的物作为发生危险的客体，被称为保险标。在海上保险中，保险标是货物时，保险除了包括对货物装载时的保险外，还包括船舶公司对船舶进行附加的船舶保险。

(2) 피보험이익과 희망이익

① 피보험이익

피보험이익(可保利益, Insurable Interest)은 피보험목적물에 대해 특정인(피보험자)이 갖는 이해관계로 보험목적물이 멸실 또는 손상됨으로써 경제적 손실을 입게 되는 특정인이 보험계약에 의거하여 보험자로부터 보호받는 이익이다. 보험금은 이러한 피보험이익을 금액으로 환산한 것이다.

韓中 문장 익히기

- 피보험이익은 피보험목적물에 대해 특정인(피보험자)이 갖는 이해관계로 보험목물이적 멸실 또는 손상됨으로써 경제적 손실을 입게 되는 특정인이 보험계약에 의거하여 보험자로부터 보호받는 이익이다. 보험금은 이러한 피보험이익을 금액으로 환산한 것이다.
  ☞ 可保利益是指特定人(受保人)对保险标之间所具备的利害关系。保险标发生风险，而导致受保人遭受经济损失。根据保险合同，承包人要保护受保人的利益。保险金就是赔偿受保人的费用。

보험계약이 효력을 발생하기 위해 피보험이익이 갖추어야 할 3가지 요건

① 피보험이익은 적법한 것이어야 한다는 것으로 법규에 위반하면 법의 보호를 받지 못하므로 보험계약은 무효가 된다.
☞ 可保利益必须是合法的，若违反法规，就不能受到法律的保护。因此保险合同无效。

② 피보험이익은 경제적 이익, 즉 금전으로 산정할 수 있어야 한다.
☞ 可保利益可以用经济利益，即，金钱来计算。

③ 피보험이익이 누구에게 있는지, 누구에게 귀속될 것인지 확정되거나 확정할 수 있는 것이어야 한다.
☞ 可保利益是可以被确定为保护谁，以及被谁保护的。

② 희망이익

희망이익(预期利益, Imaginary[Anticipated] Profit)은 매매계약물품이 무사히 목적지에 도착하면 수입자가 도착된 화물을 판매함으로써 얻을 수 있다고 기대되는 이윤으로 예상이익이라고 한다.

韩中 문장 익히기

- 희망이익은 매매계약물품이 무사히 목적지에 도착하면 수입자가 도착된 화물을 판매함으로써 얻을 수 있다고 기대되는 이윤으로 예상이익이라고 한다.

☞ 预期利益是指交易货物安全到达目的地后，进口商通过销售货物而获得的利润。又称可得利益。

현행 인코텀즈 2020의 11개 조건 중 보험계약 의무를 규정하고 있는 조건은 CIF와 CIP이며, 이 경우 매도인은 매수인의 특별한 요청이 없으면 통상 CIF는 ICC(C)조건, CIP는 ICC(A)조건으로 송장 금액의 110%로 부보한다. 즉, 수입업자가 상품을 수입할 때 송장금액만 보험에 부보하면 희망이익을 잃어버리므로 통상 송장금액의 10%를 희망이익(또는 예상이익)으로 하여 보험에 부보한다.

A+ 연습문제

※ 희망이익보험에 관한 설명으로서 적합하지 못한 것은?

① 희망이익을 보험의 목적으로 한 것이다.
② 보통 적화에 포함해서 부보한다.
③ 예상수익에 부보하는 것이다
④ 화재보험의 일종이라 할 수 있다.

☞ ④ 희망이익이란 예상이익, 기대이익이라고도 하는데, 이는 약정 물품이 수입지에 무사히 도착하여 이를 매각 또는 전매하였을 경우에 얻을 수 있다고 예상되는 이익을 말하는데, 희망이익은 화재보험에 가입하는 것이 아니고 해상보험(무역보험)에서 취급한다.

(3) 보험가액과 보험금액

① 보험가액

보험가액(保险价值, Insurable Value)은 피보험이익의 평가액으로 보험사고 발생 시 피보험자가 당할 수 있는 경제적 손해의 최고한도액을 말한다. 보험가액은 일반적으로 상업송장(商业发票) 금액의 110%가 국제상 관례로서, 적하보험요율서(货物保险费率表)상에는 최고 150%까지 한도를 정하고 있으나 보험회사에서는 보험계약자 혹은 피보험자에 의한 역선택(逆向选择, Adverse Selection)을 방지하기 위하여 대개 130%까지로 제한하고 있다.

韩中 문장 익히기

- 보험가액(保险价值, Insurable Value)은 피보험이익의 평가액으로 보험사고 발생 시 피보험자가 당할 수 있는 경제적 손해의 최고한도액을 말한다.
  ☞ 保险价值是指被保险利润的评价额。是指发生保险事故时，受保人可能遭受的经济损失的最高限额。

② 보험금액

보험금액(保险金额, Sum Insured)은 보험계약자가 실제로 보험에 가입한 금액으로 전손이 발생하였을 경우 보험자가 피보험자에게 지급해야 할 손해보상책임의 최고한도액으로 보험자는 이를 한도로 하여 보상책임을 부담하게 된다. 보험금액은 보험가액의 범위 내에서 자유로이 정할 수가 있지만 그것을 초과할 수는 없다.

韩中 문장 익히기

- 보험금액은 보험계약자가 실제로 보험에 가입한 금액으로 전손이 발생하였을 경우 보험자가 피보험자에게 지급해야 할 손해보상책임의 최고한도액을 말한다.
  ☞ 保险金额是指投保人实际投保的金额。发生全损时，承包人应向被保险人支付的损失赔偿的最高限额。

일반적으로 보험금액과 보험가액은 상호 일치하는데 이를 전부보험(足额保险; 全额保险, Full Insurance)이라고 하며, 보험금액이 보험가액보다 작은 경우를 일부보험(不足额保险, Under Insurance or Part Insurance), 그리고 보험금액이 보험가액을 초과하는 경우를 초과보험(超额保险, Over Insurance)이라고 한다.

전부보험, 일부보험, 초과보험 全额保险, 不足额保险, 超额保险

- 전부보험이란 보험금액이 보험가액과 일치하고 있는 경우를 말한다.
  ☞ 全额保险是指保险金额与保险价值一致的情况。
- 일부보험이란 보험금액이 보험가액에 미달되는 경우를 말한다.
  ☞ 不足额保险是指保险金额未达到保险价值的情况。
- 초과보험이란 보험금액이 협정 보험가액을 초과한 경우를 말하며, 그 초과액은 무효가 된다.
  ☞ 超额保险是指保险金额超过保险价值的情况，超额部分无效。

연습문제

※ 해상적하보험에 관한 설명 중 틀린 것은?

① 보험금액은 보험회사의 최고 책임한도액이 된다.

② 보험가액은 보험사고 발생의 경우에 피보험자가 입게 되는 손해액의 최고한도액이다.

③ 보험가액은 일반적으로 CIF 송장 가격에 10%의 희망이익을 가산한 가액이다.

④ 중복보험은 2개의 보험목적물이 동일의 보험자에게 가입되어 있는 경우를 말한다.

☞ ④ 중복보험은 동일 피보험이익 및 동일 위험에 대하여 동일한 피보험자를 주체로 하여 수개의 보험계약이 존재하고 또 계약의 보험금액 합계가 보험가액을 초과하는 경우를 의미한다.

무역 용어 贸易用语

해상보험	海上保险	Marine Insurance
선박보험	船舶保险	Hull Insurance
적하보험	货物保险	Cargo Insurance
해상고유의 위험	海难	Perils of the seas
투하	投弃	Jettison
손인	损因	peril
보험자	承保人; 保险公司	Insurer, Assurer, Underwriter
보험계약자	投保人; 保单持有人	Policy Holder
보험료	保险费	Insurance Premium
보험요율	保险费率	InsurancePremium Rate
보험금	保险金	Insurance Benefit
보험목적물	保险标	Subject-matter Insured
피보험이익	可保利益	Insurable Interest
희망이익	预期利益	Imaginary[Anticipated] Profit
역선택	逆向选择	Adverse Selection
보험가액	保险价值; 可保价值	Insurable Value
보험금액	保险金额; 保额	Sum Insured
전부보험	全额保险; 足额保险	Full Insurance
일부보험	不足额保险	Under Insurance, Part Insurance
초과보험	超额保险	Over Insurance

대화하기 9-1

> 한국 명문산업 해외영업팀 이민선 사원은 중국으로 '자동차시트' 수출에 따른 보험을 부보하기 위해 나상호 대리에게 적하보험에 대해 문의를 하고 있다.

나 대리 : 이민선 씨, 중국 자동차 시트 수출 계약조건이 CIF조건이나요?

이 사원 : 네, CIF shanghai 조건입니다.

나 대리 : 선적일은 언제입니까?

이 사원 : 다음 주 6월 8일 수요일에 광양항에서 선적합니다.

나 대리 : 그럼, 이번 주까지 보험회사에 연락해서 보험계약 체결하고 보험증권을 받아놓으세요. 다른 특별한 사항 있습니까?

이 사원 : 나 대리님, 우리가 보험계약을 체결해야 하나요? 지난 달 미국으로 수출할 때는 우리가 보험계약을 체결 안한 것 같은데요.

나 대리 : 아, 그건 지난달 미국 수출 건은 조건이 FOB조건이었기 때문이에요. 이번 중국 수출은 CIF조건이잖아요. 이민선 씨, 인코텀즈 11개 조건 중에서 보험계약 의무가 있는 조건은 CIF와 CIP 두 개의 조건뿐이에요.

이 사원 : 그럼 나머지 조건에서는 보험이 필요 없나요?

나 대리 : 아니에요. 필요가 없는 것이 아니라 보험계약 의무만 없다라는 거예요. 즉, 자기 물품을 위해 보험계약을 체결하는 것은 상관이 없다는 거예요. 일반적으로 인코텀즈에서 보험계약자와 피보험자는 동일합니다. 다만 CIF와 CIP만 유일하게 보험계약자는 매도인, 피보험자는 매수인으로 달라요.

이 사원 : 그럼 어떤 조건으로 보험에 부보합니까?

나 대리 : 양 당사자가 특별히 약정하지 않는 한 보통 CIF조건일 경우에는 ICC(C) 110%, CIP조건일 경우에는 ICC(A) 110%로 부보합니다.

이 사원 : 여기에서 110%는 어떤 의미예요?

나 대리 : 110%는 송장금액에 10%를 가산한 금액을 말합니다. 예를 들어 수출품의 가격이 미화 10,000달러라면 여기에 10%인 미화 1,000달러를 더해 보험금을 미화 11,000달러로 보험계약을 체결한다는 의미예요. 보험사고가 발생하면 보험회사에서 미화 11,000달러까지 보상을 해준다는 의미예요. 여기에서 10% 즉, 미화 1,000달러는 수입업자가 정상적으로 물품을 수입해서 판매한 후 얻을 수 있는 예상이익 또는 희망이익이라고 합니다.

이 사원 : 그럼 200%도 할 수 있겠네요.

나 대리 : 그건 안돼요. 현행 보험요율서에는 150%까지 가능하다고 나오는데 현실적으로는 보험회사에서는 130%까지만 부보해 주고 있어요. 보험금을 너무 높게 하면 보험금을 노리고 일부러 보험사고를 내는 '역선택'을 할 수 있잖아요. 그래서 역선택을 방지하기 위해서 130%까지만 부보해 주고 있어요.

이 사원 : 그리고 보험증권과 보험증명서는 무슨 차이가 있어요?

나 대리 : 보험증권은 매번 무역거래를 할 때마다 보험회사가 보험가입을 했다라는 증명으로 발급해주는 것이고, 보험증명서는 '포괄보험'에서 발행되는 약식증서로 이해하면 돼요. 이 두 가지 증서는 보험회사가 발행하는 모두 정상적인 보험서류이고 CIF나 CIP조건일 경우 상업송장, 선하증권과 함께 제출해야 하는 필수 운송서류예요. 또 궁금한 게 있어요?

이 사원 : 마지막으로 보험가액과 보험금액은 어떤 관계가 있어요?

나 대리 : 먼저 보험가액은 보험자가 보상책임을 지는 법률상 최고한도이고, 보험금액은 보험사고 발생시 보험자가 보상하는 최고한도액을 말합니다. 일반적으로 보험금액과 보험가액은 상호 일치하는데 이를 전부보험이라고 하며, 보험금액이 보험가액보다 작은 경우를 일부보험, 그리고 보험금액이 보험가액을 초과하는 경우를 초과보험이라고 해요. 여기서 중요한 것은 해상보험에서 보상원칙은 '실손보상원칙'이기 때문에 보험계약이 무효가 될 수 있어요. 위에서 말한 역선택을 방지하기 위해서입니다.

이 사원 : 네, 감사합니다.

对话 9-1

韩国名牌产业海外营业组职员李敏善正在就向中国出口"汽车座椅"的保险事宜向罗相浩代理咨询。

罗代理： 李敏善，向中国出口的汽车座椅合同条款是CIF条款吗？

李职员： 是的，是CIF shanghai。

罗代理： 装船日期是什么时候？

李职员： 下周周三，6月8日在光阳港装船。

罗代理：那么，请在这周联系保险公司签订保险合同、领取保险单。还有其他特别事项吗？

李职员：罗代理，我们需要签订保险合同吗？上个月出口美国的时候，我们好像没有签订保险合同。

罗代理：那是因为上个月出口美国是FOB条款，而这次向中国出口是CIF条款。在国际贸易术语解释通则的11个条款中，有保险合同义务的条款只有CIF和CIP。

李职员：那么其他条款都不需要保险吗？

罗代理：不是的。不是不需要,而是没有保险合同义务。也就是说，不需要再为自己的物品签订保险合同。一般来说，在国际贸易术语解释通则中，投保人和被保险人都是一样的。但是只有CIF和CIP，投保人是卖方、被保险人是买方。

李职员：那以什么条件去投保呢？

罗代理：除双方另有约定，一般CIF价格条件下，以ICC(C)110%；CIP价格条件下、以ICC(A)110%去投保。

李职员：这里的110%是什么意思？

罗代理：110%是指在发票金额加上10%。例如,如果出口产品的价格是10000美元，那么再加上10%的1000美元，保险金以11000美元签订保险合同。也就是说,如果发生保险事故，保险公司会赔偿11000美元。此处10%，即1000美元为进口商正常进口货物销售后可获得的预期利润或目标利润。

李职员：那200%也可以吧。

罗代理：那不行。现行保险费率书中显示可以达到150%，但实际上保险公司只提供130%的附加保险费。如果保险金过高，有可能会发生故意损害保险标的"逆向选择"、所以为了防止此类保险事故的发生，只附加到130%。

李职员：那保险单和保险证明有什么区别？

罗代理：保险单是每次进行贸易交易时，保险公司都会作为投保的证明发放的,保险单可以理解为"综合保险"发行的简式证书。这两份证书是保险公司开具的正常保险单。在CIF或CIP条件下，必须同时提交商业发票、提单的必备运输单。还有什么想知道的吗?

李职员：最后一个问题，保险价值和保险金额有什么关系？

罗代理：首先，保险价值是保险公司承担赔偿责任的法律最高限额，保险金额是指保险公司发生保险事故时赔偿的最高限额。一般来说，保险价值和保险金额一致时，被称为足额保险。保险金额小于保险价值时，被称为不足额保险。保险金额超过保险价值时，被称为超额保险。需要注意的是，在海上保险中，赔偿原则为"实际赔偿原则"，因此保险合同可能会无效。这也是为了防止刚说过的"逆向选择"事故发生。

李职员：好的，明白了。谢谢。

제2절 해상손해와 협회적하약관

1. 해상위험

1) 해상위험의 의의

해상위험(海上风险, Maritime Perils)은 해상보험의 대상이 되는 위험을 말한다. 한국의 상법 제693조는 해상보험계약은 '항해에 관한 사고(航海事故)'로 인하여 생길 손해의 보상을 목적으로 한다는 뜻을 규정하고 있고, 영국해상보험법(英国海上保险法, Marine Insurance Act; MIA) 제3조는 해상위험(海上风险)이란 '항해에 기인 또는 부수하는 위험(海上航行引起的或附带的危险, perils consequent on, or incidental to, the navigation of the sea)'이라고 정의하고 있다.

즉, 해상위험은 항해의 위험에 한정되는 것이 아니라 항해에 부수하는 위험도 포함된다. 따라서 하천 또는 항만(港湾) 등 내수로(内河路)에서의 항행(航行) 또는 정박(停泊) 중의 위험, 화물을 환적(转运)하기 위한 양륙(卸货) 중의 위험도 해상위험에 포함된다.

> **韓中 문장 익히기**
>
> • 해상위험은 해상운송에 기인 또는 부수되는 모든 위험을 말한다. 그러나 해상보험계약상 보험자가 담보하는 것은 이들 해상위험 중 보험증권에 열거된 특정의 위험뿐이다.
>
> ☞ 海上风险是指任何由海上运输引起或附带的风险。但海上保险合同上承包人担保的只有海上风险保险单上列出的特定风险。

2) 해상위험의 담보위험

담보위험(担保风险)이란 해상사업을 위해 항해할 때 예상되는 사고나 손실에 대비하여 이를 보상하는 보험을 구입하여 부보하는 것으로 항해에 따르는 사고나 손실을 보상해줄 것을 약속하는 해상사업 및 해상위험을 말한다.

(1) 해상고유의 위험

해상고유의 위험(海难, Perils of the sea)은 바다의 자연적 위험으로 인해 발생하는 우연한 사고 또는 재난, 즉, 침몰(沉没, Sinking), 좌초(搁浅, Stranding) 및 교사(얹힘; 触底, Grounding), 충돌(碰撞, Collision), 악천후(恶劣气候; 坏天气, heavy weather, 황천) 등의 자연적 위험(自然风险)을 말한다. 단, 바람 또는 파도 등의 통상적인 작용(常见风险)은 포함되지 않는다.

> 韩中 문장 익히기
>
> • 해상고유의 위험은 바다의 자연적 위험으로 인해 해상에서 발생하는 우연한 사고 또는 재난 등을 말한다.
>
> ☞ 海上特有风险是指在海上因自然危险而发生的偶然事故或灾难等。

한편, 악천후는 화물의 해수침손이나 갑판적 화물의 풍랑 유실, 악천후에 의한 곰팡이 손해 등이 있으며, ICC(A)나 ICC(B)는 보상되지만, ICC(C)조건은 담보되지 않는다.

(2) 해상위험

해상위험은 바다의 자연적 위험이 아니라 항해에 기인하거나 항해에 부수하여 발생하는 위험을 말한다. 여기에는 화재(火灾, Fire; Burning), 투하(投弃, Jettison), 해적·전쟁·선원의 악행(海盗·战争·船员的恶行, Pirate·War·Barratry)과 같은 인위적 위험(人为风险)이 포함된다. 여기에서 전쟁위험(战争风险, War Risks)은 군함(军舰)이나 외적(敌人)에 의한 습격 및 포획(袭击与捕获), 해상 탈취와 나포(抢夺与截获) 등을 말하며, 특약을 가입해야 담보를 받을 수 있다.

2. 해상손해

1) 해상손해의 의의

해상손해(海上损失, Marine Loss)란 항해사업과 관련된 화물이나 선박 등 피보험목적물이 해상위험의 발생으로 피보험이익의 전부 또는 일부가 멸실 또는 손상됨으로써 발생하는 피보험자의 경제상의 부담 또는 재산상의 불이익(被保险人经济上的

负担或财产上的损失)을 말한다. 또한, 넓은 의미의 해상손해는 피보험목적물의 손해인 물적손해와 비용손해 등을 포함하는 의미이다.

韩中 문장 익히기

- 해상손해는 해상위험의 발생으로 인하여 전부 또는 일부가 멸실 또는 손상되어 피보험자에게 경제적 불이익을 초래한 것으로 넓은 의미의 해상손해는 피보험목적물의 손해인 물적손해와 비용손해 등을 포함한다.
  ☞ 海上损失是指因海上危险的发生，全部或部分货物受损，给被保险人造成经济损失。广义上的海上损失包括保险标的损失，即物质损失和费用损失等。

2) 해상손해의 유형

해상손해는 물적손해(物质损害, Physical Loss), 비용손해(费用损失, Expenses Loss), 배상책임손해(负债损失, Liabilities Loss)로 구분된다.

(1) 물적손해

물적손해는 보험목적물 자체에 직접적으로 발생된 손해로서 보험목적물의 전부가 멸실되는 전손(全部损失; 全损, Total Loss)과 보험목적물의 일부가 손상되는 분손(部分损失, Partial Loss)으로 구분된다.

① 전손

전손(全部损失; 全损, Total Loss)이란 피보험이익이 전부 멸실된 경우를 말하며, 전손은 다시 현실전손(实际全损)과 추정전손(推定全损)으로 구분한다.

韩中 문장 익히기

- 전손은 해상보험에 부보된 화물이 위험에 의해서 전부가 멸실되어 그 시장 가격을 상실하였을 경우를 말하며, 현실전손과 추정전손이 있다.
  ☞ 全损是指海上保险中的被保货物因风险而全部损失，丧失其市场价格的情况。全损包括实际全损和推定全损。

현실전손(实际全损, Actual Total Loss; ATL)은 보험목적물이 실질적으로 전멸된 경우를 말하며, 추정전손(推定全损,Constructive Total Loss; CTL)은 보험목적물이 실질적으로 전손은 아니지만 전손이나 다름없는 상태에 있는 경우로 추정전손으로 처리하기 위해서는 피보험자가 피보험목적에 대해 갖고 있는 일체의 권리를 보험자에게 이전함으로써 보험금액의 전부를 청구하는 위부(委付, Abandonment)의 행위가 있어야 한다.

韩中 문장 익히기

- 현실전손은 해상보험의 목적물인 부보화물이 현실적으로 전멸되거나 그 손해의 정도가 상품 가치를 완전히 상실하여 이를 회복할 수 없을 때, 해상위험에 직면한 선박이 행방불명이 되었을 경우를 말한다.
  ☞ 实际全损是指海上保险的保险标货物在现实中全部受损或受损程度已经完全丧失商品价值而无法恢复，或在运输过程中的船舶下落不明的情况。
- 추정전손은 보험목적물이 현실적으로 전멸되지 않았더라도 그 손해 정도가 본래의 효용을 상실하거나, 또는 구조되어도 그 비용이 구조 후의 시장가격을 초과함으로써 전손에 준하는 것으로 추정되었을 경우를 말한다.
  ☞ 推定全损是指，即使保险标没有完全受损，其损失程度也会丧失原来的价值。或即使被修复，其费用也会超过修复后的市场价格，因此被推测为相当于全损的情况。

위부와 대위권 委托和代位权 Abandonment & Right of Subrogation

- 위부란 추정전손이 인정될 수 있는 사유가 발생하였을 때 피보험자는 그 피보험목적물에 대해서 갖는 일체의 권리를 보험자에게 이전하고 대신 전손에 해당되는 보험금을 청구할 수 있는데, 이것을 위부라고 한다.
  ☞ 委付是在可以被认定为推定全损的情况下，被保险人可以将有关保险标的一切权利转让给承保人，并代为申请全损保险金，这一行为被称为委付。
- 대위권이란 보험자가 피보험자의 편의를 위해 보험금을 먼저 지불하고, 피보험자의 위부에 의해서 보험자는 피보험자를 대신해서 피보험이익에 관하여 제3자에 대하여 피보험자의 권리를 이양받아 취득하게 되며, 이렇게 취득한 권리를 대위권이라 하며, 피보험자가 발행한 대위권양도서에 의하여 보험금을 지급함으로써 그 효력이 발생한다.
  ☞ 代位权是指承保人为方便被保险人而先支付保险金，承保人收到保险人的委托，代替其向第三方转让被保险人的权利，称为代位权。被保险人签写代位权转让书后，承保人向第三方支付保险金。

② 분손

분손(部分损失, Partial Loss)은 보험에 부보된 선박 또는 화물 등의 일부가 멸실 또는 손상됨으로써 발생하는 손해를 말한다.

韩中 문장 익히기

- 분손은 보험에 부보된 선박 또는 화물 등의 일부가 멸실 또는 손상됨으로써 발생하는 손해를 말한다.
  ☞ 部分损失是指保险理赔的船舶或货物等，一部分受损而产生的损失。

분손은 손해발생 원인에 따라 그 손해를 피보험자가 단독으로 부담하는가 아니면 이해관계자가 공동으로 부담하는가를 기준으로 단독해손(单独海损, Particular Average; P.A)과 공동해손(共同海损, General Average; G.A)으로 구분된다.

韩中 문장 익히기

- 분손은 손해발생 원인에 따라 그 손해를 피보험자가 단독으로 부담하는가 아니면 이해관계자가 공동으로 부담하는가를 기준으로 단독해손과 공동해손으로 구분된다.
  ☞ 部分损失根据损失发生原因，按照被保险人单独承担损失还是利害关系人共同承担为标准，分为单独海损和共同海损。

여기에서 단독해손(单独海损, P.A)이란 피보험이익의 일부에 발생하는 손해로서 피보험자가 단독으로 입은 손해를 말하며, 공동해손(共同海损, G.A)은 피보험목적물이 공동의 위험에 처한 경우에 그 위험을 피하려고 선장의 책임하에 선박이나 적하품의 일부를 바다에 버려 희생시키는 해손으로 대표적인 공동해손이 투하(投弃, jettison)이다.

韩中 문장 익히기

- 단독해손은 해상손해가 부분손해로 발생했을 경우, 그 피보험이익의 일부가 멸실 또는 손상된 손해 중에서 공동해손을 제외한 손해를 말한다.
  ☞ 单独海损是指海上发生部分损失时，可保利益受损部分中，除共同海损外的其余损失。
- 공동해손은 해상운송에서는 선박 및 적하품이 공동의 위험에 직면하였을 경우, 그

손해를 방지하거나 최소한으로 줄이기 위하여 선박 또는 적하품의 일부를 고의로 희생시키거나 비용을 지출하면서 발생하는 손해를 말한다.

☞ 共同海损是指在海上运输中，船舶及装载货物面临共同危险时，为了防止或减少其损失，故意牺牲船舶或货物的一部分，或支出费用而产生的损失。

▌해상손해의 유형(海上损失的类型)▐

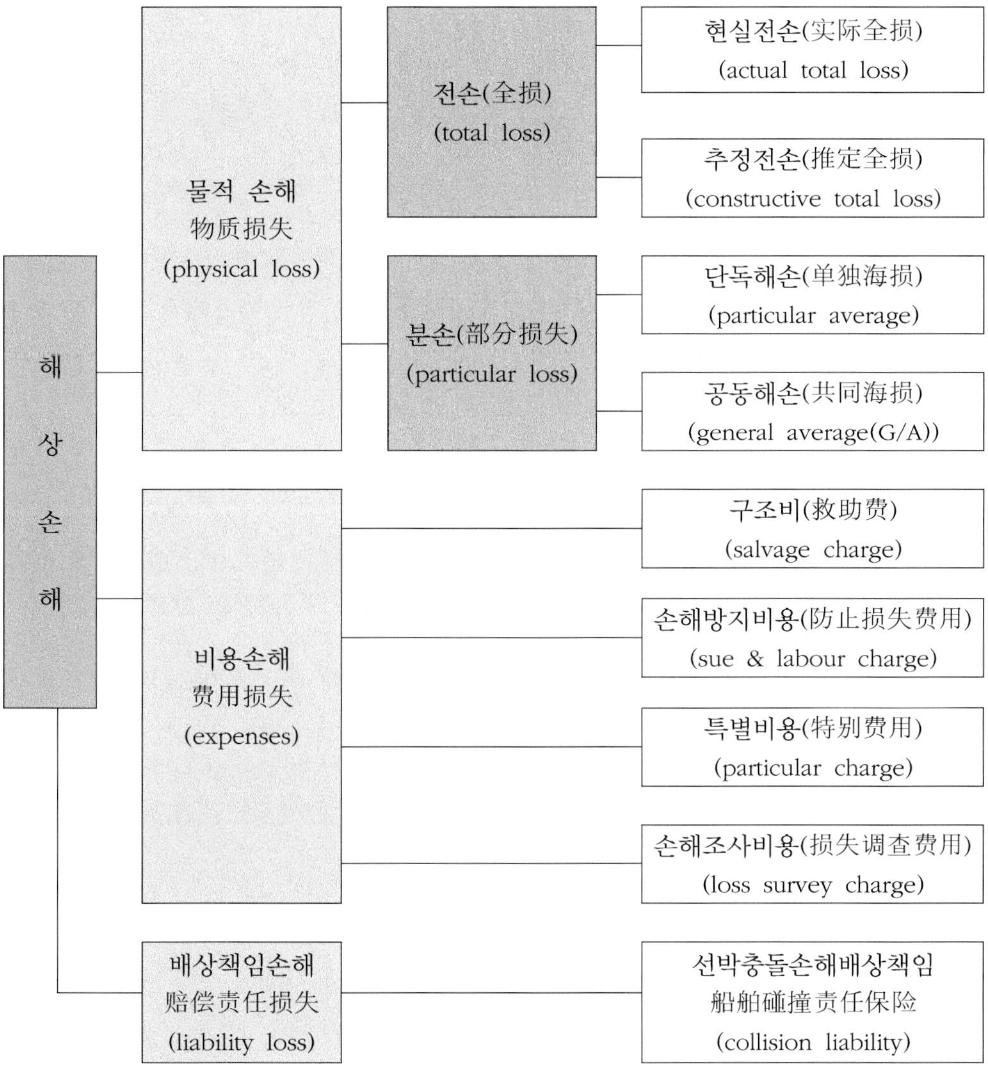

(2) 비용손해

비용손해(费用损失, Expenses Loss)는 보험목적물의 멸실 또는 손상과는 관계가 없고, 보험목적물이 보험증권에서 규정하고 있는 담보위험에 처해 있을 때 그로 인한 손해를 경감 혹은 방지하기 위하여 부득이하게 지출되는 비용을 말한다.

韓中 문장 익히기

- 비용손해(费用损失, Expenses Loss)는 보험목적물의 멸실 또는 손상과는 관계가 없고, 보험목적물이 보험증권에서 규정하고 있는 담보위험에 처해 있을 때 그로 인한 손해를 경감 혹은 방지하기 위하여 부득이하게 지출되는 비용을 말한다.

  ☞ 费用损失是指保险标受损，或处于保险单规定的担保风险时，为减轻或防止由此造成的损失而不得不支出的费用。

비용손해는 비록 원칙적으로 보험자가 부담하지 않는 보험외적인 간접손해이지만 예외적으로 보험자가 이를 부담한다. 단, 비용손해와 물적손해의 합계가 보험금액을 초과하는 경우에는 초과분의 비용손해는 보상하지 않는다. 그러나 비용손해의 여러 항목 중 손해방지비용은 초과분이더라도 예외적으로 보상한다.

韓中 문장 익히기

- 비용손해는 비록 원칙적으로 보험자가 부담하지 않는 보험외적인 간접손해이지만 예외적으로 보험자가 이를 부담한다. 단, 비용손해와 물적손해의 합계가 보험금액을 초과하는 경우에는 초과분의 비용손해는 보상하지 않는다. 그러나 비용손해의 여러 항목 중 손해방지비용은 초과분이더라도 예외적으로 보상한다.

  ☞ 费用损失虽然原则上是不由承包人承担的保险外间接损失，但也有例外情况。且费用损失和物质损失合计超过保险金额，则不赔偿超出部分的费用损失。但在费用损失的各种项目中，施救费用有超过部分也会例外进行补偿。

비용손해에는 손해방지비용(施救费用; 损害防止费用, sue and labour charges), 구조비(救助费用, salvage charges), 특별비용(特别费用, special charges), 공동해손분담금(共同海损分摊, general average contribution), 손해조사비용(损失调查费用, loss survey charges) 등이 있다.

비용손해의 종류

• 손해방지비용(施救费用; 损害防止费用, sue and labour charges)

□ 보험자가 담보하고 있는 보험사고가 발생한 경우에 보험사고로 인한 손해의 발생을 방지하거나 손해의 확대를 방지함은 물론 손해를 경감할 목적으로 하는 행위에 필요하거나 유익하였던 비용을 말한다.

☞ 施救费用是指发生承保人担保的保险事故时，防止发生损失或防止损失扩大，以减轻损失为目的的行为所需的费用。

• 구조비(救助费用, salvage charges)

□ 해상손해 중에서 비용손해에 해당되는 사항으로서 제3자가 해상에서 해난구조계약을 체결함이 없이 선박이나 화물을 해상위험으로부터 구조행위를 하고 구조에 성공해 그 대가로 받는 비용을 말한다.

☞ 是指第三方在海上未签订海难救助合同的情况下，对船舶或货物进行海上危险救助，并成功救助而收取的费用。被包括在费用损失中。

• 특별비용(特别费用, special charges)

□ 보험목적물의 안전 또는 보존을 위하여 피보험자에 의하여 또는 피보험자를 위하여 지출된 비용으로, 공동해손비용 및 구조비용 이외의 비용이다.

☞ 被保险人，或为被保险人支出的保证保险标的存放与安全的费用，是除共同海损费用及救助费用外的费用。

• 공동해손분담금(共同海损分摊费, general average contribution)

□ 보험자가 공동해손으로 손해를 본 피보험자에게 보상한 후 공동해손행위를 통해 혜택을 본 당사자에게 분담을 청구하는 비용으로 피보험자가 자기의 화물의 가액에 따라 분담하는 금액을 말한다.

☞ 共同海损分摊费用是指，对因共同海损而遭受损失的被保险人进行补偿后，向通过共同海损行为收益的当事人请求分担的费用。即，根据被保险人货物的金额计算出的、被保险人自己需要分担的金额。

• 손해조사비용(损失调查费, loss survey charges)

□ 손해가 발생하였을 경우 손해액 사정인에 의해서 손해의 원인 및 정도를 조사하는데 소요되는 비용이다.

☞ 发生损失时，由损失额核定人调查损失原因及程度所需的费用。

(3) 배상책임손해

배상책임손해(赔偿责任损失, Liability Loss)는 해상위험으로 인하여 피보험자가 타인에 대하여 손해배상책임을 지게 되는 손해를 말한다. 대표적인 것이 선박충돌손해배상책임(碰撞责任, Collision Liability Loss)으로 보험목적물인 선박의 충돌에 따른 간접손해로서 선주는 상대 선박의 선주 및 화주에 대하여 손해배상책임을 지게 된다.

韩中 문장 익히기

- 배상책임손해는 해상위험으로 인하여 피보험자가 타인에 대하여 손해배상책임을 지게 되는 손해를 말한다. 대표적인 것이 선박충돌손해배상책임이다.
  - ☞ 赔偿责任损失是指被保险人因海上风险，让他人承担损害赔偿责任的损失。最具代表性的是船舶碰撞损失赔偿责任。

3. 협회적하약관

무역에서 취급하는 보험은 통상적으로 해상보험 중 적하보험을 말한다. 해상적하보험에는 협회적하약관(协会货物条款, Institute Cargo Clause; ICC)으로 ICC(A), (B), (C) 등 세 가지 기본약관이 있다.

韩中 문장 익히기

- 협회적하약관은 런던보험업자협회에서 제정한 화물해상보험 특별약관으로서, 현재 ICC(A), ICC(B), ICC(C) 등 세 가지 기본약관이 있다.
  - ☞ 协会货物条款是伦敦保险业协会制定的货物海上保险特别条款,目前有ICC(A)、ICC(B)、ICC(C)等3种基本条款。

해상보험에 부보하기 위해서는 화물의 특성, 운송루트, 부보 범위와 보험료 등을 고려하여 계약화물에 가장 적합한 형태의 보험조건을 선정하여야 한다.

韩中 문장 익히기

- 해상보험에 부보하기 위해서는 화물의 특성, 운송루트, 부보 범위와 보험료 등을 고려하여 계약화물에 가장 적합한 형태의 보험조건을 선정하여야 한다.
  - ☞ 为进行海上保险理赔，应根据货物的特性、运输路线、理赔范围和保险费等因素，选择最适合交易货物的保险条款。

① 인코텀즈 2020의 CIF, CIP조건은 수출자가 수출국에서 출항전에 매수인을 위하여 보험을 부보해야 하는 의무가 있으며, 일반적으로 수출자나 수입자는 자신을 위해 DAT, DAP, DDP조건은 수출자가 보험을 부보하고, EXW, FCA, CFR, CPT, FAS, FOB조건은 수입자가 보험을 부보한다.

② 보험부보의 조건은 일반적으로 송장(INVOICE; 发票) 금액의 110%를 CIF는 ICC(C), CIP는 ICC(A)약관으로 부보한다. 또한, 보험금액의 통화는 매매계약의 통화로 가입해야 한다.

韓中 문장 익히기

- CIF와 CIP조건하에서 매도인(수출업자)은 매수인(수입업자)을 위하여 보험자와 보험계약을 체결하고 보험료를 납부할 의무가 있다. 그리고 나머지 조건하에서는 자신을 위하여 보험계약을 체결할 수 있다.
  ☞ 在CIF和CIP条件下，卖方(出口商)有为买方(进口商)与保险公司签订保险合同，并支付保费的义务。而且其他条件下，可以为自己签订保险合同。
- 보험부보의 조건은 일반적으로 송장 금액의 110%를 CIF는 ICC(C), CIP는 ICC(A)약관으로 부보한다. 또한, 보험금액의 통화는 매매계약의 통화로 가입해야 한다.
  ☞ 保险理赔条件一般按发票金额的110%进行理赔，CIF按ICC(C)、CIP按ICC(A)条款进行理赔。另外，保险金额的货币必须是买卖合同中规定的货币。

협회적하약관 协会货物条款 Institute Cargo Clause; ICC

ICC(C)

1. 화재, 폭발(火灾或爆炸, fire or explosion)
2. 좌초, 교사, 침몰, 전복(船舶或航船触礁､搁浅､沉没或倾覆, vessel or craft being stranded, grounded, sunk or capsized)
3. 육상운송용구의 전복, 탈선(陆上运输工具的翻覆或出轨, overturning or derailment of land conveyance)
4. 충돌, 접촉(船舶或其他运输工具与除水以外之任何外界物体的碰撞或接触, collision or contract of vessel craft or conveyance with any external object other than water)
5. 조난항 양하작업에 기인한 손해(在避难港卸货时发生的损失, discharge of cargo at a port of distress)
6. 공동해손 희생손해(共同海损牺牲, general average sacrifice)
7. 투하(投弃, jettison)

ICC(B)

8. 지진, 분화, 낙뢰(地震､火山爆发或闪电, earthquake volcanic eruption or lightening)
9. 갑판상 유실(浪击落海,washing overboard)
10. 선박, 부선, 선창, 운송 용구 등에 해수, 호수, 하천수의 유입(海水､湖水或河水浸入船舶､驳船､船舱､运输工具､货柜､货箱或储存处, entry of sea lake or river water into vessel craft hold conveyance container liftvan or place of storage)
11. 선적, 하역작업 중의 해수면으로 낙하 또는 추락하여 발생된 포장단위당의 전손(在装船或卸货时, 货物整件落海或掉落的全损, total loss of any package lost overboard or dropped whilst loading on to, or unloading from, vessel or craft)

ICC(A)

12. 위의 면책사항 이외의 모든 손해(承保"除外责任"之外的一切风险)

* ICC(A)에서는 일반면책위험(general exclusions), 불내항성 및 부적합성 면책위험(unseaworthiness and unfitness exclusion), 전쟁면책위험(war exclusion), 동맹파업 면책위험(strikes exclusion) 등의 면책위험을 제외하고는 모든 위험, 즉 피보험목적물에 발생하는 멸실·손상 또는 비용 일체를 모두 담보한다.

▌무역 용어 贸易用语 ▌

위부	委付	Abandonment
대위권	代位权	Right of Subrogation
해상손해	海上损失	M
전손	全损	Total Loss
현실전손	实际全损	Actual Total Loss
추정전손	推定全损	Constructive Total Loss
분손	部分损失	Particular Loss
단독해손	单独海损	Particular Average; P.A
공동해손	共同海损	General Average; G.A
투하	投弃	Jettison
비용손해	费用损失	Expenses Loss
배상책임손해	赔偿责任损失	Liability Loss
선박충돌손해배상책임	碰撞责任	Collision Liability
협회적하약관	协会货物条款	Institute Cargo Clause; ICC

대화하기 9-2

한국 명문산업이 독일로부터 수입한 '자동차시트커버용 인조가죽'을 적재한 선박이 인도양에서 해적의 공격을 받아 선박에 화재가 발생하여 이에 대한 대책을 이야기하고 있다.

김 사장 : 민 부장, 사고가 났다는데 무슨 일입니까?

민 부장 : 네, 이번에 저희가 독일에서 수입한 '자동차시트커버용 인조가죽'을 실은 선박이 인도양에서 해적의 공격을 받아 화재가 발생하였다고 합니다.

김 사장 : 피해 상황은 어떻습니까?

민 부장 : 우리 제품도 이번 화재로 70%가량 소실되었습니다. 자세한 피해 상황은 지금 파악하고 있는 중입니다.

김 사장 : 보험은 어떻게 됐어요?

민 부장 : 이번 수입물품에 대한 보험은 ICC(B) 110%조건으로 체결되어 있습니다.

김 사장 : 해적들의 약탈 행위로 인한 화재는 보험회사의 면책에 해당되어 보험금을 받지 못하는 거 아니에요?

민 부장 : 아닙니다. 다행히도 이번 보험계약에 해적행위에 대한 담보를 특약으로 가입해서 보상을 받을 수 있습니다.

김 사장 : 그래요? 그나마 다행이네요.

민 부장 : 사고 상황이 정리가 되는대로 정확한 손해를 파악해서 보험회사에 보험금을 청구하도록 하겠습니다.

김 사장 : 그렇게 하도록 하세요.

对话 9-2 

装载韩国名牌产业从德国进口的"人造皮革汽车座椅套"的船舶在印度洋遭到海盗的攻击,船舶发生火灾,正在讨论相关对策。

金社长：闵部长，听说出了事故，是什么情况？

闵部长：是的，这次装载着我们从德国进口的"人造皮革汽车座椅套"的船舶在印度洋遭到海盗的攻击，发生了火灾。

金社长：受灾情况怎么样？

闵部长：我们的产品也在这次火灾中烧毁了70%左右。详细的损失情况正在调查中。

金社长：保险情况呢？

闵部长：这次进口物品的保险是以ICC(B)110%的条件签订的。

金社长：海盗们的掠夺行为引起的火灾不属于保险公司的赔付范围，不是不能得到保险金吗？

闵部长：不是的。幸运的是，在此次保险合同中，加入了海盗行为的担保特约，我们会得到保险补偿。

金社长：是吗？ 真是万幸啊。

闵部长：事故情况整理好后，我们会掌握准确的损失情况，向保险公司申请保险金。

金社长：好的，那就按照你说的做吧。

Lesson 10

무역분쟁과 클레임

제 1 절 클레임의 개요

1. 클레임의 의미와 원인

1) 클레임의 의미

클레임(索赔, Claim)은 무역거래에서 매매계약당사자의 일방이 계약이행을 위반함으로써 다른 일방이 이로 인하여 입은 손해의 배상을 청구하는 것이다. 이를 〈객관적인 손해배상청구(客观损害赔偿请求)〉라고 정의할 수 있다.

韩中 문장 익히기

- 클레임은 무역거래에서 매매계약당사자의 일방이 계약이행을 위반함으로써 다른 일방이 이로 인하여 입은 손해의 배상을 청구하는 것이다.
  ☞ 索赔是指在贸易交易中，买卖合同当事人一方违反合同内容，另一方要求赔偿由此蒙受的损失的行为。

2) 클레임의 원인

무역 분쟁의 발생 원인은 크게 직접적인 원인과 간접적인 원인으로 나눌 수 있다. 첫째, 직접적인 원인으로는 계약서 조항 등에 대한 해석의 차이 및 계약서상의 내용 자체의 문제, 또한 품질 및 포장의 불량, 수량 부족, 선적 지연·불이행 등과 같이 계약불이행 등이 있다.

둘째, 간접적인 원인으로는 언어의 차이, 상관습의 차이, 법과 제도의 차이, 단위의 차이 등이 있다.

연습문제

※ 무역클레임 발생 원인에 대한 설명으로 잘못된 것은?

① 무역클레임 발생의 직접적 원인은 계약체결과정에서 발생, 계약서의 내용 불충분, 계약의 이행과정에서 발생한다.
② 무역클레임 발생의 간접적 원인은 언어, 법률 및 상관습의 상이, 신용조사의 불비, 도량형의 상이, 상대방 국가의 법규에 대한 무지 등에 의해 발생한다.
③ 무역계약 이행시 품질, 수량, 가격, 결제, 운송 및 인도시 발생할 수 있다.
④ 무역클레임의 발생 원인은 수출업자의 계약 불이행 및 계약 불충족시에만 발생한다.

☞ ④ 무역클레임의 발생 원인은 수출업자와 수입업자의 계약내용의 불이행 및 불충족시에 발생한다.

2. 클레임의 분류

1) 운송화물에 관한 클레임

운송화물에 관한 클레임(运输索赔, Claim on Damage or Lost Cargo)은 운송 중의 사고에 의하여 화물에 손해가 생겼을 때에 피해자가 선박회사 또는 보험회사에 대하여 손해배상을 청구하는 것을 말한다(因运输中的事故造成货物损失时, 受害方向船舶公司或保险公司索赔).

韩中 문장 익히기

• 운송화물에 관한 클레임은 운송 중의 사고에 의하여 화물에 손해가 생겼을 때에 피해자가 선박회사 또는 보험회사에 대하여 손해배상을 청구하는 것을 말한다.

☞ 运输索赔是指因运输中的事故造成货物损失时, 受害方向船舶公司或保险公司要求索赔的行为。

통상 운송화물의 클레임은 선사나 포워더(Freight Forwarder, 국제물류주선업자), 운송사 등 운송업체에게 제기하는 클레임으로 클레임을 제기하기 위해서는 감정인의 감정보고서(鉴定报告, Surveyor's Report)가 필요하다.

2) 무역거래상의 클레임

무역거래상의 클레임(贸易索赔, Business Claim)은 일반적인 (무역)클레임을 말한다. 즉, 매매당사자(수출업자/수입업자)의 일방이 매매계약의 내용을 충실히 이행하지 않았을 경우 그로 인해 손해를 입은 당사자가 권리의 회복을 요구하거나 손해배상을 청구하는 것을 말한다. 이것을 '무역분쟁의 구상(贸易纠纷索赔, Claim for Trade Dispute)'이라고도 한다.

韩中 문장 익히기

• 무역거래상의 클레임은 일반적인 (무역)클레임을 말한다. 즉, 매매당사자(수출업자/수입업자)의 일방이 매매계약의 내용을 충실히 이행하지 않았을 경우 그로 인해 손해를 입은 당사자가 권리의 회복을 요구하거나 손해배상을 청구하는 것을 말한다.

☞ 贸易索赔是指一般的（贸易）索赔。即，买卖双方（出口商/进口商）一方未认真履行买卖合同内容时，受损害的当事人要求恢复权利或者要求赔偿损失的行为。

A+ 연습문제

※ 클레임에 관한 설명으로서 틀린 것은?

① 품질불량 클레임은 일반적으로 매수인이 제기한 클레임에 속한다고 볼 수 없다.
② 클레임은 일반적으로 매수인이 제기하는 클레임만을 의미한다.
③ 클레임은 거래당사자의 상관습의 상위에 의해서도 발생할 수 있다.
④ 일반적으로 클레임이란 무역거래상의 클레임을 말한다.

☞ ② 클레임은 매수인과 매도인측에서 각각 제기할 수 있다. 즉, 매도인은 대금회수에 대한 클레임을, 매수인은 품질, 선적지연 등에 대한 클레임을 제기할 수 있다.

※ 클레임에 관한 설명으로서 틀린 것은?

① 클레임의 제기 당사자에 따라 매도인 클레임(seller's claim)과 매수인 클레임(buyer's claim)으로 나뉜다.
② 클레임을 악용하는 경우로는 마켓클레임(market claim), 의도적 클레임, 악성적인 클레임으로 구분한다.

③ 클레임은 클레임 예방이 최선이며 우호적인 해결 → 조정 및 알선 → 중재 → 재판 순으로 해결하는 것이 좋다.
④ 클레임에 관한 국제규칙은 국제물품매매협약(CISG)이다.
☞ ④ 클레임에 관한 국제규칙은 뉴욕협약(New York Convention) 이다.

무역클레임은 그 제기하는 사람에 따라 매도인 클레임(seller's claim)과 매수인 클레임(buyer's claim)으로 나눌 수 있다.

(1) 일반적 클레임

일반적 클레임(一般损害赔偿, General Claim)은 매매당사자 일방의 과실 또는 태만에 의하여 발생되거나 당사자 이외의 제3자에 의하여 야기되는 클레임을 말한다.

韩中 문장 익히기

• 일반적 클레임이란 거래를 수행하는 과정에서 매매당사자 일방의 과실 또는 태만에 의하여 발생되거나 당사자 이외의 제3자에 의하여 발생하는 클레임이다.

☞ 一般索赔是指在执行交易的过程中，因买卖双方一方的过失或或由当事人以外的第三方引起的索赔。

(2) 마켓클레임

마켓클레임(市场索赔, Market Claim)은 매도인의 부주의나 잘못으로 발생한 상품의 품질불량이나 수량부족 등에 대해 매수인이 제기하는 정당한 이유에 의한 클레임이 아니고 주로 상품시가의 하락 때문에 매수인이 입는 경제적 손실을 메꾸기 위하여 제기하는 클레임으로서 인도품과 견본과의 약간의 상위를 구실로 가격 인하 또는 계약의 해지 또는 배상을 요구하는 등 부당한 클레임을 말한다.

韩中 문장 익히기

• 마켓클레임은 무역계약 성립 후 상품의 시세가 하락하여 매수인이 손해를 입을 것으로 예상될 때, 평소 같으면 클레임의 대상이 되지 않은 경미한 과실을 이유로 가격인하를 요구하며 제기하는 클레임이다.

☞ 市场索赔是指贸易合同成立后，预计商品行情下跌，买方会遭受损失时，以一般不属于索赔对象的轻微过失为由，要求下调价格而提出的索赔。

연습문제

※ 마켓클레임에 관한 설명으로서 가장 적합한 것은?

① 수출국의 상품 시가를 기준으로 하는 클레임이다.
② 수입국의 상품 시가를 기준으로 하는 클레임이다.
③ 수입상이 시가의 하락으로 인한 손해를 보상하려는 의장적 클레임이다.
④ 국제시장가격을 기준으로 하는 클레임이다.

☞ ③ 마켓클레임은 무역계약 성립 후 상품의 시세가 하락하여 매수인이 손해를 입을 것으로 예상될 때, 평소 같으면 클레임의 대상이 되지 않은 경미한 과실을 감가의 구실로 제기하는 클레임이다.

(3) 계획적클레임

계획적클레임(计划索赔, Planned Claim)은 매수인이 처음부터 교묘한 술책을 사용하여 매도인으로 하여금 계약이행에 지장을 일으키게 하여 제기하는 클레임이다.

韩中 문장 익히기

• 계획적클레임이란 매매당사자의 순전한 악의에 의한 것으로서, 따라서 매수인이 처음부터 교묘한 계획으로 인위적으로 매도인의 계약수행에 지장을 초래한 데서 기인한 클레임을 말한다.

☞ 计划性索赔是指买方出于恶意，从一开始就以巧妙的计划人为地影响卖方进行合同执行，从而索要索赔的行为。

3. 클레임의 제기 기한

클레임의 제기 기한에 관한 약정은 클레임의 포기조항을 수반하고 있으므로 일종의 면책조항이라고 할 수 있다.

韩中 문장 익히기

• 클레임의 제기 기한에 관한 약정은 클레임의 포기조항을 수반하고 있으므로 일종의 면책조항이라고 할 수 있다.

☞ 有关索赔期限的约定伴随着索赔的放弃条款，因此可以说是一种免责条款。

클레임 제기 기한의 설정은 그 물품의 성질상 합리적으로 요구되는 하자 발견 및 통지 기간보다 너무 짧게 규정되어 있으면 그 효력을 부인당하는 경우도 있으므로 그 기간을 설정하는 데도 주의하여야 한다.

韩中 문장 익히기

- 클레임 제기 기한의 설정은 그 물품의 성질상 합리적으로 요구되는 하자 발견 및 통지 기간보다 너무 짧게 규정되어 있으면 그 효력을 부인당하는 경우도 있으므로 그 기간을 설정하는 데도 주의하여야 한다.
  ☞ 如索赔期限的设定，远远短于该物品可能会被发现瑕疵的正常期限，索赔期限将被视为无效，故应注意合理设定期限。

한국 상법(제69조)에는 물품의 하자 발견 시 즉시 통지하거나 발견할 수 없는 하자의 경우 6개월 이내에 제기하면 된다.

韩中 문장 익히기

- 한국 상법(제69조)에는 물품의 하자 발견 시 즉시 통지하거나 발견할 수 없는 하자의 경우 6개월 이내에 제기하면 된다.
  ☞ 韩国商法(第69条)规定，当物品瑕疵无法被立即发现时，最长可在6个月内提出索赔。

클레임의 제기기한

① 당사자간에 제기 기간에 대하여 약정이 있으면 그 기간 안에 제기
② 약정이 없는 경우는 나라마다 그 기간을 달리 보고 있다.

- 한국 : 즉시 통지, 즉시 발견할 수 없는 하자에 대해서는 6개월의 기간 내
- 일본 : 즉시 검사하고 곧 통지
- 미국 : Within Reasonable Time(在合理时间内)
- Warsaw Oxford Rules for CIF Contract(1932) ; 1932年华沙-牛津规则
  - □ 합리적인 검사, 검사 완료 후 3일 이내에 통보
- 국제물품계약에 관한 UN협약; 联合国国际货物销售合同公约
  - □ 단기간 내 검사, 합리적인 기간내 통지, 어떠한 경우도 제척기간(除斥期间; 不变期间)은 2년

□ 제척기간은 일정한 권리에 대하여 법률이 예정하는 존속기간을 말함

연습문제

※ 클레임 제기의 방법으로서 가장 올바른 것은?

① 서신으로 가능하다.
② 전보로 제기해야 한다.
③ 서신이나 전보 모두 가능하다.
④ 가장 신속한 방법으로 제기해야 한다.

☞ ④ 클레임 제기 방법은 클레임 제기 기한 내에 먼저 신속한 방법으로 알리고 나중에 확인하는 관련 증빙서류 등을 보내야 한다.

4. 클레임의 해결방법

무역클레임이 발생하면 우선 양 당사자 모두는 합리적으로 클레임을 해결하려는 자세와 신속하고도 경제적으로 클레임을 해결하려는 노력이 필요하다.

클레임이 제기되면 가능한 한 당사자 간에 우호적인 협의를 통하여 해결하는 것이 바람직하나 그렇지 못할 경우에는 제3자를 통하여 해결할 수밖에 없다. 흔히 클레임의 해결에 관해 "중재는 재판보다 낫고, 조정이 중재보다 나으며, 조정보다는 우호적인 해결이 낫고, 가장 좋은 방법은 클레임의 예방이다"라는 말을 한다.

韓中 문장 익히기

• 중재는 재판보다 낫고, 조정이 중재보다 나으며, 조정보다는 우호적인 해결이 낫고, 가장 좋은 방법은 클레임의 예방이다.

☞ 仲裁胜过审判，调解胜过仲裁，友好解决胜过调解，最好的方法是预防索赔。

1) 매매당사자간의 해결방법

(1) 타협과 화해

매매당사자간의 해결방법에서 당사자간의 타협(协商; 妥协, compromise)과 화해(和解, amicable settlement)는 당사자 간의 직접적인 교섭에 의하여 타협점을 모색하는 것으로서 이것이 가장 바람직한 해결이며, 실제로 클레임의 대부분이 타협에 의해 해결되고 있다.

韓中 문장 익히기

• 당사자간의 타협과 화해는 당사자 간의 직접적인 교섭에 의하여 타협으로 원만하게 클레임을 해결하는 방법으로 이것이 가장 바람직한 해결이며, 실제로 클레임의 대부분이 이 방법에 의하여 해결되고 있다.

☞ 当事人之间的妥协和和解是通过当事人之间的直接交涉而圆满解决索赔的方法，这是最理想的解决方式。实际上索赔大部分都是通过这种方法解决的。

특히, 화해는 매매계약 당사자 간의 직접적인 교섭에 의하여 분쟁을 원만하게 해결하는 것으로서 가장 바람직한 해결방법이며, 우리 민법상 화해는 당사자가 서로 양보할 것, 분쟁을 종결할 것, 그리고 그 뜻을 약정할 것 등 3가지를 요건으로 하고 있다.

(2) 청구권의 포기

청구권의 포기(放弃索赔, Waiver of Claim)란 피해자가 가해자에게 클레임 제기를 일방적으로 철회하는 것을 말한다. 즉, 경미한 클레임에 대해서는 클레임을 포기하고 단순 경고(warning)를 함으로써 앞으로의 주의를 촉구하는 방법이다.

韓中 문장 익히기

• 청구권의 포기란 피해자가 가해자에게 클레임 제기를 일방적으로 철회하는 것을 말한다. 즉, 경미한 클레임에 대해서는 클레임을 포기하고 단순경고(warning)를 함으로써 앞으로의 주의를 촉구하는 방법이다.

☞ 放弃索赔是指受害者单方面撤回对加害者的索赔。对于轻微的索赔，可以在放弃索赔后，再通过单纯的警告，来敦促对方今后应更加注意。

청구권 포기의 주요 사유

• 청구권의 포기의 주요 사유는 정신적·육체적 에너지 낭비, 새로운 거래를 위해서 하는 경우가 많다.

① 클레임의 구상 금액이 너무 적은 경우

② 상대방의 방어 능력이 너무 강하거나 장차 거래 가능 잠재력이 큰 경우

③ 상대방의 재력이 너무 빈약하여 청구권을 행사하여도 이를 변제받을 가능성이 없는 경우

☞ 放弃索赔的主要原因是为了避免浪费消耗精力和财力，从而影响进行新的交易。
① 索赔金额过少时。
② 对方防御能力过强，或具有很大的交易潜力时。
③ 对方财力太弱，即使要求索赔也无法偿还时。

2) 제3자 개입에 의한 해결방법

(1) 알선

알선(斡旋, Intercession; Recommendation)은 상공회의소, 상사중재원, 대사관, 영사관 등과 같은 공신력이 있는 제3자가 당사자의 한편 또는 쌍방의 의도에 의하여 사건에 개입하여 주로 원만한 해결을 위한 조언을 통해 분쟁 당사자들이 원만한 합의에 이르게 하는 절차이다. 한국의 경우 대한상사중재원에서 알선업무를 맡고 있다.

한편, 알선(斡旋)은 양 당사자간의 자발적인 합의를 통한 해결 절차이기 때문에 법률적인 구속력은 없다.

韩中 문장 익히기

• 알선은 양 당사자간의 자발적인 합의를 통한 해결 절차이기 때문에 법률적인 구속력은 없다.
☞ 斡旋是指双方当事人之间进行的、自发协商解决的行为。因此没有法律约束力。

(2) 조정

조정(调解; 調停, Conciliation)은 분쟁 당사자가 공정한 제3자인 조정인(调停者, Mediator)의 조정안에 합의함으로써 해결하는 제도이다.

韩中 문장 익히기

• 조정은 당사자 간의 원만한 합의가 이루어지지 않을 경우, 공정하고 전문적인 지식이 있는 제3자를 조정인으로 하여, 이를 개입시켜 분쟁을 해결하는 방식을 말한다.
☞ 调解是指当事人之间不能达成圆满协议时，具有公正性和专业知识的第三方作为调解人，介入解决纠纷的方式。

(3) 중재

중재(仲裁, Arbitration)란 분쟁 당사자간의 합의로 법원의 재판이 아닌 당사자들이 선정한 중재인의 중재판정(仲裁判定, Arbitration Awards)에 의하여 분쟁을 최종 해결하는 제도로 중재는 중재계약으로부터 중재판정에 이르는 모든 절차를 당사자의 합의로 결정할 수 있는 자주적인 분쟁해결방법이다.

韩中 문장 익히기

- 중재는 분쟁이 발생할 경우 법원의 판결에 의하지 않고 민간인 신분의 제3자를 중재인으로 선정하여 중재인의 판정에 최종적으로 복종함으로써 분쟁을 해결하는 자주적인 분쟁해결방법이다.

  ☞ 仲裁是指在发生纠纷时，不依据法院的判决，而是选择公民身份的第三方作为仲裁人，并服从仲裁人的判定，从而解决纠纷的自主纠纷解决方法。

(4) 소송

소송(诉讼, Litigation)은 국가기관인 법원의 판정에 의하여 분쟁을 강제적으로 해결하는 방법이다.

韩中 문장 익히기

- 소송은 국가기관인 법원의 판정에 의하여 분쟁을 강제적으로 해결하는 방법이다.

  ☞ 诉讼是根据国家机关法院的判决强制解决纠纷的方法。

연습문제

※ 다음에서 클레임 해결방법으로서 가장 좋은 것은?

① 소송 ② 화해 ③ 알선 ④ 중재

☞ ②. ①, ③, ④항의 해결방법은 제3자 개입에 의한 것이고, ②항의 화해는 제3자의 개입 없이 당사자 간의 해결방법이다.

※ 분쟁의 해결방법을 유용한(효과적인) 순서에 따라 적절하게 열거한 것은?

① 화해-조정-알선-중재 ② 화해-중재-조정-알선
③ 화해-알선-조정-중재 ④ 화해-중재-알선-조정

☞ ③ 중재는 재판보다 낫고, 조정이 중재보다 나으며, 조정보다는 우호적인 해결이 낫고, 가장 좋은 방법은 클레임의 예방이다.

▌무역 용어 贸易用语▐

클레임	索赔	Claim
마켓클레임	市场索赔	Market Claim
계획적클레임	计划索赔	Planned Claim
청구권의 포기	放弃索赔	Waiver of Claim
타협	协商;妥协	Compromise
화해	和解	Amicable Settlement
알선	斡旋	Intercession, Recommendation
조정	调解; 調停	Conciliation
중재	仲裁	Arbitration
소송	诉讼	Litigation
중재판정	仲裁判定	Arbitration Awards
감정보고서	鉴定报告	Surveyor's Report

대화하기 10-1

한국 한울상사 무역1팀은 태국에서 수입한 바나나 일부가 변질된 것에 대해 태국 수출업체와 어떻게 해결할 것인지에 대해 이야기하고 있다.

왕 리 : 박 과장님, 오늘 오전에 부산항에 도착한 바나나의 일부가 변질되어 있다고 농산물검역본부로부터 연락이 왔습니다. 어떻게 해야 하죠?

박 과장 : 변질된 바나나 수량이 얼마나 됩니까?

왕 리 : 총 10,000상자 중 변질된 바나나가 발견된 상자는 2,000상자입니다.

박 과장 : 먼저 이 사실을 태국 한태(韩泰)무역상사에 통지하세요. 그리고 정식 클레임을 제기해야 하니까 손실액을 정확히 산정하시고 검정기관의 검정보고서도 준비하세요. 차 부장님께는 제가 보고드릴게요.

(한울상사 차대영 부장과 태국 한태무역상사 정동철 사장과의 통화)

차 부장 : 안녕하세요. 한국 한울상사 차대영 부장입니다. 이번에 귀사가 보낸 바나나 중 2,000상자 분량이 변질되었다는 통지를 받으셨지요?

정 사장 : 받았습니다. 선적시에는 아무런 이상이 없었는데 혹시 운송 중에 변질이 된 것이 아닙니까?

차 부장 : 저희가 팩스로 보내드린 농산물검정보고서와 같이 바나나의 변질은 운송 도중이 아닌 바나나 일부가 지나치게 숙성된 것이 원인으로 밝혀졌습니다.

정 사장 : 차 부장님, 좀 더 상황을 파악한 후에 바로 연락드리겠습니다.

(한울상사 차대영 부장과 태국 한태무역상사 정동철 사장과의 클레임 해결 합의)

정 사장 : 차 부장님, 귀사가 제기한 클레임통지서를 검토한 결과 저희 측 잘못을 인정합니다. 원만한 해결이 되기를 바라며, 귀사의 의견을 제시해 주십시오.

차 부장 : 저희 사장님께서도 한태무역상사와는 오랫동안 거래를 해 왔기에 원만히 해결하면 좋겠다고 말씀하시네요. 그래서 변질된 2,000상자 분량에 대한 가격과 판매손실금액 및 행정비용 등을 배상해 주셨으면 합니다.

정 사장 : 네, 배상해 드리겠습니다. 혹시 위 손해배상금 중 2,000상자 분량에 대한 금액은 향후 주문하실 때 청산하면 어떻겠습니까? 나머지 배상금액은 바로 송금해 드리겠습니다.

차 부장 : 그렇게 하시지요. 일부러 변질된 바나나를 선적한 것도 아닌데요. 하지만 농산물 같은 경우는 품질 결정이 양륙시점이라는 것을 인지하시고, 다음부터는 실수하지 않으셨으면 합니다.

정 사장 : 네, 감사합니다. 다음부터는 이런 일이 발생하지 않도록 철저히 하겠습니다.

对话 10-1

韩国韩蔚商社贸易1组正在就如何解决从泰国进口的部分香蕉变质问题与泰国出口企业进行讨论。

王　丽：朴科长，农产品检疫本部来电话说今天上午到达釜山港的香蕉有一部分变质了。该如何解决呢？

朴科长：变质的香蕉数量是多少？

王　丽：总量10000箱，其中发现变质的香蕉有2000箱。

朴科长：先把这个情况告知一下泰国韩泰贸易商社。而且要提出正式索赔，现在请准确计算一下损失额，并准备好鉴定机构的鉴定报告。我会向车部长报告的。

(韩蔚商社车大荣部长与泰国韩泰贸易商社郑东哲社长通话)

车部长：您好，我是韩国韩蔚商社的车大荣部长。这次贵公司运来的香蕉中有2000箱变质了的事儿您知道了吧？

郑社长：是的。但是装船时没有任何问题，会不会是在运输过程中变质了呢？

车部长：我们传真过去的农产品鉴定报告书上写着，香蕉变质的原因不是运输导致的，而是由于部分香蕉过度成熟。

郑社长：车部长，我再了解一下情况后马上和您联系。

(韩蔚商社车大荣部长和泰国韩泰贸易商社郑东哲社长达成索赔解决协议)

郑社长：车部长，我们审核了贵公司提出的索赔通知书，确实是我方的问题。为能够圆满解决此事，请贵公司提出解决意见。

车部长：我们公司跟韩泰贸易公司合作了很久了，也希望此事能够圆满解决。因此,只要赔偿变质2000箱的价格和销售损失金额及行政费用就行。

郑社长：好的，我们会按贵公司的要求进行赔偿的。请问刚才所提的赔偿中，那2000箱香蕉的赔偿款在以后订购时再结算怎么样？然后我们先把别的赔偿金额马上给您汇过去。

车部长：可以。但要知道像农产品这种货物，基本都是使用卸货品质条款，希望以后不会再发生此类情况。

郑社长：好的，谢谢。我们之后一定会避免此类事情的发生。

제2절 상사중재제도

1. 중재의 의의

1) 중재의 의의

중재(仲裁, Arbitration)란 당사자간의 합의(仲裁协议, Arbitration Agreement)에 따라 사법(私法)상의 법률관계에 관한 현재 존재하는 분쟁 또는 장래에 발생할 분쟁의 전부 또는 일부를 법원의 소송절차에 의하지 아니하고 사인(个人)인 제3자를 중재인(仲裁人)으로 선정하여 중재인의 판정에 맡기는 동시에 그 판정에 복종함으로써 분쟁을 해결하는 자주적 분쟁해결제도(自主纠纷解决制度)이다. 아울러 국가공권력을 발동하여 강제집행(强制执行)을 할 수 있는 권리가 법적으로 보장된다.

韓中 문장 익히기

- 중재는 당사자간의 합의로 사법상의 법률관계를 법원의 소송절차에 의하지 아니하고 제3자인 중재인을 선임하여 그 분쟁을 중재인에게 맡겨 중재인의 판단에 양 당사자가 절대 복종함으로써 최종적으로 해결하는 방법이다.

  ☞ 仲裁是当事人之间协议不依照法院的诉讼程序，而是将纠纷交给选任的第三方仲裁人，并绝对服从仲裁人的判断，最终解决索赔的方法。

2) 중재계약

(1) 중재계약의 의의

분쟁을 중재에 의하여 해결하기로 하는 합의를 중재합의(仲裁协议. Arbitration Agreement) 또는 중재계약(仲裁契約)이라고도 한다.

"중재합의"라 함은 계약상의 분쟁인지의 여부에 관계없이 일정한 법률관계에 관하여 당사자간에 이미 발생하였거나 장래 발생할 수 있는 분쟁의 전부 또는 일부를 중재에 의하여 해결하도록 하는 당사자간의 합의를 말하며, 이를 중재계약이라고도 한다.

韩中 문장 익히기

- 중재합의는 계약상의 분쟁인지 여부에 관계없이 일정한 법률관계에 관하여 당사자 간에 이미 발생하였거나 앞으로 발생할 수 있는 분쟁의 전부 또는 일부를 중재에 의하여 해결하도록 하는 당사자 간의 합의를 말한다.

☞ 仲裁协议是指当事人之间通过仲裁解决一部分或全部的已经发生、以及可能发生的纠纷协议。此纠纷具有一定的法律关系，但不一定是合同上的纠纷。

(2) 중재계약의 효력

① 직소금지의 효력이다.

직소금지(禁止直接起诉)의 효력이란 중재합의가 있음에도 불구하고, 중재합의 당사자 일방이 소송을 제기하는 경우 상대방은 중재합의의 존재를 들어 소송절차의 진행을 방해하고 법원으로 하여금 분쟁절차를 중재절차에 회부하도록 요청하는 때에는 법원은 그 요청에 따라 사건을 중재에 회부하여야 하는 효력을 말한다.

② 중재조항 분리·독립의 원칙이다.

당해 계약서내에 중재조항(arbitration clause)이 있는 경우, 계약서가 무효 또는 취소된 경우에도 중재조항은 계약서와 분리·독립하여 그 효력이 인정된다. 따라서 계약의 무효 등의 주장이 있는 경우에도 그 계약 내 중재조항을 근거로 중재를 신청할 수 있고, 중재판정부는 중재절차를 진행할 수 있다. 물론 계약의 무효 여부는 중재판정부가 중재절차에서 판단을 하게 된다.

③ 최종 해결의 효력이다.

중재판정은 당사자간에 있어서 법원의 확정판결과 동일한 효력이 있다고 규정하고 있어 일단 중재판정이 내려지면 이에 복종하여야 한다.

④ 중재판정의 강제집행력이다.

중재판정에 의하여 행하는 강제집행은 법원의 집행판결을 받아야 가능하다.

⑤ 국제적 효력이다.

뉴욕협약에 의해 체약국은 국적을 달리하는 사람과 중재합의를 했을 경우 이를 승인하고 당사자는 국내법에 우선하여 중재절차 진행에 협조할 의무를 지니게 된다.

중재계약의 효력

- 법원에 소송을 제기할 수 없다.
  ☞ 不能向法院提起诉讼。
- 중재조항은 계약서와 분리·독립하여 그 효력이 인정된다.
  ☞ 仲裁条款与合同分离，具有独立性。但认可其效力。
- 중재판정은 당사자간에 있어서 법원의 확정판결과 동일한 효력이 있다.
  ☞ 仲裁裁决在当事人之间具有与法院确定判决相同的效力。
- 중재판정은 법원의 집행판결을 받아 강제 집행을 할 수 있다.
  ☞ 重审法庭在得到法院执行判决后，可以强制执行。
- 뉴욕협약에 의해 중재판정에 대해 국제적으로 승인과 집행을 보장받는다.
  ☞ 根据《纽约公约》，仲裁裁决具有国际性的认可和执行保障。

참고. 표준중재조항의 실례

각국의 상설중재기관에서는 중재의 효율성을 높이고 신속한 중재절차의 진행을 위하여 당사자들이 중재계약을 체결할 때 쉽게 이용할 수 있도록 표준중재조항을 마련해 놓고 있다. 대한상사중재원에서 권고하는 '표준중재조항'은 다음과 같다.

1. 국내중재조항의 예

이 계약으로부터 발생되는 모든 분쟁은 대한상사중재원에서 중재규칙에 따라 중재로 최종 해결한다.

2. 국제중재조항의 예

All disputes, controversies, or differences which may arise between the parties, out of or in relation to or in connection with this contract, or for the breach thereof, shall be finally settled by arbitration in Seoul, Korea in accordance with the Arbitration Rules of the Korean Commercial Arbitration Board and under the Laws of Korea. The award rendered by the arbitrator(s) shall be final and binding upon both parties concerned.

이 계약으로부터 또는 이 계약과 관련하여 또는 이 계약의 불이행으로 말미암아 당사자 간에 발생하는 모든 분쟁, 논쟁 또는 의견 차이는 대한민국 서울에 소재하는 대한상사중재원의 중재규칙 및 대한민국법에 따라 중재에 의하여 최종적으로 해결한다. 중재인(들)에 의하여 내려지는 판정은 최종적인 것으로 당사자 쌍방에 대하여 구속력을 가진다.

3. 국내중재조항의 예 : 피신청인주의

All disputes that may arise under or in relation to this contract shall be submitted to arbitration in the country of respondent (a) under the Arbitration Rules of the Korean Commercial Arbitration Board if the arbitration is to be held in the Republic of Korea or (b) under the Commercial Arbitration Rules of the Japan Commercial Arbitration Association if the arbitration is to be held in Japan. The award rendered by the arbitrator(s) shall be final and binding upon both partiesn concerned.

본 계약과 관련된 또는 계약하에 발생한 모든 분쟁은 (a) 중재의 개시가 대한민국에서 이루어진다면, 대한상사중재원의 중재규칙하에 또는 (b) 중재의 개시가 일본에서 이루어진다면, 일본상사중재원의 상사중재규칙하에 피고인의 국가에 있는 중재원에 제출되어야 한다. 중재원(들)의 판정은 관련 당사자들에게 최종적이며 구속력을 갖는다.

연습문제

※ 중재에 대한 설명으로 틀린 것은?

① 중재판정은 법원의 확정판결과 동일한 효력을 가진다.
② 중재인은 자기가 내린 중재판정을 철회하거나 변경할 수 없다.
③ 중재인은 당사자가 선정하고, 중재인의 자격은 원칙적으로 제한이 없다.
④ 중재판정에 불복하는 경우 대법원에만 재심청구소송을 낼 수 있다.

☞ ④ • 중재계약이 있으면 법원에 직소할 권리를 상실하게 된다. 이것을 직소금지의 원칙(효력)이라고 한다.
• 중재판정에 불복한 어느 일방의 당사자가 법원에 제기할 수 있는 것을 〈중재판정 취소의 소〉이다. 그러나 이 경우에도 중재절차의 하자가 있을 경우에 한한다.

2. 중재의 적용대상 및 요건

1) 중재의 적용대상

중재는 당사자가 자유로이 처분할 수 있는 사법상의 분쟁으로서 현재 또는 장래에 발생할 분쟁 모두가 중재의 대상이다(중재법 제1조 및 제2조). 따라서 당사자가 자유로이 처분할 수 없는 법률관계(형사사건, 가사심판사건, 강제집행사건, 행정소송사건; 刑事案件, 家事纠纷, 强制执行案件, 行政诉讼案件)는 중재의 대상이 아니다.

韩中 문장 익히기

- 중재의 대상은 당사자가 자유로이 처분할 수 있는 사법상의 분쟁으로서 현재 또는 장래에 발생할 분쟁 모두가 중재의 대상이다.
  ☞ 仲裁对象是指在当事人可以自由处理的司法纠纷中，目前或将来会发生纠纷的对象。

2) 중재의 요건

① 상사분쟁의 주체인 당사자가 있어야 한다.
② 중재당사자는 당사자적격에 결격사유(不符合要求的事项)가 없어야 한다.
③ 분쟁이 반드시 현실적으로 존재하여야 하며, 중재대상을 특정(特定)하여야 한다.
④ 분쟁은 서면에 의한 중재합의(仲裁协议)범위 내에 속하여야 한다.
⑤ 중재는 사법상의 법률관계에 관한 분쟁이어야 한다.
⑥ 양당사자에 의해 신청된 분쟁의 해결을 위임할 중재기관인 판정자로서 제3자인 중재인이 있어야 한다.
⑦ 법원에의 직소(越级申诉)가 금지되어야 한다.
⑧ 중재인의 판정은 최종적이고 구속력이 있기 때문에 당사자는 이에 무조건 복종해야 한다.

3. 중재제도의 특징

무역거래에서 분쟁이 발생하는 경우 소송보다는 중재에 의하여 해결하는 경우가 많다. 중재란 중재합의(仲裁协议)에 의하여 사법상의 권리 기타 법률관계에 관한 분쟁을 법원의 소송절차에 의하지 않고 사인인 제3자를 중재인(仲裁人, Arbitrator)으로 선정하여 그 분쟁의 해결을 중재인의 결정에 맡기는 동시에 최종적으로 그 결정에 복종함으로써 분쟁을 해결하는 제도를 말한다.

중재는 당사자간의 중재합의에 의하여야 하고 중재인의 판정에 절대 복종하여야 하며 그 결과는 강제성을 가질 뿐만 아니라 그 효력도 당사자간에는 법원의 확정판결과 동일하다. 또한 중재에 관한 뉴욕협약에 가입한 외국에서도 그 집행을 보장해 주고 승인해 주기 때문에 소송보다도 더 큰 효력이 있다.

韓中 문장 익히기

- 중재의 특징은 당사자 간 중재합의에 의하여야 하고 중재인의 판정에 절대 복종하여야 하며, 그 결과는 강제성을 가지고 그 효력도 당사자 간에는 법원의 확정판결과 동일하다.
  ☞ 仲裁的特点是依据当事人之间的仲裁协议，双方绝对服从仲裁人的判决。其结果具有强制性，其效力也与法院确定的判决相同。
- 국제적 효력으로 뉴욕에서 채택된 외국중재판정의 승인 및 집행에 관한 유엔협약, 즉 뉴욕협약에 가입한 외국에서도 그 집행을 보장해 주고 승인해 주기 때문에 소송보다 실질적인 효력이 있다.
  ☞ 作为《纽约公约》缔约国的的各个国家也保障并批准其执行，因此比诉讼更具实际效力和国际效力。

중재는 1회의 중재판정에 의해 모든 것이 해결되며, 중재에 위탁된 사건은 소송에 의하여 다룰 수 없다는 점이 특징이며, 소송에 따르는 비용과 시간을 절약할 수 있다는 점에서 효과적이다.

장점	단점
• 단심제 ⇨ 저렴한 비용, 신속성 제고 • 절차의 비공개 • 충분한 변론의 기회 보장 • 국내 : 법원의 확정판결과 동일한 효력 (与法院确定判决相同的效力) • 국제 : 중재판정의 외국에서의 집행 보장 (保障国外执行仲裁裁决)	• 상소제도의 결여 • 법적인 안정성과 예측가능성 결여 • 당사자의 대리인적 경향 • 양당사자 주장의 절충 가능성 • 중재절차상의 문제 발생가능성

위와 같이 중재는 분쟁을 강행적으로 해결하는 준사법적 성격을 갖는다는 점에서 양당사자의 합의 및 양보에 의하여 분쟁을 해결하는 화해나 알선, 조정과 구별되며, 반드시 당사자간의 중재합의가 필요하다는 의미에서 일방적 제소를 인정하고 있는 소송과도 차이가 난다.

연습문제

※ 다음 중에서 중재제도의 장점이라고 볼 수 없는 것은?

① 상사분쟁의 신속한 해결방법이다.
② 중재심문은 공개적으로 진행되어 공평을 기할 수 있다.
③ 소송에 비하여 비용이 절약된다.
④ 상관습에 따라 합리적인 판정이 용이하다.

☞ ② 중재제도의 단점은 중요한 법률문제가 개재될 경우 그 판단 능력이 부족하다. 판정결과에 대한 예견의 어려움, 절차상의 문제(결석한 당사자의 입장이 완전히 무시될 위험이 있다) 등이다.

※ 무역계약의 위반으로 인한 무역분쟁 또는 무역클레임은 주로 중재에 의하여 해결하는 바 그것은 다음과 같은 장점이 있기 때문이다. 이 가운데 틀린 것은?

① 절차의 비공개
② 해결(판정)의 신속성
③ 3심제에 의한 공정한 해결기회의 부여
④ 판정결과의 외국에서의 집행력 부여

☞ ③ 중재의 장점은 분쟁의 신속, 공정한 해결, 저렴한 비용, 절차의 비공개, 단심제, 거래실정에 밝은 중재인이 판정, 법원의 확정판결과 같은 효력, 외국에서도 중재판정에 대한 집행 보장 등이다.

4. 뉴욕협약

뉴욕협약은 1958년 6월 '외국 중재판정의 승인 및 집행에 관한 UN협약(1958年纽约公约, United Nations Convention on the Recognition and Enforcement of Foreign Arbitral Awards)'이며, 뉴욕의 UN본부에서 체결되었다고 하여 일반적으로 '뉴욕협약'이라고 한다.

뉴욕협약은 제1조에 의하여 중재판정의 승인 및 집행을 요구받은 국가(즉, 강제집행을 당하여야 할 국가) 이외의 국가에서 내려진 판정에 대한 승인 및 강제집행에 적용하고 있다. 따라서 뉴욕협약은 국제무역 분쟁에 따른 중재당사자가 중재지국에서 행하여진 중재판정을 중재지국 이외의 국가에서 승인과 집행을 청구하는 경우에 보다 효과적으로 해결하고, 중재제도의 국제적 효율성을 높이기 위하여 마련된 국제협약으로서 의의를 지닌다.

한국은 1973년 2월, 중국은 1987년에 뉴욕협약에 가입하여 뉴욕협약의 체약국 간에는 중재판정(仲裁裁决, Arbitration Awards)에 대해서는 승인 및 집행을 보장받는다.

韩中 문장 익히기

• 뉴욕협약은 "외국 중재판정의 승인 및 집행에 관한 UN협약"으로서 본 협약은 체약국 간에는 어느 국가에서 판정을 받더라도 중재판정의 효력이 승인되고 그 집행도 보장받게 된다.

☞ 《纽约公约》是《承认及执行外国仲裁裁决公约》。在本公约的缔约国之间，无论在哪个国家得到判定，仲裁裁决的效力都会得到批准，其执行也会得到保障。

뉴욕협약 제1조

• 이 협약은 중재판정의 승인 및 집행의 요구를 받은 국가이외의 국가의 영토내에서 내려진 판정으로서, 자연인 또는 법인간의 분쟁으로부터 발생하는 중재판정의 승인 및 집행에 적용한다. 이 협약은 또한 그 승인 및 집행의 요구를 받은 국가에서 내국판정이라고 인정되지 아니하는 중재판정에도 적용한다.

☞ 本公约适用于发生在不承认和不保障执行仲裁判决的国家领土内，关于自然人或法人之间的纠纷的仲裁判定。而且本公约还适用于在承认和保障执行的国家，但不被认定为内国判定的仲裁判定。

☞ This Convention shall apply to the recognition and enforcement of arbitral awards made in the territory of a State other than the State where the recognition and enforcement of such awards are sought, and arising out of different between persons, whether physical or legal. It shall also apply to arbitral awards not considered as domestic awards in the State where their recognition and enforcement are sought.

연습문제

※ 중재판정의 집행에 관한 국제협약(조약)으로서 UN에서 제정한 것은?

① 헤이그 규칙(Hague Rules, 1924)
② 뉴욕협약(New York Convention, 1958)
③ 함부르크규칙(Hamburg Rules, 1978)
④ 비엔나협약(Vienna Convention, 1980)

☞ ② 1958년 6월 뉴욕의 유엔본부에서 체결된 〈외국중재판정의 승인 및 집행에 관한 국제연합 협약(United Nations Convention on the Recognition and Enforcement of Foreign Arbitral Awards)〉으로서 보통〈뉴욕협약(New York Convention)〉이라고 한다.

※ 다음 중 뉴욕협약을 의미하는 것은?

① 선박소유자의 면책에 관한 협약
② 공동해손에 관한 규칙
③ 외국중재판정의 승인 및 집행에 관한 협약
④ 해상운송에 관한 국제통일조약

☞ ③ 뉴욕협약은 1958년 6월에 미국 뉴욕에서 협약된 '외국 중재판정의 승인 및 집행에 관한 UN협약(1958年纽约公约, United Nations Convention on the Recognition and Enforcement of Foreign Arbitral Awards)'이다.

※ 중재의 특징으로 옳지 않은 것은?

① 중재합의는 반드시 문서로 하여야 하며 구두합의는 무효이다.
② 뉴욕협약(New York Convention)은 중재관련 국제협약이다.
③ 자발적인 분쟁해결방법이다.
④ 절차의 비공개이며 삼심제이다.

☞ ④ 절차는 비공개이며 단심제이다.

주요국의 중재기관

■ 한국
- □ 대한상사중재원(大韩商事仲裁院)
- □ Korean Commercial Arbitration Board; KCAB

■ 중국
- □ 중국국제경제무역중재위원회(中国国际经济贸易仲裁委员会)
- □ 别名：中国国际商会仲裁院(중국국제상회중재원)
- □ China International Economic and Trade Arbitration Commission; CIETAC

- 미국
  - 미국중재협회(美国仲裁协会)
  - American Arbitration Association; AAA
- 일본
  - 국제상사중재협회(日本社団法人国际商事仲裁协会)
  - Japan Commercial Arbitration Association; JCAA

무역 용어 贸易用语

중재	仲裁	Arbitration
중재계약; 중재합의	仲裁协议	Arbitration Agreement
중재인	仲裁人	Arbitrator
중재판정	仲裁裁决	Arbitration Awards
뉴욕협약	纽约公约	New York Convention

대화하기 10-2

태국 바나나 수출업체와 원만한 합의로 클레임이 해결된 후 왕리 씨는 박춘호 과장에게 클레임의 해결방법에 대해 질문을 하고 있다.

왕　리 : 과장님, 이번 태국업체와의 클레임 해결이 잘 되었다면서요? 다행이에요.

박 과장 : 네, 원만하게 합의가 잘 되어서 빨리 해결되었어요.

왕　리 : 그런데, 어떻게 이렇게 빨리 해결이 되었나요?

박 과장 : 그건 이번 바나나를 수출한 태국의 한태무역상사는 한국과 태국이 합작한 태국 농산물 수출 전문 무역상사예요. 그리고 한태무역상사 정동철 사장님은 우리와 10년 넘게 거래를 하면서 서로 신뢰가 두터운 사이예요.

왕　리 : 아~ 그렇군요. 박 과장님, 만약에 이번처럼 클레임이 발생하면 어떻게 해결해요? 구체적인 해결방법이 뭐예요?

박 과장 : 클레임 해결방법은 당사자간 해결 방법으로는 협의(화해)가 있어요. 그리고 제3자가 개입해서 해결하는 방법으로는 알선, 조정 및 중재와 소송이 있어요. 특히, 소송은 법원까지 가야 하기 때문에 해결이 쉽지 않죠. 그래서 우리가 계약서를 작성할 때 클레임이 발생하면 '중재로 해결하자'라는 '중재조항'을 명시하죠.

왕　리 : '중재'가 뭐예요?

박 과장 : '중재'는 법원의 소송절차에 의하지 않고 사인인 제3자를 중재인으로 선정하여 중재인의 판정에 복종함으로써 분쟁을 해결하는 제도입니다. 이 때 중재인이 내린 판정을 '중재판정'이라고 합니다.

왕　리 : '중재판정'만 받으면 모든 게 다 해결되나요?

박 과장 : 네, '중재판정'은 법원의 확정판결과 같은 효력이 있어요. 다만, 조건이 있습니다.

왕　리 : 어떤 조건이요?

박 과장 : 먼저 양 당사자 간의 '중재합의'가 있어야 해요. 즉, '분쟁이 발행하면 중재로 해결한다'라는 내용이 계약서에 명시가 되어 있어야 해요. 물론 당시 계약서에 '중재'에 관한 내용이 없더라도 당사자가 중재로 해결하자고 합의하면 중재로 해결할 수 있어요.

왕　리 : 또 다른 효력이 있다면서요?

박 과장 : 네, '중재판정'의 국제적 효력이 있는데요. 그건 '뉴욕협약'에 가입된 나라끼리는 어느 나라에서 내린 중재판정이라도 모두 인정해주고 집행을 해 줍니다. 왕리 씨 이것만 기억해 주세요. 〈중재는 재판보다 낫고, 조정이 중재보다 나으며, 조정보다는 우호적인 해결이 낫고, 가장 좋은 방법은 클레임의 예방이다〉

왕　리 : 네, 명심하겠습니다.

对话 10-2 

在与泰国香蕉出口商达成圆满协议后，王丽正在向朴春浩科长询问索赔的解决方法。

王　丽：科长，听说这次和泰国企业的索赔解决得很好？ 真是万幸。

朴科长：是的，圆满达成了协议，很快就解决了问题。

王　丽：您是怎么做到的这么快就解决了呢？

朴科长：这次出口香蕉的泰国韩泰贸易商社是韩国和泰国合作的泰国农产品出口专门贸易商社。 而且韩泰贸易商社郑东哲社长和我们进行了10多年的交易,彼此信任度很高。

王　丽：啊~原来如此。 朴科长，像这次这样的情况发生索赔，该怎么解决？ 具体的解决方法是什么？

朴科长：索赔的解决方法一是当事人之间有协议(和解)，还有第三方介入解决的方法，有斡旋、调解、仲裁和诉讼。 尤其是打官司，需要惊动法院，更不容易解决。 因此,我们在签订合同时，就会写明如果发生索赔需要通过仲裁来解决的“仲裁条款”。

王　丽："仲裁"是什么？

朴科长：“仲裁”是指不按照法院的诉讼程序，选择第三方个人作为仲裁人，服从仲裁人的判定，从而解决纠纷的制度。 这时仲裁人做出的判决被称为“仲裁裁决”。

王　丽：只要得到“仲裁裁决”，一切都会解决吗？

朴科长：是的，“仲裁裁决”与法院的判决具有同样的效力。 不过，有个条件。

王　丽：什么条件？

朴科长：首先，双方当事人之间应该达成“仲裁协议”。 也就是说,合同中应该明示“如果发生纠纷，通过仲裁解决”的内容。 当然，即使当时合同中没有关于“仲裁”的内容，只要当事人同意通过仲裁解决，就可以通过仲裁解决。

王　丽：听说“仲裁”还有别的效力？

朴科长：是的，仲裁裁决具有国际效力。 加入《纽约公约》的国家之间,无论是哪个国家做出的仲裁裁决，都会得到认可并执行。 但还是要记住，“仲裁优于审判，调解优于仲裁，友好解决优于调解，最好的方法是预防索赔”。

王　丽：好的，我会记住的。

Lesson 11

수출입절차

제 1 절 수출절차의 개요

1. 수출절차의 개요

수출절차란 수출 행위를 하고자 하는 자가 해외의 구매자(수입업자)와 수출계약을 체결한 후 수출물품 확보, 수출물품 선적, 수출대금 회수에 이르기까지의 일련의 행정적·법규적·상관습적 흐름을 의미한다.

韓中 문장 익히기

- 수출절차란 수출 행위를 하고자 하는 자가 해외의 구매자(수입업자)와 수출계약을 체결한 후 수출물품 확보, 수출물품 선적, 수출대금 회수에 이르기까지의 일련의 행정적·법규적·상관습적 흐름을 의미한다.
  ☞ 出口程序是指想要进行出口交易的一方与海外买方（进口商）签订出口合同后，从货物出口、货物装运到收回货款的一系列符合行政、法规、惯例的程序。

이러한 수출 절차는 물품의 수출에 관한 기본 사항을 관리하는 대외무역법(对外贸易法, Foreign Trade Law)과 수출대금의 결제 방법을 정한 외국환거래법(外汇交易法, Foreign Exchange Transaction Law), 세관통관절차(出口报关手续)를 규정하고 있는 관세법(海税法, Customs Law) 등의 무역관련 3대 법규와 국제상관습(国际商事惯

例) 등이 서로 연관하여 이루어진다.

무역관련 3대 법규

- 대외무역법 : 무역에 관한 가장 기본이 되는 법으로 수출입 절차(물품관리 포함)를 관리
  ☞ 对外贸易法：贸易方面最基本的法律，主要对进出口程序（包括物品管理）进行管理。
- 외국환거래법 : 돈의 흐름, 즉 대금결제를 관리
  ☞ 外汇交易法：管理资金的流向，即货款结算。
- 관세법 : 통관 절차와 관세의 부과 및 징수 등을 관리
  ☞ 海关法：管理通关程序和关税的征收等。

연습문제

※ 대외무역관련 3개 법규에 속하지 않는 것은?

① 대외무역법 ② 관세법 ③ 출입국관리법 ④ 외국환거래법

☞ ③ 무역관련 3대 법규는 대외무역법, 외국환거래법, 관세법이다.

※ 대금결제에 대한 규제 및 관리법규는?

① 대외무역법 ② 관세법 ③ 출입국관리법 ④ 외국환거래법

☞ ④ 외국환거래법은 돈의 흐름, 즉 대금결제를 관리한다.

2. 수출 단계별 절차

수출입 대금 결제방식에는 송금방식(汇款方式), 추심방식(托收方式), 신용장방식(信用证方式), 혼합방식(混合方式) 등이 있는데 이 중에서 어떠한 방식으로 결제하느냐에 따라서 수출절차도 달라진다. 이하에서는 무역실무에서 가장 보편적인(普遍的) 거래형태인 화환신용장(跟单信用证, Documentary Letter of Credit)방식에 의한 수출 절차를 살펴보고자 한다.

화환신용장 跟单信用证, Documentary Letter of Credit

- 화환신용장이란 신용장에서 제시한 조건에 따라 수출업자가 발행하는 환어음에 상업송장(commercial invoice), 선화증권(bill of lading) 및 보험증권(insurance policy) 등의 운송서류를 첨부할 것을 요구하는 신용장이다.
  ☞ 跟单信用证是指根据信用证中提出的条件，要求出口商在开具的汇票上附商业发票、提单及保险单等运输单据的信用证。
- 화환신용장은 수출업자가 운송서류를 은행에 제시하고 은행은 동 서류와 상환하여 신용장대금을 지급하는 방식의 신용장으로 현재 통용되고 있는 대부분의 상업신용장이 이 범주에 속한다.
  ☞ 跟单信用证是要求出口商向银行出示运输文件后，银行将文件与货款同时交给卖方的信用证。目前通用的大部分商业信用证都属于这一范畴。

1) 거래처 선정 및 수출계약

수출을 하고자 하는 자는 취급 물품에 대해 국내 무역 관련 법규(国内贸易相关法律法规)에 의해 수출이 허용되는 물품인지의 여부는 물론 수출대상국이 자국 산업과 소비자를 보호하기 위하여 일정한 상품을 수입 금지시키거나 규제하고 있어 수입이 허용되는 품목인지도 확인해야 한다.

韓中 문장 익히기

- 수출을 하고자 하는 자는 취급 물품에 대해 국내 무역 관련 법규에 의해 수출이 허용되는 물품인지의 여부는 물론 수출대상국이 자국 산업과 소비자를 보호하기 위하여 일정한 상품을 수입 금지시키거나 규제하고 있어 수입이 허용되는 품목인지도 확인해야 한다.
  ☞ 国家为了保护本国产业和消费者，会禁止或限制进口一部分商品。因此出口商不仅要确认出口货物是否是国内贸易相关法规允许出口的物品，还要确认是否是进口国允许进口的物品。

이후 거래시장을 탐색하여 이를 결정하고 시장조사단계를 거쳐 그 시장에서 가장 적절한 거래처를 물색한 후, 그 거래처에 거래를 제의하여 동의를 얻은 후 물품 거래에 대한 합의를 하게 되면 수출계약이 체결된다.

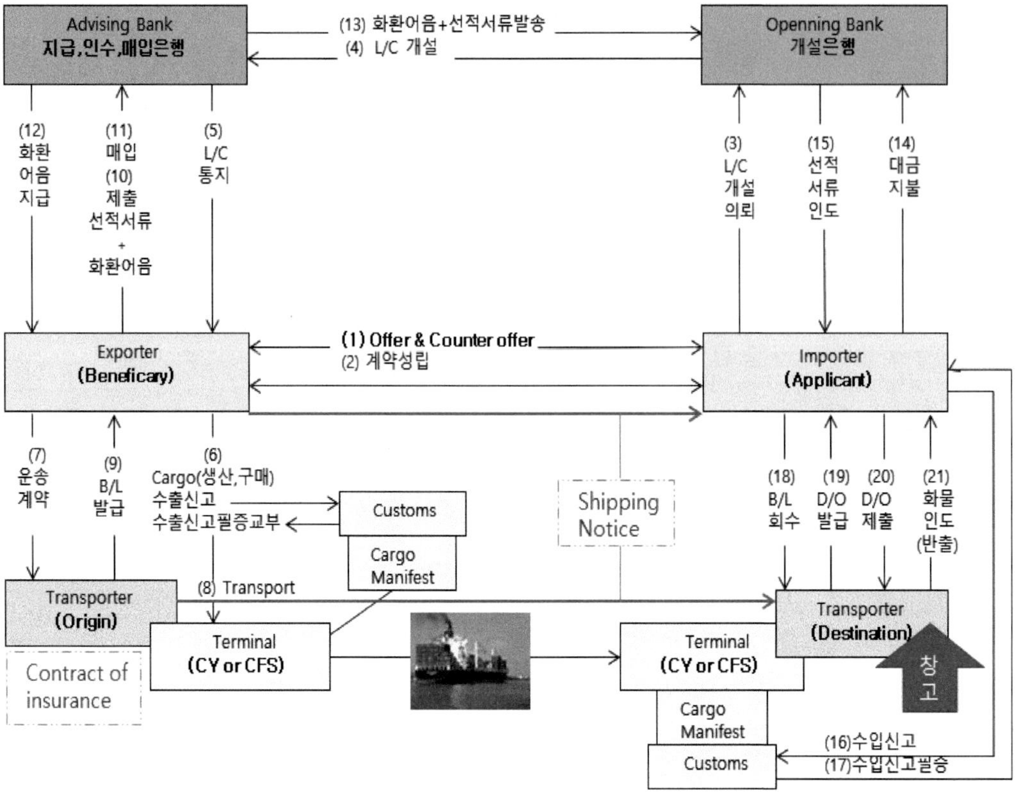

| 무역과 수출입물류의 흐름 |

일반적으로 수출계약은 청약자의 청약(发盘, Offer)에 대한 피청약자의 승낙(接受, Acceptance)에 의해서 계약이 성립되며, 제품가격(产品价格), 수량(数量), 선적 시기 및 방법(装船日期及方法), 대금결제방법(货款结算方式) 등에 대한 조건을 결정한다. 특히, 향후 만약에 발생될 수도 있는 분쟁(贸易纠纷)에 대비하여 계약서(合同)를 작성해 둘 필요가 있다.

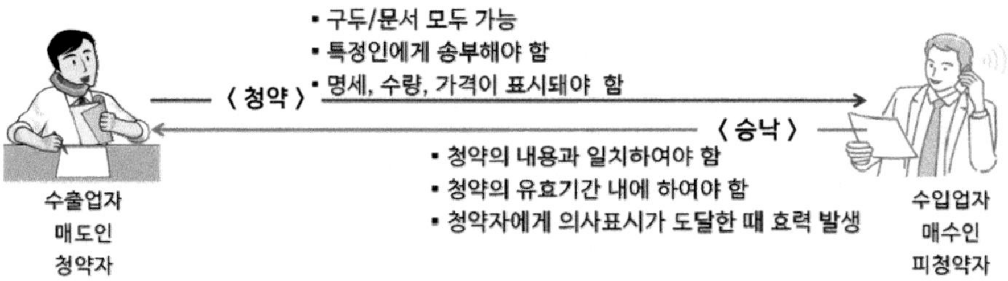

| 거래처 선정 및 수출계약 |

연습문제

※ 수출입 계약 체결의 일반적인 절차로서 올바른 것은?

① 조회 → 거래권유장 → 확정청약 → 반대청약 → 승낙 → 매매계약
② 조회 → 거래권유장 → 반대청약 → 확정청약 → 승낙 → 매매계약
③ 거래권유장 → 조회 → 확정청약 → 반대청약 → 승낙 → 매매계약
④ 거래권유장 → 조회 → 반대청약 → 확정청약 → 승낙 → 매매계약

☞ ③ 해외시장조사 → 거래처 선정 → 거래권유장 발송 → 조회(신용조회/제품조회) → 청약 → 반대청약 → 승낙 → 계약체결

2) 신용장 수취

수출계약이 체결되면 계약에 따라 수입업자는 자국의 주거래은행(主要交易银行)에 신용장 개설을 의뢰하며, 신용장 개설은행(开证银行, Issuing[Opening] Bank)은 신용장을 개설하여 수출국 현지의 통지은행(信用证通知银行, Advising Bank)을 통해 수출업자에게 통지한다.

신용장을 수취한 수출업자는 신용장의 진위성 여부, 개설은행의 신용상태 등의 검토는 물론 신용장의 조항이 수출입당사자 간에 합의한 계약서의 조건에 따라 계약 물품의 품명, 규격, 단가, 선적기일, 보험조건, 대금결제조건 등이 일치하는지 상세히 검토하여야 하며, 상이한 내용이 있는 경우 즉시 신용장 조건을 변경하도록 그 신용장개설의뢰인에게 요구하여야 한다.

韓中 문장 익히기

- 무역계약이 체결되면 계약에 따라 수입업자는 주거래은행에 신용장 개설을 의뢰하며, 신용장 개설은행은 수출국 현지의 통지은행을 통해 신용장을 수출업자에게 통지한다.

  ☞ 贸易合同签订后，进口商按合同委托主要交易银行开具信用证，开证行通过出口国当地通知行将信用证通知给出口商。

수출업자는 신용장을 수취하면 다음을 확인하여야 한다.

① 계약 내용과의 일치 여부(是否与合同内容一致)
② 취소불능신용장인지의 여부(是否为不可撤销信用证)

③ 개설은행의 신용상태(调查开证银行的信用状况)

④ 특수 조건 및 지장을 초래할 수 있는 내용이 있는지 검토(检查特殊条款以及会引起纠纷的条款内容)

⑤ 지급확약 문구(检查承诺支付货款的条款)

⑥ 오탈자의 존재 여부, 단가와 합계의 정확 여부 등(检查是否存在错别字, 以及单价和总价计算是否准确等内容)

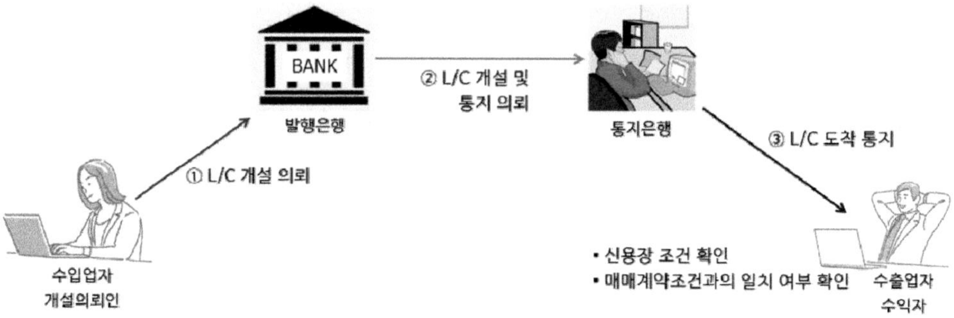

| 신용장 수취 |

3) 수출승인 혹은 수출요건 확인

수출업자가 수출하는 물품이 대외무역법에 의해 수출이 제한되는 품목인 경우에는 수출승인이 필요하며, 그 외의 경우에는 승인절차없이 수출이 가능하다.

즉, 수출대상 물품이 산업통상자원부장관(产业通商资源部长官)이 매년 공고하는 수출입공고상으로 수출금지품목이나 수출제한승인 품목일 경우에는(进出口公告上禁止出口商品或出口限制许可商品时) 해당 물품에 대한 관계행정기관의 장이나 관계행정기관의 장의 위임(委任) 혹은 위탁(委托))을 받은 단체로부터 수출승인(出口许可证, Export License; E/L)을 받아야 수출할 수 있다. 또한 통합공고상으로(统一公告上) 수출이 규제되고 있는 품목인 경우에는 해당 기관으로부터 수출요건 확인을 받는다.

4) 수출물품의 확보 및 검사

수출업자는 당해 수출물품에 대한 제조·생산(혹은 타사의 완제품을 구매하여 확보)이 완료되면 수출통관절차를 밟기 전에 수출검사(出口检验, Export Inspection)를 받게 된다.

수출검사(出口检验, Export Inspection)는 수출하고자 하는 물품을 수출신고하기 전에 수출품의 품질과 대외공신력의 유지 및 향상을 위하여 그 물품의 제조과정 또는 완제품에 대한 품질 및 포장상태를 검사하는 일련의 절차를 말한다.

韩中 문장 익히기

- 수출검사는 수출하고자 하는 물품을 수출신고하기 전에 수출품의 품질과 대외공신력의 유지 및 향상을 위하여 그 물품의 제조과정 또는 완제품에 대한 품질 및 포장상태를 검사하는 일련의 절차를 말한다.

☞ 出口检验是指在申报出口货物前，为保持和提高出口产品质量和对外公信力，对货物的制造过程、货物的质量以及包装状态进行检验的一系列程序。

수출검사는 제조·생산업체가 실시하는 제품의 품질관리와 대외적으로 품질보증을 하는 것과는 다르게 국가적인 차원에서 정해진 국가 기준에 따라 지정된 검사물품을 일률적으로 검사하고 이에 합격하지 못한 때에는 수출을 금지시키는 것이 수출검사의 특징이다.

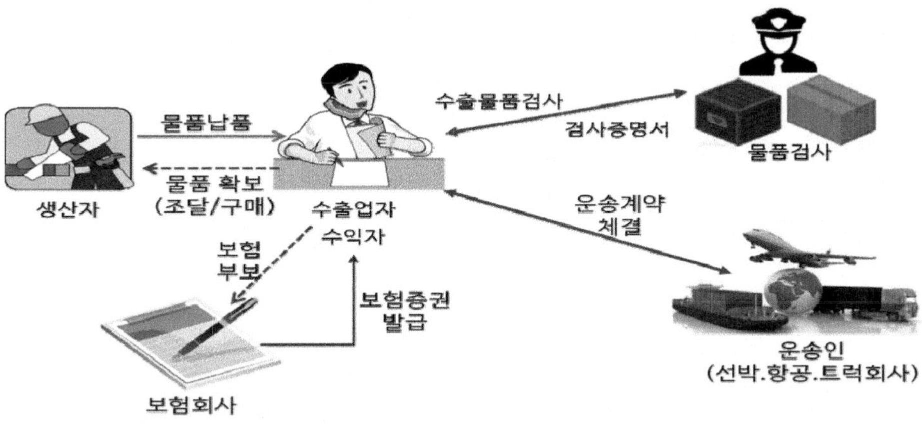

▌물품확보, 운송 및 보험계약 체결▐

따라서 수출물품을 수출자가 스스로 검사하는(Exporter's inspection is final) 것이 가장 간편한 방법이다. 하지만 수입자가 계약서나 신용장에서 아래와 같이 규정하고 있는 경우에는 그에 따라야 한다.

① 수입자가 직접 검사하는 경우
② 수입자의 대리인(the representative of buyer)이 검사하는 경우
③ 수입자가 지정하는 검사기관이 검사하는 경우

내국신용장 & 구매확인서 本地信用证和购买确认书
Local L/C & Confirmation of Purchase

• 수출업자는 당해 수출물품에 대한 제조·생산, 혹은 다사의 완제품을 구매하여 확보를 해야 한다. 이때 수출업자가 수출물품을 확보하기 위해 사용하는 것이 내국신용장(Local L/C) 혹은 구매확인서이다. 수출업자가 이를 활용하는 이유는 관세환급, 부가가치세 영세율 적용, 수출실적 인정 등이다.

☞ 出口商应保证出口货物的制造、生产能够顺利进行，或确保能够购买到其他公司的成品。此时，出口商为了确保这一系列行为而使用的就是本地信用证或购买确认书。使用本地信用证或购买确认书还可以进行关税退税、附加价值税零税率、出口业绩认证等。

• 내국신용장(本地信用证, Local L/C)

□ 내국신용장은 수출실적이 있거나 수출증빙서류(예: 수출신용장 등)를 보유한 수출업자가 수출물품을 제조·가공하는데 소요되는 원자재 또는 수출용 완제품을 국내에서 원활히 조달하기 위한 제도로, 개설의뢰인(구매업체)의 신청에 의해 국내 공급업자를 수익자로 하여 발행하는 은행의 지급확약서이다.

☞ 本地信用证是有出口实绩或持有出口证明文件(例如：出口信用证等)的出口商在国内可以顺利采购制造、加工出口物品所需的原材料或出口用成品的凭证。是应开设委托人(进口商)的申请，以国内供应商为受益人发行的银行支付承诺书。

• 구매확인서(购买确认书, Confirmation of Purchase)

□ 국내에서 생산된 수출물품(완제품 및 원료)을 내국신용장에 의하지 않고 구매하는 경우에 외국환은행이 내국신용장에 준하여 발급하는 것으로서 단순송금방식수출, 무역금융 부족 등으로 내국신용장을 개설할 수 없는 상황에서 외화획득용 원료 등의 구매를 원할하게 하기 위하여 활용되고 있다.

☞ 购买确认书是指，出口商在购买国内生产的出口物品（成品及原料）时，无法使用单纯汇款方式进行出口，或贸易金融不足等原因无法开立本地信用证的情况下，外汇银行为方便出口商购买原料等而发行的凭证。

5) 운송 · 보험계약체결

수출업자는 수출물품을 확보한 후에 수출물품을 수입국의 목적지까지 운송하여야 한다. 이를 위해 운송인(运输业者, Carrier) 또는 국제물류주선업자(货运转运商, Freight Forwarder)를 물색, 선정하여 구체적인 운송을 협의한 후 운송계약을 체결하고 선적을 준비해야 한다.

운송계약은 누가 하나?

- 물품을 운송하기 위한 운송인과의 운송계약은 무역계약조건에 따라 계약을 체결해야 하는 당사자가 다르다.
  - □ FOB조건일 경우에는 수입업자가 운송계약을 체결한다.
  - □ CIF조건일 경우에는 수출업자가 운송계약을 체결한다.

  ☞ 与承运人签订运输货物的运输合同的当事人，根据贸易合同条件而发生改变。

  - □ 在FOB条件下，由进口商签订运输合同。
  - □ 在CIF条件下，由出口商签订运输合同。

해상운송계약에 있어서 화주(货主; 发货人, Shipper, 수출업자)는 물품을 보낼 때 수화인(收货人, Consignee, 수입업자), 선적항(装运港, Loading Port, 수출항), 양하항(卸货港, Discharging Port, 수입항; 목적항; 도착항), 화물의 명세(货物明细, Particular 또는 Dersciption of Cargo) 등 소정의 운송 정보를 기재하여 선박회사에 정식으로 선복요청서(装运申请, Shipping Request; S/R)를 제출하고 예약이 되면 체결된다.

운송계약방식은 컨테이너화물(集装箱货物, Container Cargo)이나 그 밖의 잡화물은 정기선에 의한 개품운송계약(班轮运输合同; 件杂运输合同, Affreightment in a General Ship), 원자재와 같은 대량 산적화물(散装货物, Bulk Cargo)일 경우에는 부정기선에 의한 운송계약이 일반적이다.

선복요청서 装运申请, Shipping Request; S/R

- 선복요청서란 화주가 선사에 제출하는 물품운송신청서를 말한다. 여기에는 선하증권(B/L)상에 명시되는 각종 화물과 관련된 명세가 기재되고, 이것을 근거로

선하증권(B/L)과 적하목록(Manifest) 등이 작성되므로 정확하게 작성하여야 하며 2통 이상을 작성하여 한 통은 선사의 확인서명을 받아 선복요청의 증거서류로 보관하게 된다.

☞ 装运申请是指，货主向船运公司提交的货物运输申请表。上面记载了提单(B/L)上明示的各种货物相关的明细，并以此为依据制定提单和装货目录等。因此必须准确填写，一式两份，其中一封需要有船运公司的确认签名，来作为要求装船的书面凭证。

연습문제

※ 선복요청서(S/R : Shipping Request)에 대한 설명으로 잘못된 것은?

① 화주 혹은 화주를 대신해서 서류를 작성해주는 포워더가 선박회사에 선적할 공간을 요청하는 서식이다.

② 선박회사에 선적요청서를 제출하면 선사에서 CHECK B/L(체크 비엘)을 발행한다.

③ 선복요청서는 선사마다 다르지만 출항일로부터 2~3일전에 마감일자가 된다.

④ 선복요청서는 운송계약을 체결하기 위해 화주가 선박회사에 선복을 요청하는 청약(Offer)에 해당하며, 선박회사가 이에 대하여 승낙(Acceptance)하면 선하증권(B/L : Bill of Lading)이 발급된다.

☞ ④ 선복요청서는 운송계약을 체결하기 위해 화주가 선박회사에 선복을 요청하는 청약(Offer)에 해당하며, 선박회사가 이에 대하여 승낙(Acceptance)하면 선복예약확약서(Booking Note)를 교부한다.

6) 수출통관

물품을 외국으로 수출하기 위해서는 국내의 각종 법령이 정한 절차를 거쳐야 하는데, 이 절차 중에서 최종적으로 거쳐야 할 단계가 수출통관이다. 수출통관(出口报关)은 수출하고자 하는 물품을 세관에 수출 신고를 하고(대부분의 경우 관세사(关税司) 경유) 신고 수리를 받아 물품을 선박에 적재하기까지의 절차를 말한다.

韩中 문장 익히기

• 수출통관은 수출하고자 하는 물품을 세관에 수출 신고를 하고(대부분의 경우 관세사 경유) 신고 수리를 받아 물품을 선박에 적재하기까지의 절차를 말한다.

☞ 出口报关是指拟出口货物向海关申报出口（大多经由海关总署），并在报关受理后，接受在货物装船之前进行的一切检查程序。

• 현행 수출통관절차는 대부분 EDI(전자문서교환방식) 수출통관제도를 실시하고 있다.

☞ 现行的出口通关程序大部分都实行电子数据交换方式(EDI)的出口通关制度。

현행 수출통관절차(出口报关手续)는 대부분 EDI(Electronic Data Interchange; 전자문서교환방식, 电子数据交换) 수출통관제도를 실시하고 있다. 즉, 신고자가 전자문서로 작성된 신고 자료를 전자 제출 또는 전자이미지로 통관시스템에 전송하면 세관에서 컴퓨터상의 신고 화면을 확인하고 신고 수리를 신고자에게 전산 통보해 주는 시스템이다.

수출물품에 대하여는 검사 생략을 원칙적으로 하고 있으나 물품을 확인할 필요가 있는 경우에는 수출물품에 대한 검사를 할 수 있다. 즉, 전산에 의한 발췌검사(抽样检查; 抽样检查) 또는 필요한 경우 예외적으로 검사를 실시하는 현물 검사를 받고 관세법상 적법한 물품인 경우 수출신고필증(出口货物报关单)을 교부(交付)받게 된다.

7) 수출선적

선적(装船; 装运, Shipment)이란 수출화물을 운송계약을 체결한 선박회사의 선박에 실제로 싣는 작업을 말한다. 즉, 화주는 운송계약에 따라 수출화물을 해당 선박 책임자에게 인도하는 것을 말하며 수출화물을 선적한 후 선박회사로부터 선하증권(海运提单, Bill of Lading; B/L)을 발급받아야 한다.

재래 정기선의 경우 화주는 선적일에 해당 물품을 지정된 선박에 적재하는데 해당 선박의 운항책임자인 일등항해사(大副, Chief Mate)가 선장을 대리하여 선박회사에서 발행한 선적지시서(装货通知单, Shipping Order; S/O)와 실제 반입되는 화물의 포장상태, 적재수량, 화물의 파손 여부를 확인한 후 화물수령에 대한 증거로서 본선수취증(收货单, Mate's Receipt; M/R)을 발급한다.

선적지시서 装货通知单 Shipping Order; S/O

• 선적지시서란 화주의 선적신청에 따라서 선사가 현품을 확인한 다음 본선의 선장 앞으로 기재된 화물을 선적하도록 지시한 문서를 말한다. 이것에 의하여 화

물을 본선에 적재하고 본선수취증(M/R)을 작성하여 화주에게 교부한다.

☞ 装货通知单是指要求船长根据货主的装船申请确认现货后，进行装船的书面凭证。装船后填写主收货单(M/R)，并交给货主。

본선수취증 和收货单 Mate's Receipt; M/R

• 본선수취증이란 화물이 본선에 적재되면 일등항해사가 화물을 수취했다는 증거로 화주에게 발급하는 서류로 본선화물수령증이라고도 한다. 화주가 선하증권을 발급받기 위해서 이 M/R을 선박회사에 제출해야하는데 적재할 때 수량이나 포장 등에 고장이 있으면 그 고장문언이 M/R의 적요란(Remarks)에 기재된다. 이와 같이 고장문언이 기재된 M/R이 고장본선수취증(Foul M/R)이고 양호한 상태로 적재되어 M/R의 Remarks에 고장문언이 기재되지 않은 M/R이 Clean M/R이다.

☞ 收货单是指，货物装船后，作为大副收货的证据，发给货主的文件。也被称为大副收据。货主为了发行提单，必须向船运公司提交该收货单。如果装载时数量或包装等出现问题，该问题将被记载在收货单的批注中(Remarks)。有大副批注的收货单是不清洁收货单(Foul M/R)。货物以良好的状态装载，无大副批注的收货单则为"清洁收货单(Clean M/R)"。

연습문제

※ 본선수취증(M/R : Mate's Receipt)에 대한 설명으로 잘못된 것은?

① 인수 화물이 본선에 반입되면 선장의 지위에 있는 선박운항책임자인 일등항해사(chief mate)가 발행한다.

② 선박회사의 책임자는 선적시 선적화물에 대하여 품질의 상위, 유손, 손상, 개수 및 하인의 상위 등의 유무를 조사한다.

③ 어떤 하자가 발견되면 그 사실이 수취증의 비고란에 기입되며, 이러한 경우 고장부본선수취증에 의해서 고장부선하증권이 발행된다.

④ 컨테이너 수송화물을 CY나 CFS 등에서 선박회사에 인도했을 경우 발행한다.

☞ ④ 컨테이너 수송화물을 CY나 CFS 등에서 선박회사에 인도했을 경우 발행되는 서류는 부두수취증(D/R : Dock Receipt)이다.

이때 선적지시서에 기재된 사항과 실제로 적부된 화물의 내용이 일치하지 않을 때에는 본선수취증(M/R)의 비고란(备注, Remarks)에 해당 사항이 기재된다. 이때 이상유무사항(有无异常事项)이 비고란에 기재된 경우에는 고장부(또는 사고부)선하증권(不清洁提单, Foul B/L)이 발급되고, 이상 유무 사항이 첨가되지 않은 경우에는 무고장부선하증권(清洁提单, Clean B/L)이 발급된다.

고장부(또는 사고부)선하증권(不清洁提单, Foul or Dirty B/L)이 발행되고 이러한 불완전한 선하증권을 담보로 하여 화환어음(跟单汇票, Documentary Bill)을 발행하는 경우에는 매입은행에서 환어음(汇票, Bill of Exchange) 매입 거절이나 지급은행에서 수출대금 지급 거절 등 각종의 불리한 조건을 제시한다. 그러므로 화주는 선박회사에 파손화물보상장(赔偿保证书, Letter of Indemnity; L/I)을 제공하고 무사고선하증권(清洁提单, Clean B/L)을 발급받아야 한다.

파손화물보상장 赔偿保证书 Letter of Indemnity; L/I

- 파손화물보상장(L/I)은 일종의 송화인의 책임각서이다. 즉, 선적되는 제품이 내륙운송 중 파손되거나 수량이 부족할 경우 선사는 사고부선하증권(Dirty B/L)을 발급하게 된다.
  - ☞ 赔偿保证书(L/I)是开立人向受益人承担赔偿责任的保证书。即装运产品在内陆运输过程中发生破损或数量不足时，船运公司将签发不清洁提单(Dirty B/L)。
- 그러나 수출업자가 선박회사에 파손 또는 수량 부족으로 인하여 야기되는 모든 책임을 송화인이 지겠다는 각서를 제출하면, 선박회사는 무사고선하증권(Clean B/L)을 발급해 준다.
  - ☞ 但如果出口商向船运公司提交因破损或数量不足而引起的所有责任保证书，船运公司就会签发清洁提单(Clean B/L)。

연습문제

※ 파손화물보상장(L/I : Letter of Indemnity)에 대한 설명으로 잘못된 것은?

① 파손화물에 대해서 선박회사는 책임을 지지 않으며 보험회사를 통해 보상받을 수 있다.

② 수출업자는 선박회사에 파손 또는 수량부족으로 인하여 야기되는 모든 책임을 송화인이 지겠다는 각서를 제출한다.

③ 선박회사는 수출업자의 각서를 기반으로 무사고선화증권(clean B/L)을 발급해 준다.

④ 선적되는 제품이 내륙운송 중 파손되거나 수량이 부족할 경우 선사는 사고부

선화증권(dirty B/L)을 발급하게 된다.

☞ ① 수출업자가 파손화물보상장을 작성하게 되면 선박회사와 보험회사는 책임을 지지 않으며 최종 보상책임은 수출업자에게 있다.

선하증권 (海运)提单, Bill of Lading; B/L

- 선하증권은 운송인이 운송을 위하여 화물을 수령 또는 선적하였다는 것을 인증하고, 이를 위하여 약정된 장소에서 그 정당한 소지인에게 인도할 의무를 부담하는 증권을 말한다.

  ☞ 提单是是指用以证明海上货物运输合同和货物已经由承运人接收或者装船，以及承运人保证据以交付货物的单证。

- 선하증권은 운송인이 화주로부터 의뢰받은 운송화물을 적재하고 또는 선적을 위하여 그 화물을 수취한 것을 증명하고(운송계약체결의 증거), 선하증권상에 기재된 화물의 권리를 화체한 것으로 화물을 처분할 때에는 반드시 선하증권을 갖고 있어야 한다(권리증권). 또한 선하증권을 도착항에서 일정 조건하에 수화인이나 그 지시인에게 인도할 것을 약정한 서류인 유가증권이다.

  ☞ 提单是证明海上货物运输合同和货物已经由承运人接收或者装船的证据(运输合同签订的证据)。按照提单上记载的货物权利处理货物时，必须持有提单(权利证券)。另外，提单是规定在到达港将货物在一定条件下交付给收货人或其指示人的有价证券。

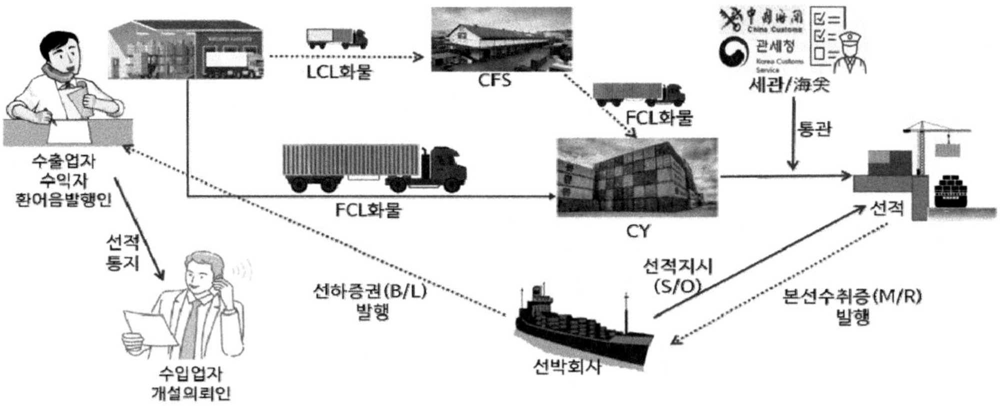

■ 파손화물보상장(赔偿保证书, Letter of Indemnity; L/I)

□ 不清洁提单(Foul B/L) → 清洁提单(Clean B/L)

| 수출선적 및 선하증권 발행 |

8) 선적통지

선적통지(装运通知; 装船通知, Shipping Notice)는 수출업자가 계약품의 선적 전 또는 선적 후에 선적의 중요사항, 즉 본선명(船名), 선적일(装船日), 선적항(装运港), 도착예정일(到货日期) 등을 수입자에게 통지하는 것을 말한다.

韩中 문장 익히기

- 선적통지는 수출업자가 매매계약에 따라 계약품의 선적 전 또는 선적 후에 선적의 중요사항, 즉 본선명, 선적일, 선적항, 도착예정일 등을 수입자에게 통지하는 것을 말한다.
  ☞ 装运通知是指出口商根据买卖合同在货物装运前或装运后，将装运的重要事项，即船名、装运日期、装运港、预计到货日期等通知进口商的文件。

선적통지 내용 装运通知內容

필수 통지 내용

- 선사명(航运公司名称, Name of Shipping Company)
- 선박명(船名及航次, Name of Vessel)
- 선적일(装运期, Shipping Date) 및 예상 출항일(预计开航时间; 预计出发时间, ETD : Expected Time of Departure)
- 선적항(装运港, Loading Port)
- 상품 및 수량(商品及数量, Item and Quantity)
- 선하증권 번호(提单编号, B/L No.)

부수 통지 내용

- 예상 도착일(预计到达时间, ETA : Expected Time of Arrival)
- 신용장 번호(信用证编号, L/C No.) 등

통지의 방법은 E-mail, Telex, Cable로 통지하고 그 후 선적서류의 사본 등을 항공편으로 발송하는 방법이 많이 사용되고 있다. 인코텀즈 2020에서는 FOB조건(본선인도조건, 船上交货价), CIF조건(운임·보험료포함조건, 成本加保险费加运费)의 경우 '매도인은 계약품이 본선에 인도되었다는 취지를 지체 없이 매수인에게 통지하여야 한다(买方必须及时通知买方已交货).'고 규정하고 있다.

9) 수출대금회수

물품을 수출한 자는 승인된 결제 방법에 의하여 유효기간 내에 당해 물품의 수출대금을 회수하여야 한다. 따라서 수출 통관과 선적이 완료되면 수출업자는 신용장에서 요구하는 서류를 구비하여 거래 외국환은행(外汇银行, Foreign Exchange Bank)에 선적서류의 매입 또는 추심을 의뢰하게 되며, 매입은행(议付银行, Negotiating Bank)은 서류가 신용장 조건과 일치하는지의 여부를 조사하고 이상이 없으면 이들 서류를 매입하고 수출대금을 수출자에게 지급한다.

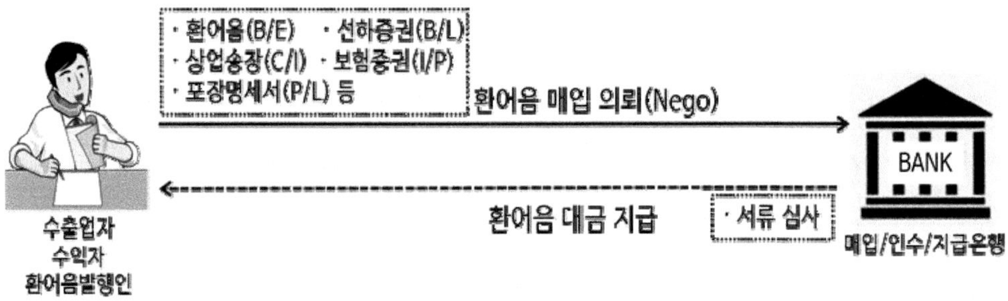

| 수출대금회수 |

환어음(汇票; 汇单, Bill of Exchange or Draft)에 첨부되는 선적서류 중 기본 서류는 상업송장(商业发票, Commercial Invoice; C/I), 선하증권(海运提单, Bill of Lading; B/L), 보험증권(保险单, Insurance Policy; I/P) 등이 있다.

환어음매입의뢰 委托买入出口汇票, Nego

- 환어음매입의뢰는 수출업자(수익자)가 수출대금을 회수하기 위하여 은행에 환어음 등의 서류를 제시하여 매입하도록 요청하는 것을 말한다.
  ☞ 委托买入出口汇票是指出口商(受益人)为收回出口货款，向银行出示汇票等文件后，要求其购买的文件。

상업송장 商业发票 Commercial Invoice; C/I

- 상업송장은 환어음과 같이 수출업자가 직접 작성하는 서류로 선하증권이나 보험증권과 같이 구체적인 권리를 나타내는 것은 아니지만, 상품의 명세서 및 대

금청구서(가격명세서)로서의 역할을 한다.

☞ 商业发票是出口商直接填写的文件。如汇票，虽然不像提单或保险单一样，有具体的权利，但可以起到商品明细书及货款申请书(价格明细书)的作用。

연습문제

※ 상업송장의 기능에 해당되는 것은?

① 세금계산서의 역할 ② 중재서류의 역할
③ 상품명세서의 역할 ④ 대금결제의 역할

☞ ③ 상업송장은 상품의 명세서 및 대금청구서(가격명세서)로서의 역할을 한다.

보험증권 保险单 Insurance Policy; I/P

• 보험증권은 피보험자(Insured), 보험자(Underwriter; Insurer), 피보험목적물, 담보위험, 보험가액, 부보금액(보험금액), 위험의 시기와 종기, 피보험자에 대한 손해보상의 약속 등 보험계약의 내용을 상세하게 표시한 증서를 말한다. 보험증권은 보험계약 성립의 증거로서 보험자가 피보험자의 청구에 따라 발급하는 것으로서, 계약서도 유가증권도 아니고 단지 증거증권에 지나지 않지만, 보통 배서(Endorsement) 및 인도에 의해서 양도된다.

☞ 保险单是指保险合同中详细标明被保险人、承包人、保险标、担保风险、保险价值、投保金额（保险金额）、保险期限、对被保险人作出赔偿损失等内容的证书。保险单是保险合同成立的证据，是承包人根据投保人的请求签发的。既不是合同也不是有价证券，只是证据证券。但一般因背书及交货被转让。

한편, 기본 서류는 아니지만 무역거래에서 중요한 무역서류로는 포장명세서(包装单据, Packing List; P/L), 원산지 증명서(原产地证; 一般产地证, Certificate of Origin; C/O), 검역증(检疫证, Certificate of Quarantine) 및 위생증명서(卫生证书, Certificate of Health or Sanitary Certificate), 그리고 품질증명서(品质证书, Certificate of Quality) 등이 있다.

기타 서류 其他文件

• 포장명세서(包装单据, Packing List; P/L)

□ 포장 속에 들어있는 상품의 목록을 기술한 서류이며 각 화물마다 포장되어 있는 내용물의 명세로서, 상업송장의 기재 내용을 보완하기 위하여 수출업자가 수입업자 앞으로 작성하는 서류이다

☞ 包装单据是描述包装内商品目录的文件，是每批货物包装的内容物的明细，是出口商为补充商业发票的记载内容而向进口商填写的文件。

• 원산지 증명서(原产地证; 一般产地证, Certificate of Origin; C/O)

□ 수출상품의 원산지국가를 증명하는 성격을 가진 서류로서 화환어음의 부대서류로 생산국 등을 판별하고자 하는 목적이나 외환관리 및 덤핑방지 등 수입정책상의 목적으로 이용된다.

☞ 原产地证是证明出口商品原产国性质的文件，是汇票的附带文件。用于辨别生产国，或外汇管理及防止倾销等进口政策等目的。

• 검역증(检疫证, Certificate of Quarantine)

□ 동식물 등을 수출할 경우 구제역, 광우병 등 가축에 의한 전염성균이 유입되는 것을 방지하기 위하여 당해 동식물을 일정 기간, 일정 장소에 두고 검역을 한 후 발급해주는 서류를 말한다.

☞ 检疫证是指出口动植物时，为防止口蹄疫、疯牛病等家畜传染性菌的传入，将该动植物放置在某地一段时间后，经检疫得出的文件。

• 품질증명서(品质证书, Certificate of Quality)

□ 제품의 품질과 수량, 포장 등의 사항에 대해 공인검사기관이 발행한 증명서를 말한다. 즉, 판매하는 물품이 매매계약의 내용에 일치하는 품질임을 증명하는 내용의 서류라 할 수 있다.

☞ 品质证书是指授权检验机构对产品质量、数量、包装等事项出具的证明。即，可以证明销售的物品质量与买卖合同内容一致的文件。

연습문제

※ L/C 거래일 경우 수출업자는 물품대금을 받기 위해 매입은행에 제출해야 하는 기본적인 서류에 해당되지 않는 것은?

① 무역계약서　② 환어음　③ 상업송장　④ 선적서류

☞ ① 수출 통관과 선적이 완료되면 수출업자는 신용장에서 요구하는 기본 서류인 상업송장(C/I; Commercial Invoice), 선하증권(B/L; Bill of Lading), 보험증권(I/P; Insurance Policy) 등을 준비하고 환어음(Bill of Exchange or Draft)을 발행하여 수출신고필증과 수출환어음 매입신청서를 첨부하여 수출자의 거래은행에 제시하면 은행은 서류가 신용장 조건과 일치하는지의 여부를 조사하고 이상이 없으면 이들 서류를 매입하고 수출대금을 수출자에게 지급한다. 이를 신용장의 매입(Nego; Negotiation)이라 한다.

※ FTA가 체결된 국가끼리 FOB조건과 L/C결제방식으로 무역거래를 하였을 경우 수출업자가 준비해야 하는 서류에 해당되지 않는 서류는?

① 상업송장 ② 원산지증명서 ③ 보험증권 ④ 선하증권

☞ ③ 보험증권은 CIF, CIP로 매매계약을 체결했을 경우 필요하다.

※ 원산지증명서(C/O : Certificate of Origin)에 대한 설명으로 잘못된 것은?

① 원산지증명서란 물품을 생산한 나라 또는 물품의 국적을 의미하는 원산지를 증명하는 문서이다.

② 수출입물품이 어느 나라에서 재배·사육·제조·가공된 것임을 증명하는 문서이다.

③ 원산지증명서는 특혜 원산지증명서와 비특혜 원산지증명서가 있다.

④ FTA 원신지증명서 발급은 기관발급만 가능하다.

☞ ④ FTA 원산지증명서 발급은 기관발급과 자율발급으로 나뉘며 협정별로 정할 수 있다.

10) 관세환급

관세환급(关税退税)이란 수출용 원재료의 수입시에 납부한 관세에 대해서 동 재료가 사용된 완제품이 수출 등에 제공한 때에 수출자 또는 수출물품의 생산자에게 관세를 환급하여 주는 제도를 말한다.

韩中 문장 익히기

• 관세환급이란 수출용 원재료의 수입시에 납부한 관세에 대해서 동 재료가 사용된 완제품이 수출 등에 제공한 때에 수출자 또는 수출물품의 생산자에게 관세를 환급하여 주는 제도를 말한다.

☞ 关税退税是指在进口“出口用原材料”时缴纳的关税在出口使用相同原材料制作的成品时，向出口者或出口物品的生产者返还关税的制度。

11) 사후처리

사후처리(事后处理)에서 중요한 것은 수입업자가 수출업자에게 제기하는 수출 물품에 대한 클레임(索赔, Claim) 해결이 중요하다.

수출물품과 관련하여 수입업자가 클레임을 제기해오면 계약서상의 조항에 의거하여 원만하게 클레임을 해결해야 하는데 이를 해결하는 방법으로 당사자간의 화해와 제3자가 개입하는 알선(斡旋, Intercession), 조정(调停, Conciliation), 중재(仲裁, Arbitration) 및 소송(诉讼; 재판(审判), Litigation) 등이 있다.

韩中 문장 익히기

- 사후처리(事后处理)에서 중요한 것은 수입업자가 수출업자에게 제기하는 수출 물품에 대한 클레임(索赔, Claim) 해결이 중요하다.

  ☞ 在后续处理中重要的是要解决进口商向出口商提出的关于出口物品的索赔。

- 수출물품과 관련하여 수입업자가 클레임을 제기해오면 계약서상의 조항에 의거하여 원만하게 클레임을 해결해야 하는데 이를 해결하는 방법으로 당사자간의 화해와 제3자가 개입하는 알선(斡旋, Intercession), 조정(调停, Conciliation), 중재(仲裁, Arbitration) 및 소송(诉讼; 재판(审判), Litigation) 등이 있다.

  ☞ 如果进口商就出口货物提出索赔，应根据合同上的条款圆满解决索赔。但解决索赔的方法有当事人之间的和解、和第三方介入的斡旋、调解、仲裁及诉讼(审判)等。

무역 용어 贸易用语

대외무역법	对外贸易法	Foreign Trade Law
외국환거래법	外汇交易法	Foreign Exchange Transaction Law
관세법	关税法	Customs Law
화환신용장	跟单信用证	Documentary Letter of Credit
환어음	汇票	Bill of Exchange or Draft
화환어음	跟单汇票	Documentary Bill
개설은행	开证银行	Issuing Bank, Open Bank
통지은행	通知银行	Advising Bank
수출입공고	进出口公告	Import and Export Notification
수출승인	出口许可	Export License : E/L
수출검사	出口检验	Export Inspection
운송인	运输业者	Carrier
국제물류주선업자	货运转运商	Freight Forwarder
산적화물(산화물)	散装货物	Bulk Cargo
선복요청서	装运申请	Shipping Request : S/R
선적지시서	装货单; 装货通知单	Shipping Order : S/O
본선수취증	收货单	Mate's Receipt : M/R
선하증권	海运提单	Bill of Lading : B/L
고장부선하증권	不清洁提单	Dirty or Foul B/L
무고장부선하증권	清洁提单	Clean B/L
파손화물보상장	赔偿保证书	Letter of Indemnity : L/I
상업송장	商业发票	Commercial Invoice : C/I
보험증권	保险单	Insurance Policy : I/P
포장명세서	包装单据	Packing List : P/L
원산지증명서	原产地证; 一般产地证	Certificate of Origin : C/O
클레임	索赔	Claim
중재	仲裁	Arbitration

대화하기 11-1

한울상사 무역1팀은 왕리 씨 입사 환영과 장춘무역과의 첫 거래 성사 축하를 위해 회식을 하면서 대화를 나눈다.

박 과장 : 오늘은 왕리 씨 입사 환영과 장춘무역과의 첫 기래 성사를 축하하기 위해 마련한 자리입니다.

차 부장 : 왕리 씨, 늦었지만 우리 회사에 오신 걸 환영합니다. 그리고 이번 장춘무역과의 계약 성사에 수고 많이 했어요. 많이 드세요.

박 과장 : 왕리 씨, 힘들지 않아요?

왕 리 : 네, 조금은 어렵지만 힘들지 않아요. 김 대리님에게 많이 배우고 있습니다.

차 부장 : 박 과장, 이번 장춘무역과의 거래 차질 없이 준비하세요.

박 과장 : 오늘 신한은행으로부터 신용장이 도착하였다는 통지를 받고 내용을 확인한 결과 아무런 이상이 없습니다.

차 부장 : 이번 거래조건이 CIF조건이지요? 마무리될 때까지 수출하는데 차질 없도록 진행하도록 하세요.

김 대리 : 네, 대한상선과 운송계약, 그리고 아시아손해보험회사와 보험계약도 마무리했습니다. 수출물품도 광주공장에서 원활히 생산하고 있어서 선적하는데 아무런 문제가 없습니다.

박 과장 : 왕리 씨는 김 대리를 도와 필요한 서류 준비 잘 하도록 하세요.

왕 리 : 네, 알겠습니다.

차 부장 : 앗! 미안해요. 오늘 왕리 씨 입사 축하 회식자리인데... 자, 모두들 왕리 씨가 우리 회사에 오신 걸 축하해 주도록 합시다.

对话 11-1

韩蔚商社贸易一组为了欢迎王丽入职和庆祝与长春贸易达成首次交易,一边聚餐一边聊天。

朴科长：今天的聚餐有两个目的，一是为了欢迎王丽入职，二是庆祝与长春贸易达成首次交易。

车部长：王丽，虽然祝福有点迟了，但还是要说句欢迎您来我们公司。同时这次和长春贸易能够签约成功，你功不可没。辛苦了，多吃点。

朴科长：王丽，工作还适应吗？

王　丽：是的，虽然有点难，但做起来还好。我跟着金代理学到了很多。

车部长：朴科长，这次与长春贸易交易的准备要做到万无一失。

朴科长：今天从新韩银行接到了信用证到达的通知，已经对内容进行了确认，结果没有任何异常。

车部长：这次交易使用的是CIF条款吧？要注意交易过程中不要出现什么问题，确保交易能够顺利结束。

金代理：是的，与大韩商船的运输合同，以及与亚洲保险公司签订的保险合同都已经签署完毕。出口物品也在光州工厂顺利生产、装船，没有任何问题。

朴科长：王丽，金代理准备相关的文件时请予以帮助。

王　丽：好的，科长。

车部长：啊！不好意思。今天是为庆贺王丽入职的聚会。来，让我们再次欢迎王丽来到我们公司。

대화하기 11-2

박춘호 과장이 김현미 대리와 왕리 씨에게 선적 완료 여부를 묻고 수출대금회수에 대해 지시하고 있다.

박 과장 : 김대리, 오늘이 장춘무역에 보낼 〈유아용 장난감세트〉 선적일 맞지요?

김 대리 : 네, 대한상선으로부터 예정대로 선적이 완료될 거라고 연락을 받았습니다.

박 과장 : 그럼 선적이 완료되면 바로 은행에 네고(Nego)하도록 하세요.

왕 리 : 과장님, 대한상선으로부터 무사히 선적이 완료됐다고 연락왔습니다. 지금 본선수취증을 받아 대한상선으로 가고 있다고 합니다. 이제 선하증권만 발급받으면 됩니다.

박 과장 : 김 대리, 선하증권이 오면 장춘무역에 선적이 완료됐다고 통지하고 선하증권 사본을 보내주세요.

김 대리 : 왕리 씨, 내일 은행에 갖고 갈 관련 서류를 준비하세요.

왕 리 : 네, 지금 준비하도록 하겠습니다. 김 대리님, 정말 수고 많으셨습니다.

김 대리 : 왕리 씨도 수고 많이 했어요.

对话 11-2 

朴春浩科长正在询问金贤美代理和王丽装船是否完毕，并指示回收出口货款。

朴科长：金代理，寄往长春贸易的"幼儿玩具套装"是今天装船吧？

金代理：是的，大韩商船通知我们已经按原计划完成装船。

朴科长：那装船完毕后同银行进行议付。

王　丽：科长，大韩商船通知我们顺利装船了。现在拿到收货单，说是正在前往大韩商船。现在只需要办理海运提单就行了。

朴科长：金代理，取得海运提单后，请通知长春贸易我方已完成装船，并给他们发送提单复印件。

金代理：王丽，准备好明天要带去银行的相关文件。

王　丽：好的，现在就准备。金代理，您真是辛苦了。

金代理：王丽你也辛苦了。

제2절 수입 절차의 개요

1. 수입 절차의 의의

수입 절차(进口程序)란 수입업자가 수출업자와의 수입계약을 체결하고 수입계약서인 물품매도확약서(报价单, Offer Sheet)에 의하여 수입허가(승인)를 받고 외국환은행(外汇银行; Foreign Exchange Bank)에 수입신용장을 개설한 후(신용장방식에 의한 수입의 경우) 수입 화물과 선적서류가 도착하면 수입 화물을 통관하는 일련의 법적·행정적 절차를 말한다.

韩中 문장 익히기

• 수입 절차란 수입업자가 수출업자와의 수입계약을 체결하고 수입계약서인 물품매도확약서(Offer Sheet)에 의하여 수입허가(승인)를 받고 외국환은행에 수입신용장을 개설한 후(신용장방식에 의한 수입의 경우) 수입 화물과 선적서류가 도착하면 수입 화물을 통관하는 일련의 법적·행정적 절차를 말한다.

☞ 进口程序是指进口商与出口商签订进口合同，凭进口合同即货物出售承诺书取得进口许可（批准）并在外汇银行开立进口信用证（以信用证方式进口）后，当进口货物和装运单据到达时，对进口货物进行通关的一系列法律、行政程序。

2. 수입 단계별 절차

1) 수입계약체결

수입계약(进口合同)이란 국적을 달리하는 당사자들 간에 수출업자가 물품의 소유권을 양도하여(转让物品所有权) 물품을 인도(移交)할 것을 약속하고, 수입업자는 이를 수령하여 그에 대한 반대급부로 물품 대금의 지급(货款支付)을 약속함으로써 성립하는 국제매매계약을 의미한다.

韩中 문장 익히기

- 수입계약이란 국적을 달리하는 당사자들 간에 수출업자가 물품의 소유권을 양도하여 물품을 인도할 것을 약속하고, 수입업자는 이를 수령하여 그에 대한 반대급부로 물품 대금의 지급을 약속함으로써 성립하는 국제매매계약을 의미한다.

☞ 进口合同是指，不同国籍的当事人之间，出口商承诺转让物品的所有权并交货，进口商承诺领取货物并支付货款作为代价而成立的国际买卖合同。

특히, 국제매매계약은 국가 간에 이루어지는 원격지 간의 상거래 행위로서 물품과 대금의 이전이 이루어지기 때문에 당사자의 의무, 책임의 범위와 한계, 가격조건 등을 양당사자가 명확히 정하여 두는 것이 사후에 발행할 수도 있는 분쟁을 예방할 수 있다.

韩中 문장 익히기

- 국제매매계약은 국가 간에 이루어지는 원격지 간의 상거래 행위로서 물품과 대금의 이전이 이루어지기 때문에 당사자의 의무, 책임의 범위와 한계, 가격조건 등을 양당사자가 명확히 정하여 두는 것이 사후에 발행할 수도 있는 분쟁을 예방할 수 있다.

☞ 国际买卖是国家间进行的远程交易行为，是物品和货款的转移。因此，双方在合同中明确规定当事人的义务、责任的范围和界限以及价格条款等，才能预防之后可能发生的纠纷。

2) 수입승인 및 수입요건 품목 확인

수입승인(进口许可证, Import License; I/L)은 산업통상자원부장관이 수입행위 이전에 대외무역법상 수입승인요건인 수입자격, 수입품목, 수입지역, 거래형태 등 제반 사항의 적법성에 관해 심사하여 신청자에게 최종적으로 동의 또는 승낙하는 것이다. 현재 수입제한승인 해당 물품에 관한 승인 권한은 대부분 각각 해당 물품의 관계행정기관의 장에게 위탁(委托) 또는 위임(委任)되어 있다.

따라서 물품을 수입하고자 하는 자(수입업자)는 수입 전에 해당 물품이 대외무역법(对外贸易法)에 의한 수출입공고(进出口公告)상으로 수입제한 품목이면 수출입공고상의 해당 수입요령에 규정되어 있는 기관, 단체의 장으로 부터 수입승인을 받아야 한다.

韩中 문장 익히기

• 물품을 수입하고자 하는 자(수입업자)는 수입 전에 해당 물품이 대외무역법에 의한 수출입공고상으로 수입제한 품목이면 수출입공고상의 해당 수입요령에 규정되어 있는 기관, 단체의 장으로 부터 수입승인을 받아야 한다.

☞ 想要进口物品的一方(进口商)在进口前，若该物品是对外贸易法规定的进出口公告上限制进口的产品，则必须得到进出口公告上相关机关、部门的进口许可。

3) 수입신용장 개설 및 통지

수입업자는 수입승인을 받은 후 수입 승인의 유효기간(통상1년)과 수입계약서에 명시된 기간 내에 거래은행에 신용장 개설의뢰(委托开证)를 하여야 하며, 신용장 개설은행(开证银行, Issuing Bank or Opening Bank)은 신용장을 개설하고 수출국에 소재하는 통지은행(通知银行, Advising Bank, Notifying Bank)을 통해 수출업자에게 신용장개설통지(信用证开证及通知)를 한다.

韩中 문장 익히기

• 수입업자는 수입승인을 받은 후 수입 승인의 유효기간(통상 1년)과 수입계약서에 명시된 기간 내에 거래은행에 신용장 개설의뢰를 하여야 하며, 신용장 개설은행은 신용장을 개설하고 수출국에 소재하는 통지은행을 통해 수출업자에게 신용장개설 통지를 한다.

☞ 进口商在取得进口批准后，应当在进口批准的有效期（通常为1年）和进口合同规定的期限内委托交易银行开立信用证，并通过出口国所在地通知银行向出口商发出开证通知。

4) 신용장대금 결제 및 운송서류 인수

신용장 개설은행은 수출국 소재 신용장 매입은행(议付银行, Negotiating Bank) 또는 지급은행(汇入银行, Paying Bank)으로부터 송부된 선적서류를 신용장조건과의 일치 여부를 확인한 후 수입업자에게 운송서류 도착 통지를 한다. 운송서류 도착통지를 받은 수입업자는 신용장 대금결제방법에 따라 수입대금을 결제한 후 운송서류를 인도받아 수입통관절차를 밟게 된다.

한편, 수입화물은 이미 도착하였으나 운송서류가 도착하지 않아 화물의 인수가 불가능한 경우에는 선하증권 대신에 은행으로부터 수입화물선취보증서(保函; 保证书, Letter of Guarantee; L/G)를 받아 선박회사에 제시함으로써 화물을 인수할 수 있다. 이후 수입업자는 운송서류가 내도하면 선하증권 원본을 선박회사에 제출하고 이전에 제출하였던 수입화물선취보증서를 회수하여 은행에 반환한다.

수입화물선취보증서 保函; 保证书 Letter of Guarantee; L/G

- 수입화물선취보증서란 수입화물이 수입지에 이미 도착하였음에도 불구하고 운송서류가 도착하지 않아 수입업자가 화물의 인수가 불가능할 때 동화물의 인수가 가능하도록 운송서류 원본을 제시하지 않고서도 화물을 인수하는 것과 관련한 모든 책임을 은행이 진다는 내용의 보증서이다.

  ☞ 保函是指，进口货物已经到达进口地，但由于进口商未提交提单而无法接收货物。为了能够接收货物，而出示的保证书。保证对因未提交提单而提取货物所产生的一切损失均承担责任，并表明对于保证内容由银行与收货人一起负连带责任。

- L/G의 발급은 운송서류의 원본을 인도하는 것과 동일한 효과를 가져오며 신용장 조건과 일치하지 않는 서류가 내도하여도 화물이 수입업자에게 인도된 후이므로 수입업자는 매입은행에 대하여 수입어음의 인수 또는 지급을 거절할 수 없다.

  ☞ 保函与提单具有相同效力，即使交付与信用证条件不符的文件，货物交给进口商后，进口商也不得拒绝向买入银行承兑或支付进口汇票。

연습문제

※ 수입화물선취보증서(L/G : Letter of Guarantee)에 대한 설명으로 잘못된 것은?

① 수입화물은 수입지에 도착하였으나 선적서류가 도착하지 않은 경우이다.
② 수입업자가 화물을 인수할 수 없을 때 선적서류(운송서류) 원본을 제시하지 않고서도 수입화물을 인수할 수 있도록 한다.
③ 수입자는 선하증권 대신 동 보증서를 운송회사에 제시하고 수입화물을 인수할 수 있다.
④ L/G의 발급은 운송서류의 원본을 인도하는 것과 동일한 효과는 없다.

☞ ④ L/G의 발급은 운송서류의 원본을 인도하는 것과 동일한 효과를 갖는다.

5) 수입통관 및 수입신고

수입화물이 도착하면 수입업자는 본선으로부터 양륙된 수입화물을 보세구역(保税区)에 반입(运入)한 다음 관세법 또는 기타 법령이 정한 바에 따라 세관에 수입신고를 해야 하는 일련의 수입통관절차를 거치게 된다.

수입통관신고는 화주, 관세사, 관세사법인, 통관취급법인의 명의로 하여야 하며, 화물의 보세구역 반입 후 30일 이내에 세관에 수입신고를 해야 하며, 수입신고를 받은 세관은 수입화물을 수입승인서에 명시된 물품과 일치하는지의 여부를 확인한 후 (검사생략물품도 있음), 당해 물품에 대한 과세 가격을 평가하여 관세 등을 부과·징수하고 수입신고필증을 수입신고인에게 교부한다.

■ 수입화물선취보증서(保函; 保证书, Letter of Guarantee; L/G)

□ 운송서류가 아직 도착하지 않았을 경우 선하증권(B/L)대신 선박회사에 제시

▌대금결제, 수입통관, 물품의 반출▐

6) 물품의 인수와 반출

수입통관절차를 이행한 수입신고인은 선박회사에 선하증권 원본(사본)을 제시하고 운임 및 창고료 등을 정산한 후 선사(船运公司)로부터 화물인도지시서(交货通知单; 交货单, Delivery Order; D/O)를 교부받아 제출한 후 물품을 인수하여 해당 수입화물을 보세구역으로부터 반출함으로써 수입절차가 종료된다.

만약 인수한 수입물품에 손상과 수량 부족 등의 문제가 발견되면 그 원인을 조사하여 그 결과와 보험 부보 여부에 따라서 선박회사, 보험회사, 수출자 중 하나에게 클레임(索赔, Claim)을 제기한다.

화물인도지시서 交货通知单; 交货单 Delivery Order; D/O

• 화물인도지시서는 선사가 수화인으로부터 선하증권(B/L)이나 수입화물선취보증장(L/G)을 받고 본선 또는 터미널(CY또는 CFS)에 화물인도를 지시하는 서류를 말한다.

☞ 交货单是指船运公司从收货人处收到提单(B/L)或进口货物提货保证书(L/G)，并告知货运站(CY或CFS)提货的文件。

연습문제

※ 화물인도지시서(D/O : Delivery Order)에 대한 설명으로 잘못된 것은?

① 선박회사 또는 그 대리인(포워더)이 화물의 인도를 지시하기 위하여 본선의 선장 앞으로 발행하는 서류를 가리킨다.

② 수입자가 은행에서 교부받은 운송서류와 기타 선적서류를 선박회사에 제시한다.

③ 화물 수입자는 화물을 인도받기 위해 운송서류(B/L)를 선박회사 또는 물류업자(포워더)에게 선하증권(B/L)을 제시한다.

④ 수입물품의 물류업체는 운송대금 결제 여부와 관계없이 D/O를 발행하여 화물의 인도를 허가한다.

☞ ④ 수입물품의 물류업체는 운송대금 결제 완결여부를 확인하여 D/O를 발행하여 화물의 인도를 허가한다.

▎무역 용어 贸易用语 ▎

양도하다	转让	Transfer
인도하다	移交	Transfer
수입승인	进口许可	Import License
운송서류	运输单据	Transport Documents
수입화물선취보증서	(银行)保函; 保证书	Letter of Guarantee : L/G
환어음 매입의뢰	委托买入 出口汇票	Negotiate : Nego
화물인도지시서	提货单; 提单	Delivery Order : D/O
보세구역	保税区	Bonded Area(Zone)

대화하기 11-3

장춘무역 왕 사장은 진 부장과 한국에서 수입하는 <유아용 장난감 세트>에 대한 수입통관절차에 대해 이야기를 나눈다.

진 부장 : 왕 사장님, 한국 한울상사에서 선적을 완료했다고 연락이 왔습니다.

왕 사장 : 그래요? 언제 도착하나요?

진 부장 : 다음 주 화요일 오전에 대련항에 도착할 예정입니다.

〈3일 후〉

진 부장 : 왕 사장님, 방금 은행으로부터 운송서류가 도착했다고 연락이 왔습니다.

왕 사장 : 그럼, 결제 완료하고 운송서류를 받아오세요. 그리고 장춘관세법인에 연락하여 수입통관절차 진행해달라고 연락하세요.

진 부장 : 네, 알겠습니다.

〈장춘관세법인과의 통화〉

진 부장 : 최 관세사님, 안녕하세요?, 장춘무역의 진 부장입니다.

최 관세사 : 진 부장님, 안녕하세요?

진 부장 : 이번 한국 한울상사로부터 수입하는 〈유아용 장난감 세트〉가 다음 주 화요일 오전에 대련항에 도착합니다. 그래서 수입통관절차 진행을 부탁합니다. 상업송장, 선하증권, 보험증권, 포장명세서, 원산지증명서, 안점검사인증서 등 관련 서류는 택배로 보내드렸습니다.

최 관세사 : 네, 오전에 서류받았습니다. 차질 없이 진행할 테니 걱정하지 마세요.

진 부장 : 네, 감사합니다.

对话 11-3

长春贸易王总将与陈部长就从韩国购买的"幼儿玩具套装"的进口通关程序进行交谈。

陈部长：王总，韩国韩蔚商社联系我说韩国方面已经装船了。

王　总：是吗？ 什么时候到达？

陈部长：预计下周二上午到达大连港。

<3天后>

陈部长：王总，刚刚银行传来消息说运输单据到了。

王　总：那结算后请把运输文件拿过来。然后请联系长春关税法人，要求进行进口通关程序。

陈部长：好的，知道了。

<与长春关税法人的通话>

陈 部 长：崔关务员，您好。我是长春贸易公司的陈部长。

崔关务员：陈部长，您好！

陈 部 长：这次从韩国韩蔚商社进口的"幼儿玩具套装"将于下周二上午到达大连港。需要进行进口通关程序。商业发票、提单、保险单、包装明细单、原产地证书、安检证书等相关文件已经邮寄过去了。

崔关务员：是的，上午收到了。不要担心，一切会很顺利的。

陈 部 长：好的，谢谢。

참고문헌

[국내 문헌]
김상길·노승혁, 국제통상실무적요, 서울;대진, 2017.
김성훈, 알기 쉬운 무역실무, 서울;두남, 2022.
김종득, 물류관리사 국제물류론, 서울:박문각, 2014.
김종득·김장호, 무역클레임과 상사중재실무, 서울;대진, 2008.
김종득·김장호·이필성, 국제물류론(개정), 서울;두남, 2021.
대한상공회의소, 인코텀즈(2020), 서울;대한상공회의소, 2019.
박우, 중국무역실무, 서울;두남, 2020.
이대호·박현우, 무역학연습, 서울;형설출판사, 2002.
이신규, 무역실무(개정3판), 서울;두남, 2020.
하강헌·이경화, 중국어로 배우는 무역실무, 서울;대진, 2017.
김찬호·최혁준·최창렬, 무역학개론, 서울;청람, 2022.
무역물류연구회, 무역실무 이해와 활용, 서울;청람, 2022.

[중국 문헌]
张光军, 新编经贸韩国语, 北京;外语教学与研究出版社, 2015年 1月
刘银钟, 国际商务韩语等级考试教程(中级), 延吉;延边大学出版社, 2015年 8月
吴百福 外, 进去口贸易实务教程(第八版), 上海;格致出版社, 2020年 7月
刘荣荣·张蕾·崔钟敏, 韩国语翻译教程(经贸), 北京;世界图书出版公司, 2020年 1月

[인터넷사이트]
한국무역협회(KITA), 무역용어사전, https://www.kita.net
포워더케이알, 물류사전, https://www.forwarder.kr
물류신문, 수출입물류 실무 가이드, https://www.klnews.co.kr
한국통합물류협회, http://www.koila.or.kr

공저자 약력

■ **김 장 호** (金將鎬, KIM, JANGHO)

- 경영학박사
- 전북대학교 대학원, 순천대학교 강사
- 조선대학교 초빙객원교수

현) 광주대학교 인문사회과학대학 물류무역학과 조교수

■ **제 기** (齊琦, QI QI)

- 문학석사
- 중국 길림성 북화대학 외국어학원 한국어학과 졸업
- 공주대학교 사범대학 국어교육학과 졸업
- 공주대학교 대학원 한국어교육학과(문학석사)

현) 중국 길림성 길림사범대학 박달학원 조교(助教)

■ **김 종 득** (金鍾得, KIM, JONGDEUK)

- 경영학박사
- 조선대, 순천대, 목포대, 광주대 강사
- 조선대학교 초빙객원교수
- 한국통합물류협회 물류표준설비인증 전문심사위원
- 중국 흑룡강성 하얼빈사범대학 동어학원 교수

현) 중국 길림성 길림사범대학 박달학원 교수

기초무역실무 – 한·중 무역인을 위한

초 판 1쇄 인쇄 —— 2023년 12월 22일
초 판 1쇄 발행 —— 2023년 12월 29일
지은이 —— 김 장 호·제 기·김 종 득
펴낸이 —— 전 두 표
펴낸곳 —— 도서출판 두남
서울시 강동구 성내로 6길 34-16 두남빌딩
신 고 : 제25100-1988-9호
TEL : 02) 478-2066, 2067
FAX : 02) 478-2068
E-mail : dnbooks@dunam.co.kr
http://www.dunam.co.kr

정가 22,000원

ISBN 978-89-6414-981-2 93320